미각의
비밀

Tasty

이 책의 한국어판 저작권은 EYA(Eric Yang Agency)를 통해 저작권자와 독점 계약한
㈜문학동네에 있습니다. 저작권법에 의해 한국 내에서 보호를 받는 저작물이므로
무단 전재 및 복제를 금합니다.

이 도서의 국립중앙도서관 출판예정목록(CIP)은
서지정보유통지원시스템 홈페이지(http://seoji.nl.go.kr)와
국가자료공동목록시스템(http://www.nl.go.kr/kolisnet)에서 이용하실 수 있습니다.
(CIP제어번호: CIP2017001633)

존 매퀘이드
지음

이충호
옮김

미각의 비밀

Tasty

미각은
어떻게
인간 진화를
이끌어왔나

문학동네

차례

1장

혀
지도

에드윈 가리규스 보링^{Edwin Garrigues Boring}은 심리학자로 경력을 시작하고 나서 초기에 종종 스스로 기니피그가 되었다. 코넬 대학교 대학원생이던 1914년, 보링은 식도와 위가 서로 다른 음식들에 어떤 반응을 보이는지 측정하기 위해 영양관을 삼켰고, 재생 과정을 관찰 기록하기 위해 아래팔 신경을 하나 잘랐다. 하버드에서 교수로 일하기 직전인 1922년, 보링은 비 오는 날 밤에 자동차에 치이는 사고를 당했다. 머리뼈 골절과 단기기억상실증으로 6주일 동안 병원에 입원했는데, 찾아온 사람과 나눈 대화도 몇 분이 지나면 잊어버렸다. 회복한 뒤에 보링은 인식의 본질을 분석하는 데 이 경험을 활용했는데, 영원히 현재만 살아가는 사람에게도 진정한 의미의 의식이 있는지 깊이 생각

했다.❶

  이처럼 직접 경험한 감수성은 보링이 20세기에 큰 영향력을 지닌 심리학자가 되는 데 중요한 역할을 했다. 보링은 무슨 대단한 이론이나 발견 때문에 유명해진 것이 아니었다(다만, '보링 인물Boring figure'이라는 흥미로운 착시 현상을 널리 알리는 데 기여하긴 했다. 이것은 눈과 마음의 지각에 노파의 얼굴로 보이던 그림이 관점을 조금 바꾸면 젊은 여인의 머리로 보이는 착시 현상이다❷). 대신에 보링은 심리학에 대한 대중의 인식을 바꿈으로써 유명해졌다. 보링이 경력을 시작할 무렵, 심리학은 철학, 정신 요법, 실험실에서 실시하는 실험이 뒤섞인 잡탕이었고, 각각의 분야는 제 나름의 접근 방법과 용어를 사용했다. 하버드에서 영향력 있는 위치에 오른 보링은 심리학을 과학적 방법을 더 철저히 따르면서 더 일관성 있고 엄밀한 분야로 만들려고 노력했다. 그는 과학자라면 응당 자신의 감각을 무자비하게 관찰하고 측정해야 할 의무가 있으며, 모든 발견은 직접적 관찰을 바탕으로 해야 한다고(이것은 실증주의 철학의 핵심 원칙이었다) 믿었다. 그것은 파악하고자 하는 현실의 진실에 과학이 최대한 가까이 다가갈 수 있는 방법이었다.

  하지만 그의 경력에서 이 믿음을 일관성 있게 그대로 고수했더라면 중요한 과학적 실수를 피할 수 있었겠지만, 보링은 그러지 못해 결국 엄청난 실수를 저지르고 말았다. 그 불운한 사고는 맛의 본질에 관한 연구에서 일어났다. 1940년대에 보링은 현대 심리학의 탄생과 진화를 연대순으로 기록함으로써 역사가로서도 인정을 받았다. 1942년에 출판된 『실험심리학사에서의 감각과 지각Sensation and Perception in the History of Experimental Psychology』은 지금도 인간 감각의 과학에 관한 권위 있는 대작으로 간주되는데, 이 분야의 연구는 17세기에 아이작 뉴턴이 빛과 색을 연구하던 시절까지 거슬러 올라간다.

700여 쪽이나 되는 이 책에서 보링이 맛과 냄새를 다룬 장은 25쪽 분량으로 비교적 짧았다. 그 중간쯤에서 보링은 1901년에 다비트 파울리 헤니히David Pauli Hänig라는 독일 과학자가 한 실험을 다루었다. 헤니히는 각각 단맛, 짠맛, 쓴맛, 신맛―향미를 이루는 네 가지 기본적인 맛―이 나는 용액을 붓으로 찍어 자원자들의 혀에서 서로 다른 장소들에 묻히고는 그들에게 상대적인 맛의 강도를 평가하게 했다. 그 결과, 장소에 따라 각각의 맛을 감지하는 데 필요한 역치閾值●에 차이가 난다는 사실을 발견했다. 예를 들면, 혀 끝부분은 가운데 부분보다 단맛과 짠맛에 더 민감했다.●●

이것이 의미하는 바―그런 게 있다면―는 분명하지 않았고, 그 차이는 극히 미미했다.❸ 하지만 보링은 이 개념에 흥미를 느껴 그것을 분명히 보여주려고 많은 노력을 기울였다. 그래서 헤니히의 실험 데이터를 빌려와 그것을 그래프로 만들었다. 그 그래프는 그냥 시각

●자극에 대한 반응을 일으키는 데 필요한 최소한도의 자극의 세기.

적 보조 자료에 지나지 않았다. 거기에는 단위 표시도 없었고, 곡선은 전체적인 인상을 대략적으로 보여주었다. 하지만 보링은 이를 통해 작은 차이로 지각되던 것을 큰 차이로 변화시키는 결과를 빚어냈다 ❹—아마도 요점을 극적으로 보여주려고 그랬던 것 같으며, 아니면 자기도 모르게 그랬을 것이다.

이렇게 즉흥적으로 만들어진 이 도표가 유명한 혀 다이어그램의 바탕이 되었는데, 이 다이어그램은 각각의 맛을 느끼는 지역을 따로 구분했다. 혀 끝부분에는 단맛, 뒤쪽에는 쓴맛 라벨이 붙었다. 양옆 가장자리 앞쪽에는 짠맛, 뒤쪽에는 신맛 라벨이 붙었다. 가운데 부분은 텅 비어 있었다. 이 지도의 기원을 조사한 린다 바토셕 Linda Bartoshuk 심리학 교수는 혀 지도가 말 전달 놀이 비슷한 것을 통해 탄생했다고 생각한다. 먼저, 보링은 혜니히의 발견을 과장했다. 그 다음에 연구자들과 교과서 편집자들은 보링의 그래프를 잘못 해석하여 곡선에서 피크로 나타난 부분들이 혀에서 각각의 특정 지역에 해당한다고 해석

●●이 책에는 맛을 가리키는 단어로 flavor와 taste가 나온다. taste는 단순히 혀로 느끼는 맛을 뜻하고, flavor는 음식이 지닌 맛을 뜻하는데, 이것은 혀로 느끼는 맛뿐만 아니라 코로 느끼는 향기와 그 밖의 미묘한 감각까지 포함한 개념이다. 그래서 flavor는 혀로 느끼는 맛과 구별해 흔히 '향미香味'로 번역한다. 이 책의 번역에서도 이 구분을 따랐으니, 처음에 좀 어색하더라도 이 구분에 익숙해지기 바란다. 다만, 우리가 쓰는 일상 언어에서는 이 둘을 엄밀히 구분하지 않으며, 향미란 단어 자체를 잘 쓰지 않는 문제점이 있다. 우리가 어떤 음식이 맛있다고 말할 때, 그 맛은 실제로는 향미를 가리키지만, "이 음식은 향미가 참 좋다"라고 말하는 일은 드물다. 게다가 저자도 flavor와 taste를 혼동해서 쓰는 경우가 종종 있다. 그래서 둘을 굳이 구별할 필요가 없을 때에는 flavor를 그냥 맛으로 옮기는 게 자연스러우므로, 그렇게 옮기기로 한다.

했다. 거기다 추가로 일어난 혼동의 결과로 맛 경계선이 세계 지도에서 나라들 사이의 경계선보다도 더 선명하게 표시된 다이어그램이 탄생했다.

혀 지도는 혀가 맛을 어떻게 느끼는지 단순한 설명을 제공했다. 교사들도 이 설명을 적극적으로 받아들였다. 수 세대 동안 초등학교 학생들은 교실에서 혀 지도를 극적으로 체험하도록 설계된 실험을 하느라 설탕, 소금, 레몬 즙, 토닉 워터를 탄 물을 혀에 묻히며 맛을 보았다. 혀 지도는 방공 훈련이나 피구처럼 전후 미국 학교 교육에서 한 가지 주요 특징으로 자리잡았고, 대중의 상상력에 깊이 뿌리를 내렸다.

하지만 이러한 교육과 실험을 통해 깨달음을 얻은 학생보다도 혼란을 느낀 학생이 더 많았는데, 많은 학생은 교과서에서 이야기하는 극적인 맛 차이를 전혀 느낄 수 없었기 때문이다. 혀 지도는 이렇게 일반 상식으로 자리를 잡아갔지만, 연구를 통해 혀 지도는 단순히 과장이나 잘못된 해석에 불과한 게 아니라 완전히 틀렸다는 사실이 드러났다. 1973년, 피츠버그 대학교의 버지니아 콜링스Virginia Collings는 헤니히가 원래 했던 실험을 그대로 해보았다. 그리고 헤니히와 마찬가지로 혀의 맛 지형도에서 매우 제한적인 차이를 발견하는 데 그쳤다. 2000년대에는 더 진전된 실험들을 통해 다섯 가지 맛❺ — 전통적인 네 가지 맛 외에 2001년에 '감칠맛'이 다섯번째 맛으로 공인되었다. 일본말로는 우마미旨味라고 하는데, 영어로도 umami라고 한다 — 모두

가 혀 전체 지역❻에서 감지된다는 사실이 밝혀졌다. 모든 맛봉오리●에는 다섯 가지 수용기 단백질이 분포하고 있는데, 각각의 단백질은 다섯 가지 기본 맛 중 한 가지 분자를 감지한다.

만약 보링이 40년이나 지난 헤니히의 실험 데이터를 단순히 해석하는 데 그치지 않고 자신이 직접 실험을 해보았더라면, 자신의 그래프에 무슨 문제가 있는지 금방 알아챘을 것이다. 하지만 그는 그러지 않았고, 대신에 허위 정보를 광범위하게 확산시키는 데 일조했다.

그 낡은 다이어그램은 최근에 명성이 크게 바랬다. 하지만 그것은 전통과 연속성을 과학만큼 소중히 여기는 커피와 와인 시음을 포함해 요리 세계의 일부 영역에 아직도 남아 있다. 오스트리아의 유리 제품 디자이너인 클라우스 리델Claus Riedel은 혀 지도를 참고해 와인글라스를 만들었는데, 와인글라스의 독특한 곡률이 와인을 혀에서 정확한 장소로 보냄으로써 완전한 향미를 느끼게 한다고 주장했다(리델은 2004년에 죽었다. 그후 그의 뒤를 이은 아들 게오르크 리델Georg Riedel은 과학을 통해 혀 지도의 근거가 무너졌다는 사실을 인정했지만, 그래도 자기 가문이 만든 와인글라스 디자인은 효과가 있다고 주장한다❼). 보링은 혀 지도가 근거가 없다는 사실이 밝혀지기 전인 1968년에 세상을 떠났다. 그가 마음과 우주를 모두 이해하는 데 기본 요소로 간주했던 감각 중 하나의 본질에 대해 근본적인 실수를 저질렀다는 사실은

●미뢰味蕾라고도 함.

아이러니가 아닐 수 없으며, 만약 생전에 이 사실을 알았더라면 몹시 비통해했을 것이다. 그것은 단순한 착오가 아니라, 인간의 보편적인 경험에 대해 저지른 근본적 오류였다. 소금 한 자밤과 한 움큼에서 느끼는 달콤한 맛과 끔찍한 맛의 차이는 누구나 안다. 치즈케이크는 뇌에 기분 좋은 느낌을 확 퍼지게 한다. 커피의 복잡미묘한 맛은 전 세계 사람들을 빠져들게 한다. 레시피는 전체 문화를 증류해 한 가지 감각으로 농축한다. 향미는 하루하루의 삶을 단지 살 만한 것으로 만드는 데 그치지 않고 지속적으로 즐길 만한 것으로 만드는 몇 안 되는 요인 중 하나이다.

그런데 왜 이런 일이 일어났을까? 보링이 평생 동안 자신의 연구를 떠받치는 기반으로 삼았던 실증주의 철학을 무시한 이 사건은 단순한 부주의만으로는 적절히 설명할 수 없는 것처럼 보인다. 또, 그 실험이 실제로는 성공할 수 없다는 사실을 감안할 때, 그 믿음이 그토록 오랫동안 지속된 이유는 혀 지도 실험에서 느끼는 즐거움만으로는 완전히 설명되지 않는다. 보링의 실수는 맛의 세계에서 일어난 프로이트의 말실수 같은 것일지도 모른다. 즉, 겉보기에는 단순한 실수처럼 보이지만, 숨어 있던 갈등이 이 실수에 반영된 것인지도 모른다.

이러한 혼란이 일어난 한 가지 이유는 수천 년 동안 과학자와 철학자 들이 맛과 향미를 연구할 가치가 별로 없는 분야로 간주한 데 있다. 고대 그리스인은 맛을 감각 중에서 가장 낮고 저속한 것이라고 생각했다. 시각은 순수 예술의 미묘한 차이나 사랑하는 사람의 미소를 구별할 수 있지만, 맛의 임무는 아주 단순했는데, 그것은 바로 먹을 수 있는 것을 나머지 모든 것과 구별하는 것이었다. 고대 그리스인은 그 임무를 수행하는 과정에서 맛이 제기하는 유혹은 마음을 흐리게 한다고 생각했다. 플라톤은 대화편 「티마이오스Timaios」에서 미각은 "혀의 미소한 정맥으로 들어와 심장으로 전달되는 지상의 입자들"❽의 거칠거나 부드러운 정도 때문에 생긴다고 썼다. 심장은 더 저속한 신체 감각이 모여 있는 장소인 반면, 사고와 이성은 뇌의 '회의실'을 차지한다고 보았다. 물론 음식물은 심사숙고하는 회의실보다 훨씬 아래에서 거칠게 날뛰는 걸신들린 짐승인 배로 향했다. "배는 이성의 목소리에 귀를 기울이지 않으며, 우상과 욕망의 힘에 지배를 받는다."

플라톤은 자신이 가르친 것을 실천에 옮겼다. 그의 작품 『향연』에서 연회에 초대받은 손님들은 사랑의 본질에 대한 토론을 위해 마음을 깨끗하게 유지하려고 음식물을 일체 거부한다.

이러한 편견은 거의 2000년 동안 감각에 대한 사고에서 하나의 고정 관념이 되었다. 18세기에 독일 철학자 이마누엘 칸트는 맛은 너무나도 기이하여 연구할 만한 가치가 없다고 썼다. 칸트가 보기에 맛에는 빛의 행동을 지배하는 보편적인 원리 같은 것이 없었다. 설사 그런 것이 있다 하더라도, 그것을 관찰을 통해 알아낼 수 없었는데, 마음을 관찰할 방법이 없었기 때문이다. 칸트는 맛은 이렇게 늘 우리가 파악할 수 없는 상태로 남아 있을 것이라고 보았다. 같은 시대에 살았던 데이비드 흄의 생각은 달랐다. 그는 음식의 좋은 맛은 예술과 나머지 모든 것에서 느끼는 좋은 감각과 연관이 있다고 주장했다. 하지만 칸트의 회의적인 견해가 더 오래 살아남았다.[9]

이렇게 인색한 평가들은 많은 사실을 간과한 동시에 어떤 불안을 반영한 결과이다. 맛은 동물로 살아가는 삶에 내포된 기본적인 야만성을 상징하는데, 동물은 살기 위해 다른 동식물의 살을 삼키고 그것을 사랑해야 한다. 맛에서는 문명의 질서가 일시적으로 사라지고 대신에 대학살이 그 자리를 차지한다. 인간 본성의 이 측면에 맞닥뜨리면 누구나 불안을 느끼게 된다. 먹고 마시는 것은 또한 섹스만큼 강력하고 불안한 형태의 친밀한 행위이다. 어쨌든 이것은 하루에 여러 번 뭔가를 몸속으로 집어넣는 행위를 포함하는데, 여기에는 맛이 강력한 유인제로 작용한다. 맛은 생명을 가능케 한 아주 오래되고 저항할 수 없는 충동이 의식적으로 표출된 것이다. 지크문트 프로이트는 생명의 중심 드라마는 성 충동에서 나온다고 믿었다. 하지만 갈망과 즐거움, 해소, 만족이라는 비슷한 주기로 작동하는, 생명 유지를 위한 충동이 우리의 삶과 동기를 훨씬 강하고 일관되게 지배한다.

맛의 연구에서 또 한 가지 문제는 순전히 몸과 뇌, 마음속에서 펼쳐지는 현상을 이해하는 것이 기본적으로 불가능하다는 데 있다. 시각과 청각과 촉각은 대부분의 사람들이 '공유하는' 감각이다. 우리는 모두 똑같은 색을 보고(혹은 본다고 생각하며), 똑같은 소리를 들으며, 손가락 끝으로 똑같은 질감을 느낀다. 이것은 과학자들에게 실험을 하고, 데이터를 수집하고, 이 현상들과 그것들을 지각하는 감각에 대한 기록을 비교할 수 있는 공통의 기준 틀을 제공한다.

하지만 맛의 경우에는 그처럼 공유할 수 있는 실체가 없다. 음식물의 화학적 구성 요소들은 빛과 소리처럼 객관적이고 측정 가능한 양이다. 하지만 그것을 지각하는 감각은 사람에 따라 큰 차이가 난다. 감수성이 아주 예민한 사람도 있고, 아주 둔감한 사람도 있다. 어떤 사람이 좋아하는 음식을 다른 사람은 경멸할 수 있다. 음식의 맛은 문화나 지리적 차이, 심지어는 같은 사람이라도 기분에 따라 달라진다. 『돈키호테』의 한 장면이 이러한 미묘한 차이를 잘 표현한다. 돈키호테의 칠칠치 못하지만 충성스러운 종자로 나오는 산초 판사는 낯선 사람들에게 아주 예민한 미각(훌륭한 집안 교육의 징표)이 자기 집안 내력이라고 자랑한다. 그러면서 술집에서 훌륭한 와인의 맛을 평가한 두 친척 이야기를 들려준다. 한 사람은 와인을 한 모금 마시고 입안에서 이리저리 굴린 뒤, 아주 좋은 와인이긴 하지만, 가죽 맛이 약간 나는 게 흠이라고 말했다. 다른 한 사람도 와인을 맛본 뒤, 아주 좋은 와인이지만, 쇠 맛이 미세하게 나는 게 흠이라고 말했다. 술집 손님들은 두 사람이 허세를 부린다고 조롱했다. 하지만 술집 주인이 나중에 와인 통을 다 비우고 나서 보니, 바닥에 가죽 끈에 달린 쇠 열쇠가 있었

다.❿

　이러한 지각의 차이는 일상 경험의 표면 바로 아래에 숨어 있으면서 누가 열어젖혀서 발견해주길 기다리는 비밀의 세계인 맛의 내부 작용을 엿볼 수 있는 단서를 제공한다. 하지만 이러한 주관성은 향미 화학이나 맛의 지각에 관한 일반 원리를 기술하기가 그토록 어려운 이유이기도 하다. 뉴턴은 빛과 색의 지각을 연구하느라 몇 년을 쏟아부은 끝에 광학을 세웠다―무엇보다도 백색광이 색이 전혀 없는 상태가 아니라 모든 색이 합쳐진 상태임을 보여줌으로써. 하지만 맛을 다루는 과학 분야에서는 뉴턴 같은 사람이 등장하지 않았다. 계몽주의 시대에 활약한 많은 과학자들 중에서 이 분야에 혁명을 일으켜 현대적인 이해를 향해 나아가게 한 사람은 아무도 없었다.

　이처럼 접근 불가능성과 불안이 힘을 합쳐 지난 2000여 년 동안 맛과 향미를 과학의 가장자리로 밀어냈다. '기본적인' 맛이 환원 불가능한 원소, 즉 맛 원자라는 개념을 처음 생각한 사람들은 고대 그리스인이었다. 맛을 설명하려는 최초의 시도로 알려진 것 중 일부는 오늘날의 이탈리아 지역에 위치한 고대 그리스 도시 크로톤에 살았던 의학자 알크마이온Alkmaion이 기원전 500년에서 기원전 450년 사이에 쓴 글을 통해 전해진다. 알크마이온은 혀는 눈과(그리고 코와 귀와. 무슨 이유에선지 촉각은 제외되었다) 마찬가지로 와인 암포라를 실어나르는 거룻배처럼 지각을 뇌로 전달하는 자체 포로이poroi, 즉 통로가 있다고 생각했다. 신경이 바로 그런 일을 한다. 기원전 5세기에 철학자 데모크리토스는 맛의 지각은 물질의 가장 작은 구성 단위로 가정한 개개 원자의 모양에 따라 달라진다고 주장했다. 단맛이 나는 원자는 둥글고 비교적 크기 때문에 혀 위에서 굴러다니고, 소금 원자는 이등변삼각형처럼 생겼으며, 얼얼한 맛이 나는 원자는 "구형이지만 가늘고 각지고 구부러진" 부분이 있어서 혀 표면을 찢으면서 마찰을 통해 열을 발생시킨다고 했는데, 얼얼한 맛이 주는 자극을 이것으로 설명할 수 있었다.❶

　그때부터 지금까지 대부분의 사회와 문명에서 이러한 맛 개념은 경미한 수정만 거치면서 주류 개념으로 통해왔다. 인도의 전통 의학인, 산스크리트어로 '삶의 지혜'란 뜻의 아유르베다는 단맛, 신맛, 얼얼한 맛, 쓴맛, 짠맛, 톡 쏘는 맛을 조합함으로써 질병에 대항하는 방법을 사용한다. 체중 감소를 위한 다이어트 방법으로는 얼얼한 맛(불과 공기 원소의 산물)이나 쓴맛(공기와 에테르)이 나는 음식물을 처방하는데, 이는 카파, 즉 점액이 과다한 상태(흙과 물)에 대항하기 위한 것이다.❷ 18세기에 종들의 이름을 정하고 현대적인 생물 분류 체계를 세운 스웨덴 식물학자 칼 폰 린네는 기본적인 맛에는 단맛, 신맛, 쓴맛, 짠맛, 톡 쏘는 맛, 얼얼한 맛, 끈적거리는 맛, 지방 맛, 무미건조한 맛, 물 같은 맛, 역겨운 맛이 있다고 확인했다.❸ 자연은 혀를 맛에 따라 각각의 지역들로 분명하게 나누었다는 혀 지도 개념은 바로 이 전통에서 나왔다. 다양한 정신 능력에 따라 머리뼈를 여러 지역으로 나눈 19세기의 골상학 다이어그램처럼 혀 지도는 단순하면서 호소력이 있었다. 그런데 최근에 들어 한때 불가사의하고 접근할 수 없었던 맛의 영역으로 들어갈 수 있는 문이 열리기 시작했다. 과학자들이 새로운 도구와 기술을 사용해 맛에 대한 이해를 넓히면서 맛 연구는 감각현상들 중에서 뒷전으로 내몰리던 신세에서 이제 인간 생물학 연구에서 당당히 선봉으로 나서게 되었다.

맛은 과학적 탐구가 불가능하다는 옛날 철학자의 주장은 이제 무의미한 것이 되었다. 맛의 과학은 20세기에 큰 발전이 일어났고, 21세기에는 놀랄 만한 속도로 발전하고 있다. 다섯 가지 기본적인 맛의 수용기가 모두 발견되었고, 여섯번째 맛으로 지방 맛이 확인될 가능성이 높다. 과학자들은 마음과 뇌와 몸 사이의 연결 관계—왜 나는 저 치즈버거를 꼭 먹거나 저 와인을 꼭 마셔야 한다고 생각할까?—를 이해하기 시작했다.

이 책은 맛에 관한 간략한 전기인 셈이다. 그 이야기는 지구에서 생명이 탄생하던 여명기에서 시작하여 현재에서 끝나며, 분자 차원의 구성 요소로부터 몸과 뇌와 마음의 더 복잡한 차원까지 두루 살펴보면서 이 독특한 감각의 구조를 탐구한다. 맛은 수억 년에 걸친 발달 과정의 각 단계마다 더 깊이 그리고 더 복잡하게 성장했다. 맛은 진화를 위한 추진력을, 그리고 최근에는 인간 문화와 사회를 새로운 방향으로 발전시키는 추진력을 제공했다. 그것은 인간의 투쟁과 갈망과 실패가 써졌다 지워졌다 다시 써지길 반복하는 일종의 서판이었다. 우리의 존재 자체와 인간성도 맛에 큰 빚을 졌으며, 맛은 많은 점에서 우리의 미래도 좌우한다. 과학이 맛의 비밀을 밝혀냄에 따라 우리가 먹고 마시는 것에 맛이 미치는 영향력이 폭발적으로 커졌다. 대기업의 식품 실험실에서부터 세계 최고 레스토랑들의 주방과 길가의 술집에 이르기까지 모든 곳에서 과학은 놀랍고도 때로는 불안을 자아내는 새 느낌들을 빚어내는데, 이것들은 우리의 DNA뿐만 아니라 가장 깊은 충동과 감정하고도 밀접한 관련이 있다.

1998년 3월, 메릴랜드 주 베데스다에 있는 미국국립보건원[NIH] 과학자들은 자신들이 패러다임을 확 바꿔놓을 어떤 발전의 한복판에 있음을 알아챘다. 그들은 단맛 수용기를 찾고 있었다. 혀에 분포한 이 일종의 단백질은 입속에서 으깨져 걸쭉하게 변한 음식물에서 특별히 당 분자들을 찾아내 붙잡는 일을 한다. 데모크리토스와 알크마이온 시대부터 2000년도 더 지난 후에 마침내 과학자들은 음식물의 분자 배열을 감각 지각으로, 그리고 궁극적으로는 요리법으로 변화시키는 맛의 메커니즘에 다가가게 되었다.

지난 10년 사이에 유전학에서 놀라운 진전이 일어났다. 처음으로 과학자들은 인간 DNA에 존재하는 모든 염기 서열을 해독했다. 인간의 전체 유전체는 약 30억 개의 염기쌍으로 이루어져 있지만, 염기의 종류는 단 네 가지뿐이다. 각각의 염기쌍은 나선 사닥다리 모양의 DNA 구조에서 단에 해당하는 곳에 위치한다. 염기쌍들의 변화가 코드code를 만들고, 이 코드가 몸과 그 모든 기능의 청사진 지도를 만든다. 모든 사람은 이 청사진을 두 벌씩 갖고 있는데, 각 부모에게서 한 벌씩 물려받는다. 한 세포 안에 돌돌 말린 채 들어 있는 DNA를 착 펼쳐 일직선으로 만들면, 그 길이는 약 1.8미터에 이른다. 만약 사람 몸에 있는 모든 DNA를 이렇게 일직선으로 펼쳐 서로 이으면, 그 길이는 지구와 태양 사이를 70번이나 오갈 수 있는 거리에 해당한다.

유전자—DNA 중에서 신체의 기본 구성 요소인 단백질을 합성하는 것처럼 특정 생물학적 지시를 수행하는 부분—를 분리해내는 데 성공하면서 과학자들은 질병을 발견하고 치료하는 데 큰 진전을 이루었으며, 또 인간의 진화를 이해하는 데에도 큰 도움을 얻었다. 이제 유전학은 가늠할 수 없었던 맛의 속성을 계량화하는 방법을 제공함으로써 그 복잡미묘한 다양성을 설명하는 데 도움을 준다. 그보다 7년 앞서 코에서 냄새를 맡는 수용기가 분리되고, 그 유전자가 해독되었는데, 이 업적을 이룬 사람들은 나중에 노벨상을 수상했다.[14] 후각 수용기는 찾기가 비교적 쉬웠다. 후각 수용기는 코안(비강) 천장 부분의 좁은 조직에 집중적으로 많이 분포한다. 여기서 살아 있는 후각 수용기를 면봉으로 긁어낼 수 있다.

하지만 미각 수용기를 찾는 작업은 지연되었다. 미각 수용기를 분리하는 일은 거의 불가능한 것처럼 보였다. 무엇보다도 맛을 감지하는 세포 수가 상대적으로 적을 뿐만 아니라, 그 세포들에게서 어떤 반응을 이끌어내기가 쉽지 않았다. 몸에는 내부의 호르몬에서부터 외부의 열, 추위, 압력, 빛, 화학 물질에 이르기까지 온갖 종류의 단서를 감지하는 장비들이 어마어마하게 많이 있다. 그 반응은 대부분 아주 민감하다. 그것을 감지하는 수용기의 반응을 유도하려면 극소량의 아드레날린만으로도 충분하다. 하지만 미각 수용기는 그보다 약 10만 배나 덜 민감하다.[15] 그 이유는 미각 수용기가 혼란스러운 우리 주변 세계와 상호작용하기 때문이다. 단 한 가지 음식물에서 혀가 맞닥뜨리는 감각의 양과 종류를 감안할 때, 모든 분자가 미각 수용기에 불이 들어오게 한다면, 뇌는 과부하 상태에 빠지고 말 것이다. 그렇게 되면 콜라 한 모금만 마셔도 태양을 정면으로 바라보는 것과 같은 효과가 나타날 수 있다.

닉 리바Nick Ryba가 이끈 미국국립보건원 과학자들은 마침내 많은 장애물을 뛰어넘는 데 성공했다. 그들은 유전체를 샅샅이 살펴보는 한편으로 미각세포●를 조사했는데, 특정 미각 수용기 단백질을 만드는 유전자가 어떤 것인지 찾기 위해서였다. 그들은 사람과 비슷한 미각을 가진 쥐와 생쥐의 맛봉오리에서 DNA를 추출했다. 비결은 개개의 유전자를 정확하게 찾아내는 데 있었다. 즉, 광대한 DNA 지역 가

●맛봉오리에 퍼져 있는, 맛을 느끼는 상피세포.

운데 어딘가에 숨어 있는 짧은 특정 코드 부분을 지도도 없이 찾아야 했다. 그 청사진을 손에 넣기만 하면, 그 수용기를 얼마든지 복제하여 그 구조와 작용을 쉽게 연구할 수 있었다.

얼마 지나지 않아 과학자들은 한때 분간하기조차 힘들었던 이 분자 가닥들을 자르고 썰고 분류하는 일을 능숙하게 해내게 되었다. 미국국립보건원 과학자들은 미각 수용기의 희소성을 자신들에게 유리하게 만드는 방법을 발견했다. 그들은 혀 전체에서 아주 특이한 DNA 조각들만을 뽑아내는 기술을 사용해 그것을 더 일반적인 DNA 배열과 분리했다. 그중 일부에는 맛과 관련이 있는 유전 물질이 들어 있을 게 분명했다. 그 다음에는 각각의 조각을 분리해 설치류에서 추출한 미각세포에 집어넣었다. 만약 그것이 세포 속의 DNA와 열쇠와 자물쇠처럼 딱 맞물린다면, 그것은 미각 수용기 유전자가 분명했다. 대략적으로 말하면, 이것은 걸음마를 배우는 아기와 그 어머니로 추정되는 여자를 같은 방에 집어넣는 것과 같았다. 만약 둘이 서로 포옹한다면, 두 사람이 모자 관계라는 걸 알 수 있다.

이 방법은 효과가 있었다. 과학자들은 단맛 수용기에 해당하는 설치류 유전자 반쪽을 발견했다.⓰ 나머지 반쪽은 얼마 후에 발견되었고, 그 다음에는 사람에게서도 그와 유사한 단맛 유전자가 발견되었다. 이 이중 유전자는 단맛 수용기 분자가 서로 연결시킬 수 있는 열차 객차들처럼 서로 딱 들어맞는 두 부분으로 이루어져 있음을 의미한다. 이 유전자는 한 미각세포 표면에 일곱 가닥의 코일 타래가 서로 얽힌 모습의 외계 괴물처럼 기묘하게 생겼다. 한 코일은 텅 빈 공간으로 죽 뻗어 있으며, 옆을 지나가는 당 분자를 낚아챈다. 그런 일이 일어나면, 전기화학적 연쇄 반응이 시작되면서 곧장 뇌로 전달되어 즐거운 느낌을 분출시킨다.

다른 과학자들이 한때 다루기 힘들었던 또 한 가지 문제를 해결하기 시작했는데, 그 문제란 바로 맛의 주관성이다. 단맛 수용기가 발견되고 나서 몇 년 뒤, 네덜란드 호로닝언 대학교에서 실험에 참여한 자원자들이 긴 빨대에 연결된 고무 젖꼭지를 입에 문 채 테이블 위에 누워 있었다. 그들은 곧 자기공명영상MRI 장치 속으로 미끄러져 들어갔고, 빨대를 통해 쓴 토닉 워터를 홀짝이는 동안 MRI 장비가 그들의 뇌 활동을 촬영했다. 나중에는 그들에게 음료수 맛에 반응하여 얼굴을 찌푸리는 사람들의 사진들을 보게 하면서 뇌 활동을 촬영했고, 또 불쾌감이나 역겨움을 일으키도록 의도된 짧은 대본을 읽게 하면서 뇌 활동을 촬영했다. 신경과학자 크리스티안 카이저스Christian Keysers가 수행한 이 실험의 목적은 맛과 감정 사이의 관계를 탐구하기 위한 것이었다. 1990년대에 기능자기공명영상fMRI이라고 부르는 이런 종류의 스캐너가 등장하면서 과학자들은 사람이 음식을 먹고 마시거나 향기를 맡거나 글을 읽을 때―머리를 움직이지 않은 채 할 수 있는 일이면 어떤 것이건―뇌에서 어느 부위가 활성화되는지 볼 수 있게 되었다.

이 방법은 한계가 있었다. 그것은 현실 세계의 행동과 뇌에서 전기가 발생하는 신경세포 네트워크 사이에 연관 관계가 있음을 보여주었지만, 그러한 연관 관계가 정확하게 무엇인지는 알려주지 않았다. 하지만 그것은 혀에서 일어나는 맛의 화학 반응과 마음 사이의 중간 지점에서 흥미로운 통찰을 제공했다.

그 결과는 기묘했다. 자원자들이 이야기에서 쓴맛을 상상하거나 불쾌감 때문에 얼굴을 찌푸리는 사진을 보았을 때, 그들의 뇌는 '쓴맛' 반응을 경험했다. 이 패턴은 실험의 각 단계마다 조금씩 차이가 났고, 뇌에서 서로 다른 부위들에 영향을 미쳤다. 맛은 상상과 감정 같은 더 높은 기능들의 초석을 이루고 있는 것처럼 보였다.[17]

이 이야기에서 그다음 단계의 반전이 계속 아직 남아 있다. 그것은 아직 풀리지 않은 몇 가지 수수께끼가 어떻게 해결되느냐에 따라 달라질 것이다. 맛은 매우 역설적인 성격을 지니고 있다. 다른 감각들과 마찬가지로 미각은 유전자를 통해 프로그래밍되지만, 다른 감각들과 달리 경험과 사회적 단서를 통해서도 형성될 뿐만 아니라, 살아가는 동안 계속 변하면서 다양한 모습을 보여준다. 이러한 유연성은 종잡을 수 없이 분출되기 때문에 예측하기 어렵다. 사람들은 학습을 통해 어떤 것이라도 좋아하거나 싫어할 수 있는데, 세상에 존재하는 향미의 범위가 거의 무한해 보이고, 낡은 혀 지도가 무용지물인 이유는 이 때문이다.

모든 사람은 자신만의 고유한 맛의 세계에서 살아가는데, 이 세계는 어린 시절에 형성되어 살아가는 동안 계속 진화한다. 이 세계는 오래된 진화적 명령들이 한평생에 걸친 고열량 가공 식품과 문화적 단서, 상업적 메시지와 만나면서 일어나는 충돌을 통해 생겨난다.

두 살 터울로 태어난 내 아이들의 맛 선호는 고형 식품을 먹기 시작하자마자 곧 나타났다. 큰애인 매슈는 극단적인 맛을 좋아한다. 초등학교에 입학하기 전부터 할라페뇨고추*를 먹기 시작했고, 아홉 살 때부터 커피를 좋아했다. 대개 여름에 매슈는 가끔 레몬이나 라임을 가지고 자리에 앉아 그것을 4등분해 소금을 뿌린 뒤에 껍질째 먹는다. 동생 해나는 담백하고 풍부한 향미를 좋아하고, 치즈, 쌀밥, 감자, 파스타, 닭고기처럼 흰색이나 베이지색 음식을 먹는 경우가 많다. 커피보다는 카밀레차를, 다크초콜릿보다는 밀크초콜릿을 더 좋아한다. 하지만 둘 다 식성이 매우 까다롭다. 둘 다 자신이 좋아하는 음식이 어떤 것인지 잘 알고, 거기서 좀체 벗어나려 하지 않는다. 편안함을 느끼는 자신의 영역에서 벗어나 새로운 음식에 도전하게 하는 것은 거의 불가능하다.

취향이 서로 이렇게 다르고 좋아하는 음식도 제한돼 있어 함께 식료품점이나 레스토랑에 가는 것은 루빅큐브를 맞추는 것만큼이나 어

●멕시코 요리에 쓰이는 아주 매운 고추.

려운 도전 과제가 되고 말았다. 모두를 만족시킬 수 있는 음식은 피자 뿐이다. 가족 식사는 대부분 내가 만들었는데, 1주일 동안 사소한 변화만 있을 뿐 늘 똑같은 몇 가지 음식—해나는 파스타, 구운 닭고기, 치킨 너깃, 매슈는 쓰촨 소스를 곁들인 핫도그나 새우—만 먹는 틀에서 벗어나게 하려고 애썼다. 아내 트리시와 나는 좀더 모험적이었지만, 우리마저도 틀에 박힌 식습관의 편리함 속에 빠져 살았다.

어린이의 식성은 화학과 문화의 힘들이 충돌하는 도가니이다. 현대 영양 섭취와 치과학의 골칫거리라고 할 수 있는, 단것을 좋아하는 성향은 어린이의 발달에 아주 중요하다. 갓 태어난 아기에게 당분은 아스피린처럼 진통제 역할을 한다. 맛과 냄새를 연구하는 싱크탱크인 필라델피아의 모넬화학적감각센터^{Monell Chemical Senses Center}는 단것에 대한 기호가 강한 어린이는 뼈 성장과 관련이 있는 호르몬 수치도 높다는 사실을 알아냈다. 단것에 대한 갈망은 초기 인류 어린이들에게 과일과 꿀에서 소중한 당분을 찾게 했고, 신맛에 대한 갈망과 결합하여 비타민 C와 D가 풍부한 감귤류를 찾게 했다.

까다로운 식성은 사람들이 작은 이동 집단을 이루어 함께 살고, 어린이들이 항상 중독 위험에 노출되었던—아무데로나 배회하다가 아무거나 입속으로 집어넣는 경향 때문에—시대의 유산일 가능성이 높다. 오늘날에는 제한적인 식습관은 장기적 건강을 위협하며, 극단적인 편식은 음식 기신증_{忌新症} ●이라 부르는 식사 장애로 간주돼왔다.

어린이가 기묘한 식성을 지닌 이유는 특이한 동물이기 때문이다. 맛과 냄새는 다른 감각보다 일찍 발달하므로, 태아의 감각 우주는 거의 전부 다 양수 속에서의 냄새와 맛으로 이루어져 있다. 이것은 오랫동안 지속되는 인상으로 남는다. 모넬화학적감각센터가 수행한 다른 연구에 따르면, 임신 기간이나 수유 기간에 당근 주스를 꾸준히 마신 여성의 아기들은 나중에 당근 맛이 나는 시리얼을 좋아하는 경향을 보였다.[18]

그리고 태어나서부터 만 두세 살 사이의 시기에 아기의 시냅스―뇌에서 네트워크를 이루는 신경세포들 사이의 연결―는 신경세포 하나당 약 2500개에서 약 1만 5000개로 늘어난다(어른의 경우에는 8000~1만 개). 이 때문에 일시적으로 감각들이 서로 연결된다. 아주 어린 아이들은 감각들이 서로 겹친 일종의 공감각共感覺[••] 상태에서 살아가는데, 이것은 어린 시절의 맛 경험이 단지 음식뿐만 아니라 그 전체 순간을 떠올리게 하는 한 가지 이유이다. 아이가 성장함에 따라 경험이 점점 신경세포 덤불의 가지들을 정리하면서 더 나은 감각 연결들이 나타난다. 이 과정에서 아이의 미각은 보수적인 시기와 모험적으로 탐구하는 시기 사이에서 왔다갔다한다.[19]

10대 시절에는 강렬한 미각이 아동기의 생리학적 요구와 진화적

[•] 새것을 싫어하는 증상.
[••] 두 가지 이상의 감각이 기묘한 방식으로 섞여 나타나는 현상.

명령과 함께 사라진다. 그리고 원래의 호불호는 완전히 사라지지 않더라도, 더 미묘한 미각이 그 자리를 대신 차지한다. 이러한 약화 작용 덕분에 우리가 경험할 수 있는 맛의 범위가 늘어나고, 음식에 대한 기억과 연상이 더 깊어진다. 코와 입에서 일어나는 화학 반응에서 시냅스를 통해 감각들이 끓어오른다. 한편, 음식은 학습하고 이해하고 평가하는 마음의 능력을 이용해 다른 감각들도 끌어들인다. 그것은 양방향으로 작용한다. 마음은 미각을 만드는 데 영향을 미치고, 경험은 마음의 형태를 빚어내는 데 영향을 미친다. 이 대화의 한 가지 버전은 생명에게 식욕이 처음 발달한 이래 수십억 가지 음식에서 일어났다.

2장

맛의
탄생

지구에서 맛이 출현할 기미가 최초로 나타난 시기는 초기의 생명체가 주변 세계를 감지하기 시작하고, 바닷물에 떠다니던 영양 물질의 냄새가 원시적인 신경계를 자극하던 무렵이었다. 그후 생명은 수억 년 동안 진화하면서 수많은 음식물을 섭취했다. 러시아의 전통 인형 마트료시카처럼 오늘날 우리가 느끼는 맛에는 바로 이 모든 경험들이 축적돼 있다. 어떤 사람의 미각이 아무리 세련되고, 요리 재료가 아무리 미묘하다 하더라도, 맛은 아득한 과거의 원초적 충동을 불러일으키는데, 이 충동에는 진화 과정에서 일어난 온갖 사건들과 먼 옛날에 먹이를 놓고 벌어졌던 목숨을 건 투쟁이 반영돼 있다. 그 역사가 아주 오래되었으면서 각자 진화사에서 중요한 전환 국면에 나타난

다섯 가지 음식물은 미각과 호모 사피엔스의 요리법 발명 재능이 어디서 왔는지 설명하는 데 도움을 준다.

최초의 식사

그 동물의 모습은 풍뎅이와 비슷했다. 부드럽고 골이 진 껍데기로 전신이 둘러싸인 몸길이 약 2.5센티미터의 이 동물은 얕은 연안 해저에서 모래 위를 기어다녔다. 그러다가 냄새와 진동과 빛의 세기 변화를 미미하게나마 감지하게 되었다. 지렁이 비슷하게 생긴 먹이는 안전을 위해 길을 구불구불하게 만들면서 모래 속으로 굴을 파고 들어갔다. 포식자는 집게발처럼 생긴 턱으로 구멍을 파헤쳐 먹이를 입속으로 쭉 빨아들인 뒤에 꿀꺽 삼켜 목구멍 뒤로 넘기고는, 이제 먹이를 소화시키기에 안전한 은신처를 찾으러 나섰다.

4억 8000만 년 전에 일어난 이 식사의 증거는 1982년에 발견되었다. 탐사에 나선 마크 맥미너민^{Mark McMenamin}은 회녹색 셰일에서 아주 작은 인상화석印象化石●을 발견했다. 맥미너민은 별생각 없이 암석에서 그 인상화석을 쪼아내 수십 점의 다른 표본과 함께 자루에 집어넣었다. 그 당시 대학원생이었던 맥미너민은 멕시코 정부의 요청으로 소노라 사막의 지질 조사를 하고 있었는데, 소노라 주에 있는 세로라혼 산 측면 지역을 중점적으로 조사했다. 이곳은 옛날에 바다 밑바닥이

●생물의 골격이나 형체는 없어지고 그 흔적만 남아 있는 화석.

솟아올라 산꼭대기가 된 곳이었다.

훈련받지 않은 사람의 눈에는 그 화석은 길이 0.6센티미터가량의 긁힌 자국들이 희미하게 줄지어 늘어서 있는 것으로밖에 보이지 않았다. 연구실로 돌아와 화석을 자세히 조사한 맥미너민은 그것이 삼엽충이 진흙 위를 지나가면서 남긴 흔적이라는 사실을 알아챘다. 그 진흙이 나중에 굳어서 돌이 되면서 그 자국이 화석으로 남은 것이다. 삼엽충은 물고기, 파리, 새, 사람을 비롯해 동물계에 존재하는 거의 모든 동물들의 조상이다. 삼엽충은 해저에 수많은 화석을 남겼고, 그래서 어떤 자연사 박물관에서나 단골손님처럼 전시돼 있다. 많은 삼엽충은 몸 전체가 많은 체절로 이루어진 껍데기로 덮여 있고, 투구게와 지네를 합친 것처럼 생겼다. 이 삼엽충 흔적 화석의 무늬 패턴은 잘 알려져 있고, 심지어 루소피쿠스 물티리네아투스*Rusophycus multilineatus*라는 학명까지 붙어 있다. 맥미너민은 그 화석을 보관했다가 그것에 관해 연구한 내용을 박사 학위 논문으로 썼다. 그리고 나서는 마운트홀리요크 칼리지에서 지질학 교수가 되어 생명의 초기 진화를 연구할 때까지 20년이 넘도록 그것에 대해서는 더 이상 생각하지 않았다.

그랬는데, 나중에 그 화석을 다시 살펴본 맥미너민은 이전에 보지 못했던 것을 발견했다. 그는 "그 화석에는 그냥 삼엽충만 있었던 게 아니었어요. 바로 그 옆에 구불구불한 모습으로 또 하나의 흔적 화석이 있었어요. 이런 화석은 아주 드물지요"라고 말했다. 맥미너민은 그 화석에는 두 동물이 만난 증거가 담겨 있다고 결론 내렸다. 추가 흔적은 삼엽충보다 더 작고 지렁이처럼 생긴 동물이 진흙 속으로 구멍을 파고 들어가려고 시도했음을 시사했다. 무늬의 배열로 보아 삼엽충은 그 동물 바로 위에 있었던 것으로 보였다. 맥미너민은 오컴의 면도날을 적용했다. 가장 단순한 설명은 삼엽충이 먹이를 찾기 위해 진흙을 파고 있었다는 것이었다. 그는 이것은 "최초의 식사"를 알려주는 증거라고 썼다. 즉, 그것은 포식자가 먹이를 잡아먹는 장면을 담고 있는 화석 중 가장 오래된 것이었다.❶

그 음식의 맛은 어땠을까? 그것을 상상이라도 하는 게 가능할까?

캄브리아기로 알려진 이 시기 이전까지는 유의미한 맛이 전혀 존재하지 않았다. 지구상의 생명은 대부분 물속에서 떠다니면서 입자를 걸러 섭취하고 광합성을 하며 살아갔다. 세균과 효모를 비롯해 그 밖의 단세포 생물은 화강암의 골이나 모래 알갱이 사이에 자리를 잡고 살아갔다. 일부는 서로 합쳐 끈적끈적한 세포 덩어리를 이루었다. 관이나 원판 모양의 생물들이 해류에 실려 이리저리 떠다녔다. '먹는 것'은 바다에서 영양 물질을 흡수하는 것을 뜻했다. 때로는 한 생물이 다른 생물을 완전히 감싸기도 했다.

그러다가 불과 수천만 년 동안에 ─지질학적 시간으로는 아주 짧은 시간─바다가 삼엽충을 비롯해 새로운 생물들로 들끓었다. 삼엽충은 생명의 역사에서 가장 큰 성공을 거둔 동물 강綱이었다. 삼엽충이 지구를 지배한 시기는 2억 5000만 년이 넘는다. 삼엽충이 처음 나타난 시기인 약 5억 년 전은 오늘날 우리가 알고 있는 자연이 실제로 시작된 때였는데, 지구 역사상 처음으로 생물이 다른 생물을 체계적으로 잡아먹기 시작했기 때문이다. 이 새로운 동물들은 이전 동물들과 달리 입과 소화관이 있었다. 초보적인 뇌와 감각도 있어 빛과 어둠, 움직임, 뚜렷한 화학적 신호를 감지할 수 있었다. 이 동물들은 이러한 최신 장비들을 사용해 먹이를 사냥하고 죽이고 먹었다.❷ 영화 〈사랑과 죽음Love and Death〉에서 우디 앨런이 연기한 작중 인물 보리스가 "내게 자연은…… 잘 모르지만, 거미와 벌레, 작은 물고기를 잡아먹는 큰 물고기, 그리고 식물을 먹는 식물과 동물을 먹는 동물이라오. 그것은 거대한 식당과 같아요"라고 표현한 상황과 비슷했다.

오늘날 살아남아 있는 삼엽충은 없으며, 화석은 삼엽충의 신경계에 대해 알려주는 게 거의 없으므로, 삼엽충의 감각 능력을 평가하는 일은 추측에 의존할 수밖에 없다. 다크초콜릿이나 와인의 복잡한 향미 같은 것은 전혀 지각하지 못했을 게 거의 확실하다. 인간의 미각은, 설사 아무리 혐오스러운 미각이라 하더라도, 미묘한 요소가 많고, 다른 향미나 과거의 사건과 느낌을 비롯해 우리가 학습한 모든 경험과 연관되는 요소도 많다. 삼엽충은 아마도 즐거움 같은 것은 전혀 느끼지 못했을 테고, 겨우 약간의 흔적 기억만 갖고 있었을 것이다. 모든 식사는 거의 똑같은 맛이었을 것이다. 그리고 오로지 배고픔을 달래려는 욕구와 공격 충동이 그 주요 특징이었을 것이다.

어쨌든 맛을 이루는 이 원시적인 요소들은 진화가 낳은 괄목할 만한 업적이었는데, 인간의 미각도 그 생리학적 구조는 기본적으로 이것과 동일하다. 물론 이것은 흙집을 샤르트르 대성당과 비교하는 것과 비슷하지만, 어쨌든 기본 뼈대는 바로 이 시기에 만들어졌다.

캄브리아기 폭발이라 부르는 이 포식자-먹이 관계의 혁명에 방아쇠를 당긴 사건은 지상의 생활 조건에 일어난 큰 변화였다. 과학자들은 그 원인이 무엇이었는지를 놓고 의견이 분분하다. 어떤 사람들은 선사 시대에 몰아닥친 지구 온난화를 그 원인으로 지목하는데, 이 때문에 오랫동안 꽁꽁 얼어붙어 있던 극지방의 얼음이 녹기 시작했다. 해수면이 수십 미터나 높아졌고, 그 때문에 멀리 내륙 안쪽까지 물이 밀려 들어와 지의류와 균류(나무와 풀, 꽃식물은 아직 나타나기 전이었다)로 덮여 있던 낮은 언덕과 암석이 물에 잠겼으며, 석호와 모래톱, 여울이 생기고, 생명이 번성하기에 아주 이상적인 따뜻하고 얕은 가마솥이 만들어졌다. 지구 자기 역전을 그 원인으로 꼽는 사람들도 있고, 또 어떤 사람들은 활동 전위[*]의 창발이나 신경세포들이 먼 거리까지 커뮤니케이션을 할 수 있는 능력 또는 DNA 암호에 생긴 그 밖의 우연한 변화 등을 낳은 돌연변이를 지목한다.

---

[*]생물체의 세포나 조직이 활동할 때 일어나는 전압의 변화. 흥분 부위와 정지 부위의 전위차 때문에 활동 전위가 움직인다.

정확한 사건의 순서야 어떠했건, 어쨌든 예민한 감각과 진화적 성공 사이에 강한 연관 관계가 나타나게 되었다. 급증하는 위협과 기회에 몸과 신경계가 적응하면서 이에 따라 생물학적 군비 경쟁이 일어났다. 한때 단순한 감지 및 반응 메커니즘에 불과했던 감각은 복잡한 행동을 인도하기 위해 더 강력하게 성장해야 했다. 삼엽충 시대부터 시작해 현재에 이르기까지 채집과 사냥과 음식 섭취는 생명의 끝없는 자동 갱신을 촉진하여 결국은 인간의 큰 뇌와 문화직 업적을 낳았다. 우리를 정의하는 핵심 요소로서는 미각이 시각이나 청각 혹은 심지어 섹스보다도 더 중요하다. 미각은 우리 자신을 만들어냈다. 맥머니민은 막대한 고통을 동반하면서 죽고 죽이는 행위가 세상에 널리 퍼진 것이 지능과 인식을 크게 팽창시키는 결과를 낳고, 결국에는 인간의 의식을 탄생시키는 계기가 되었다는 점이 궁극적인 아이러니라고 말한다.

썩은 고기

턱이 없는 먹장어는 썩는 냄새에 이끌려 죽은 바다 동물의 몸속으로 파고 들어가 속에서부터 그 시체를 먹어치운다. 이것은 아주 성공적인 진화 전략이었다. 최초의 척추동물인 무악어류●는 '최초의 식사'가 일어난 지 3000만 년 뒤인 약 4억 5000만 년 전에❸ 지구상에

●턱이 없는 물고기.

나타났는데, 화석 기록으로 볼 때 무악어류는 그후로 거의 변하지 않은 것처럼 보인다. 먹장어는 지구상에서 아주 오래 살아남은 생물로 유명한 바퀴벌레보다 약 2억 년이나 더 오래 살았다. 뱀장어를 닮은 몸통에 입 대신 빨판이 달려 있는 기이한 모습의 먹장어는 가끔 살아 있는 화석이라 불린다. 사람도 먹장어의 조상 친척으로부터 유래했다. 먹장어의 해부학적 구조와 행동은 뇌와 감각 사이의 기본적인 연결이 처음 수립된 시절인 아주 먼 과거를 엿볼 수 있는 기회를 제공한다.

초기의 포식자인 삼엽충은 맛과 냄새를 사실상 구별하기 어려웠을 것이다. 하지만 무악어류는 맛과 냄새를 분명히 구별했고, 이렇게 분리된 감각은 사람이 등장하기 전까지는 다시 합쳐지지 않은 것으로 보인다. 맛은 신체의 내부 구역으로 들어가는 문을 지키는 문지기가 되었다. 하지만 냄새는 바깥 세계로 뻗어나갔다. 먹장어는 냄새들이 아지랑이처럼 계속 어른거리며 변하는 바닷속을 헤엄쳐 다녔다. 냄새는 먹장어의 뇌 속에 포식자, 잠재적 배우자, 다음번 식사거리 등 주변 세계의 그림을 만들었다. 사람의 경우, 썩는 냄새는 역겨움 반응을 일으킨다. 하지만 이 반응은 주관적인 것이다. 무악어류의 경우, 썩는 냄새는 생존과 만족감을 의미한다.

이 추가적인 감각 능력은 어떻게 생겨났을까? 가끔 유전 암호에 일어나는 돌연변이는 단지 몸을 변화시키는 데 그치지 않고 새로운 것을 몸에 추가한다. 전체 DNA는 임의적으로 스스로를 복제할 수 있다. 그리고 DNA가 그 생물학적 지시를 실행에 옮길 때, 생물은 추가적인 기능을 얻게 된다. 여분의 조직은 신체의 정상적인 기능을 망침으로써 치명적인 것이 될 수 있다. 하지만 적절한 환경에서는 중요한 진화적 도약을 낳을 수 있다. 원래의 유전자들은 정해진 일을 계속 수행하고, 복제된 돌연변이 유전자들은 자연 선택을 통해 새로운 임무를 떠맡거나 새로운 신체 부위를 만드는 일을 한다. 18세기 후반에 독일의 작가이자 박물학자인 요한 볼프강 폰 괴테는 이 강력한 진화의 힘을 예상하고서 해부학적 구조에서 복제된 부분들이 뭔가 다른 것으로 변할 것이라고 추측했다. 잎 구조가 꽃잎의 기초가 되었을지도 모르고, 머리뼈는 척추가 변형된 것인지도 모른다.

무악어류의 경우, 후각 수용기가 복제되어 생긴 여분의 수용기가 새로운 냄새를 감지하는 기능을 맡게 되었다. 직전 조상들은 몇 종류의 후각 수용기만 갖고 있었을 가능성이 높은데, 먹장어는 20종류 이상의 후각 수용기를 갖고 있다. 생명이 진화하면서 이 과정은 수없이 반복되어 어떤 동물은 무려 1300종류의 후각 수용기를 갖고 있으며, 사람은 300종류 이상을 갖고 있다.

최초의 무악어류에게 쏟아져 들어온 새로운 느낌들은 평균적인 삼엽충의 뇌에서는 불협화음을 빚어냈을 것이다. 후각이 예리해짐에 따라 먹장어의 뇌도 그것에 적응해갔다. 후각망울은 모든 동물의 코와 뇌 사이에 위치한 중간역으로, 냄새가 신경 자극 패턴으로 전환되는 일이 일어난다. 먹장어의 경우, 마치 땅에서 꽃이 솟아오르듯이 후각 망울에서 위쪽으로 새로운 구조가 자라났다. 이 구조는 사람의 뇌에서 가장 중요한 부분인 대뇌의 전신에 해당하는 것이었다. 대뇌는 감각과 지각, 움직임, 언어 등을 처리하면서 우리가 하는 거의 모든 일에 의식적 형태를 부여한다. 사람의 경우, 아직도 동일한 유전자 집단이 후각과 관련된 해부학적 구조의 발달과 뇌의 기본 구조를 공동으로 지배한다.❹ 냄새는 콧구멍이 있는 동물에게서는 거의 모든 느낌과 행동의 생물학적 통화로 사용돼왔다. 향미를 그토록 다양하고 미묘하게 만드는 것은 바로 사람의 후각이다. 『잃어버린 시간을 찾아서』는 차에 적신 마들렌 쿠키를 먹다가 그 냄새와 맛에서 떠오른 기억을 서술한 작품인데, 작가인 마르셀 프루스트가 인류에게 냄새와 기억 사이의 깊은 연관 관계는 바로 시체를 먹던 습성에서 시작되었다는 이야기를 들었더라면 아마도 깜짝 놀랐을 것이다.

개미 수플레

약 2억 5000만 년 전에 전 세계의 식탁이 갑자기 싹 치워지고 곧 새로운 음식들이 다시 차려졌다. 시베리아 스텝 지역에서 잇따라 일어난 화산 분화—아마도 운석 충돌이 그 방아쇠 역할을 했을 것이다—로 260만 제곱킬로미터가 넘는 지역이 용암으로 뒤덮였다. 그리고 화산재가 하늘을 뒤덮어 수천 년 동안 햇빛을 가렸으며, 산성비가 지구 표면을 마구 할퀴었다. 바다와 육지에 살던 식물들이 죽어갔고, 대기 중 이산화탄소 농도가 짙어져 숨쉬기가 거의 불가능했다. 페름기 대멸종이라 부르는 이 격변으로 해양 생물 종 중 90퍼센트, 육상 생물 종 중 70퍼센트가 멸종했다(심지어 그런 천재지변에서 잘 살아남는 곤충조차 대부분 멸종했다). 그것은 생명의 역사에서 일어난 최대 규모의 멸종이었고, 그보다 2억 5000만 년 앞서 일어났던 캄브리아기 폭발에 종말을 가져왔다.❺

이 황량한 풍경에서 아주 대조적인 두 종류의 동물이 유유자적하게 걸어다녔다. 하나는 공룡이었고, 또 하나는 털이 난 작은 도마뱀처럼 생긴 동물이었다. 이 이야기의 대략적인 윤곽은 모두가 익히 알고 있다. 공룡이 자신의 최후가 닥칠 때까지 지구를 지배한 반면, 초기의 포유류는 공룡을 피해 다니며 때를 기다렸다. 하지만 포유류가 숨어 살던 어두운 곳과 구멍 속에서는 또다른 이야기가 펼쳐졌다.

원시 포유류 중 하나인 모르가누코돈 오엘레리 *Morganucodon oehleri*는 페름기 대멸종에서 약 5000만 년 뒤에 나타났다. 모르가누코돈은 껴안고 싶은 충동이 들 정도로 귀여운 동물은 아니었다. 모르가누코돈은 알을 낳았고, 긴 주둥이와 느릿느릿한 걸음걸이는 파충류를 닮았다. 물론 포유류의 특징도 일부 있었다. 털이 났고, 따뜻한 피를 가졌으며, 턱에 두번째 관절이 있었다. 하지만 모르가누코돈을 포유류 집단에 집어넣게 한 결정적 요인은 복잡한 전략을 구사하고 강렬한 만족감―인간의 웅대한 요리 열정이 처음 움트기 시작한 것을 보여주는 조짐―을 얻는 대상이 된 먹이 사냥 행동을 중심으로 형성된 높은 지각 능력이었다.

모르가누코돈은 몸길이가 사람 손가락보다 작은 동물이었지만, 몸 전체가 세계에 반응했다. 30미터 밖에 있는 작은 도마뱀과 건너편 오르막길에 있는 흰개미집과 늪 건너편에 있는 공룡의 냄새를 동시에 맡을 수 있었다. 눈으로는 어두운 곳에 숨어 있는 포식자를 발견할 수 있었다. 털 위로 지나가는 공기 흐름의 미소한 변화로 가까이에서 움직이는 동물도 감지할 수 있었다. 수염은 먹이를 찾아 덤불 사이를 파헤치는 데 도움을 주었다. 대개는 찾던 것을 발견했는데, 개미집, 썩어가는 나무줄기 아래의 연충이나 땅벌레, 길 건너편에서 잽싸게 달려가는 더 작은 포유류가 있는 곳으로 안내하는 자취 같은 게 바로 그것이었다. 그 이전 시대에는 그저 배를 채우고 배고픔을 달래는 게 다였던 식사 시간은 이제 이 세상의 향미와 즐거움을 제공하는 입의 섬세한 감각을 더 중시하게 되었다.

그것은 청소동물(부식동물)의 세계였다. 만약 먹이를 빨리 그리고 효율적으로 획득해 먹고 소화시키지 않으면, 모르가누코돈은 굶주림으로 또는 공룡의 먹이가 되어 죽고 말 운명이었다. 포유류의 특징인 더운 피는 이 절박한 사정과 매 끼니의 긴급성을 반영해 진화한 것이다. 냉혈동물인 공룡은 더위나 추위에 따라 템포를 다양하게 조절해 에너지를 절약하면서 먹거나 쉴 수 있었다. 포유류는 항상 사냥에 나서야 할 뿐만 아니라 성공률도 높아야 했는데, 체온을 유지하는 대사 용광로가 공룡보다 훨씬 많은 칼로리—현생 포유류는 아무것도 하지 않고 쉴 때, 같은 크기의 파충류보다 7~10배나 많은 칼로리를 소비한다—를 요구했기 때문이다. 시간이 지나면서 공룡의 몸집은 점점 커져갔지만, 포유류는 공룡을 피하는 데 더 많은 에너지를 써야 했다.

이 도전 과제들에 대응하기 위해 새로운 뇌 구조가 진화했다. 사람의 경우, 신피질(새겉질)은 나머지 뇌 지역을 덮고 있는 회색 조직의 바깥층이다. 신피질은 오직 포유류에게만 있는데, 대부분은 반반하다. 오직 사람과 유인원의 신피질만 특징적인 홈과 주름이 있다. 이 때문에 신피질의 표면적이 크게 늘어나고, 이에 따라 처리 능력도 크게 증가한다. 신피질에 있는 구조들은 미각을 포함해 우리의 의식적인 지각을 대부분 책임진다. 느낌과 충동과 인상이 인식 차원으로 솟아올라 우리에게 행동하도록 자극하는 일이 일어나는 곳이 바로 이곳이다. 하지만 초기 포유류의 신피질이 담당한 일 중 가장 중요한 것은 냄새와 짝, 위협, 먹이—맛이 좋은 것과 배를 부르게 한 것, 그것을 발견한 곳, 그것을 획득하기 위해 사용한 전술 등—를 기록함으로써 살아온 경험의 지도가 되는 것이었다. 맛은 이제 긴밀하게 얽힌 감각과 기억과 행동 전략의 신경 패턴이 새로운 사건을 통해 끊임없이 갱신되고 형성되게 했다.

초기 포유류의 뇌가 나타난 사건을 연구하던 텍사스 대학교의 척추동물고생물학연구소 소장 팀 로Tim Rowe는 심각한 문제에 맞닥뜨렸는데, 그것은 바로 조사할 만한 증거가 거의 하나도 없다는 점이었다. 뇌 조직은 화석으로 남지 않는다. 많은 초기 포유류의 부드러운 연골 머리뼈도 마찬가지다. 모르가누코돈과 나중에 나타난 일부 친척들은 머리뼈가 단단한 뼈로 이루어져 있었지만, 이들이 남긴 화석은 아주 적을 뿐만 아니라, 아주 오래되어 살짝 만지기만 해도 부서지고 말았다. 하지만 로는 이 난관을 극복할 수 있는 묘안을 찾아냈다.

1997년에 로는 CT 스캐너를 사용해 운석의 3차원 상을 만들기 시작했다.❻ 처음에는 조악한 수준이었지만, 2000년대에 컴퓨터 성능이 비약적으로 향상되자 로는 초기 포유류 화석에 초점을 맞춰 점점 더 작은 물체의 모형을 만들어갔다. 맥미너민이 최초의 식사를 독창적으로 발견한 것처럼 로는 다른 사람의 선반 위에 놓여 있던 화석에서 새로운 통찰을 얻었다. 이 화석은 하버드 대학교의 한 연구실에 있던 상자에 들어 있었는데, 이미 20년 전에 로 자신이 그곳에서 그 화석을 만진 적이 있었다. 이번에 로는 그 화석을 스캐너 내부의 작은 테이블 위에 올려놓았다. 테이블이 빙 돌기 시작했고, 5~6시간이 지나자 스캐너가 모든 복셀voxel — 상을 이루는 가장 작은 단위인 3차원 픽

셀—을 하나하나 채우며 머리뼈 상을 완성했다. 이제 로는 완성된 상을 가지고 길이가 2.5센티미터에 불과한 머리뼈를 목장주 집만한 크기로 확대할 수 있었다. 뼈에 난 현미경적인 돌출부와 주름을 모두 조사하고, 그것을 먼 옛날 동물과 현생 동물의 해부학적 구조와 비교 대조함으로써 그 머리뼈를 채웠던 뇌 모형과 막 중요한 변화의 전환점에 있던 생물의 그림을 만들 수 있었다.

몸 크기와 비교한 뇌의 크기는 모르가누코돈의 직계 조상보다 50퍼센트나 더 컸다. 성장한 부분 중 대부분은 더 예리해지고 광범위해진 후각에 할당되었다. 초기 포유류들도 마찬가지로 후각 수용기 유전자를 1000개 이상 가지고 있었을 가능성이 높은데, 그 덕분에 후각 수용기 유전자가 100개 정도에 불과했던 공룡보다 냄새에 훨씬 예민했을 것이다. 로의 연구는 이것이 후각-뇌의 성장에 일어난 여러 차례의 큰 물결 중 첫번째 물결에 불과하다고 시사한다. 로는 모르가누코돈의 친척으로 모르가누코돈보다 1000만 년쯤 뒤에 살았던 하드로코디움 우이 *Hadrocodium wui*의 머리뼈 화석도 촬영했다(두 화석 모두 중국에서 발견되었다). 하드로코디움의 머리뼈는 길이가 겨우 0.8센티미터 정도에 불과했고, 그마저도 수십 조각으로 쪼개져 있었다. 하지만 스캐너로 촬영한 다음에 조각들을 가상으로 재조립해보았더니, 새로운 신경과 지각이 거의 폭발하듯이 성장하는 뇌의 모습이 드러났다. 전반적인 크기도 더 컸고, 신피질은 더 정교했으며, 모든 감각을 처리하고 종합하는 능력도 더 뛰어났다. 그 밑부분에서는 척수가 불룩 튀어나와 있었는데, 이것은 몸과 뇌 사이에 더 복잡한 연결들이 만들어졌고, 이 종이 그 조상들보다 더 빨리 그리고 더 우아하게 움직였음을 시사했다.❼

이런 획기적인 전환의 메아리는 오늘날 모든 포유류 태아의 발달 과정에 남아 있다. 포유류 태아의 신피질에서 제일 먼저 발달하는 지역은 입과 혀를 대표하는 지역인데, 새끼가 살아남으려면 젖을 먹는 것이 필수적이기 때문이다. 신피질이 가장 먼저 처리하는 감각들은 따뜻함, 냄새, 단맛, 어미의 젖이 주는 깊은 만족감 등이다. 최초의 포유류들은 긴 주둥이와 힘센 입술과 잘 발달한 수염을 가지고 있었다. 입과 코는 단순히 먹이를 추적하는 해부학적 도구에 불과한 게 아니었다. 입과 코는 먹이를 모든 경험의 초점으로 만들었다. 큰 청소동물이 사냥에 나설 때에는 입과 코가 길을 안내했다.

과일 샐러드

그것은 어른거리는 주황색에 불과했지만, 초록색 사이에서 눈부시게 빛났다. 약 2000만 년 전에 아프리카 정글에서 살던 원숭이 무리는 따분한 먹이를 꾸역꾸역 씹으면서 나날을 보냈는데, 주로 먹은 것은 잎, 씁쓸한 뿌리, 벌레, 얼얼한 맛이 나는 몇 종류의 장과였다. 그런데 갑자기 뭔가 대단한 것이 나타났음을 시사하는 단서가 포착되었다. 나뭇가지 위로 기어오르던 원숭이들이 눈을 가늘게 뜨고 그곳을 응시하자, 주황색 얼룩들이 더 많이 나타났다. 원숭이들은 나뭇가지 사이를 건너뛰며 일제히 그곳으로 몰려갔다. 그들은 불그스름한 색과 주황색이 섞인 열매를 거머쥐고 꽉 짓눌러 즙이 뚝뚝 떨어지게 했다. 한 원숭이는 나뭇가지에 쪼그리고 앉아 나무둥치에 등을 기댄 채 열매를 한입 베어 물었다. 혀 위에서 달콤한 맛이 폭발하듯이 번져나가는 동시에 약간의 쌉쌀한 맛이 단맛을 조금 완화시켰다. 짧지만 말할 수 없는 황홀감이 온몸에 짜릿하게 번졌다. 향연은 숲 바닥에 열매 씨가 여기저기 널브러질 때까지 계속되었다.

원숭이들이 살아간 세계는 불과 몇 제곱킬로미터에 불과해 아마도 면적으로는 모르가누코돈의 세력권과 비슷했을 것이다. 또한 이 둘은 진화한 환경도 서로 비슷했는데, 공룡을 멸종시킨 생태계 재앙—멕시코의 유카탄 반도 앞바다에 충돌한 거대한 운석 때문에 일어난 것으로 추정되는—이 지나간 뒤에 포식자로부터 몸을 숨기는 동시에 남이 먹다 남긴 먹이를 먹으며 살아갔다. 하지만 중요한 차이점이 두 가지 있었다. 우리 조상들이 먹이를 찾는 영역은 전에는 주로 땅 위였지만, 이제 나무 위로 옮겨갔다. 그 영역은 이제 2차원 대신에 3차원으로 변했고, 새로운 형태의 시각이 입체 지각 능력과 결합하여 주변 사물들을 생생한 색으로 볼 수 있게 되었다. 에덴 동산에서 금단의 열매가 이브의 눈길을 끈 이유는 그 밝은색 때문이었을 텐데, 지금도 마찬가지로 우리는 음식의 색에 눈과 마음이 끌린다. 음식의 색과 모양, 배열은 눈길을 끌고 식욕을 자극한다.

대부분의 포유류는 두 가지 색만 구별할 수 있다. 눈 뒤편에서 상을 감지하는 영역인 망막에는 두 종류의 전문화된 감지 장치가 있다. 원뿔세포라 부르는 감지 장치에는 파란색이나 빨간색 파장의 빛을 감지하는 수용기가 있다. 2색 시력을 가진 동물은 약 1만 가지 색조를 구별할 수 있다. 그런데 약 2300만 년 전에 한 종류의 원숭이에게 돌연변이 유전자 복제가 일어났다.❽ 이런 일이 일어난 원숭이들은 세번째 종류의 원뿔세포가 생겼는데, 이 세포는 스펙트럼에서 노란색 계통의 빛에 반응했다. 이전의 초기 포유류에게는 칙칙한 회색으로 보였던 색조들이 이제 보라색, 분홍색, 하늘색, 자주색, 청록색, 산호색으로 보였다. 빨간색은 더 깊고 미묘한 색조들로 나타났고, 초록색은 더 부드럽고 다양한 색조로 보였다. 이렇게 향상된 시각을 가진 영장류―일부 원숭이 종들과 모든 유인원, 그리고 사람―는 최대 약 100만 가지 색을 감지할 수 있다(새는 네 종류의 원뿔세포를 갖고 있어서 환상적으로 풍부한 색각을 갖고 있다).

정글 환경에서 열매를 발견하는 것은 '왈도를 찾아라'와 비슷하게 아주 어려운 과제이다. 눈과 뇌가 지배적인 색조 사이에서 독특한 색깔 신호를 감지해야 한다. 1990년대에 케임브리지 대학교의 신경과학자 베네딕트 리건Bendict Regan과 존 몰런John Mollon은 열매-시각 가설을 검증하는 일에 착수했다.❾ 그들은 프랑스령 기아나 정글에 사는 붉은고함원숭이를 실험 대상으로 정했다. 3색 시각은 자신의 진화 능력을 입증이라도 하려는 듯이 약 1300만 년 전에 아메리카의 고함원숭이들에게서 다시 독립적으로 나타났다. 3색 시각이 그토록 큰 성공을 하게 만든 요인이 무엇인지는 추측밖에 할 수 없지만, 명백해 보이는 후보가 하나 있다. 영장류가 잘 익은 열매를 쉽게 발견하는 데 색각이 도움을 주었다는 가설이다.

고함원숭이는 크리소필룸 루켄티폴리움^{Chrysophyllum lucentifolium} 나무의 열매를 좋아하는데, 이 열매는 껍질이 딱딱하여 이빨로 껍질을 벗겨야 한다. 그리고 큰 씨들은 영장류의 소화관을 그냥 통과한다. 이 열매는 익으면 노란색과 주황색이 화려하게 섞인 모습이 되는데, 주변의 초록색 배경과 선명한 대조를 이루어 눈에 확 띈다. 연구자들은 며칠 동안 저지대 숲에서 높이가 약 30미터나 되고 잎이 무성한 수관樹冠 아래에서 야영을 하며 지냈다. 그리고 나무 꼭대기 위로 재빠르게 움직이는 고함원숭이 무리를 뒤쫓으면서 원숭이들이 먹고 버린 열매 찌꺼기를 수집했다.

분광계를 사용해 식물의 색 파장을 측정하던 과학자들은 고함원숭이의 망막에 있는 색소들이 식물 사이에서 잘 익은 노란색 열매를 발견하는 데 아주 적합하다는 사실을 알아냈다. 이것은 결코 우연이 아니었다. 크리소필룸 열매의 색은 전체 스펙트럼 중에서 폭이 아주 좁은 띠에 해당한다. 자연 선택은 이 둘을 미세 조정해 일치시킴으로써 양자 모두에게 이익이 돌아가도록 한 것처럼 보인다. 즉, 원숭이에게 는 먹이를, 나무에는 씨를 퍼뜨릴 수단을 제공했다(다른 먹이들 역시 어떤 역할을 했을 수 있다. 어떤 영장류의 경우❿, 열매가 귀한 시절에 초록색 식물 사이에서 어리고 영양분이 많은 빨간색 잎을 잘 찾아내도 록 3색 시각이 진화했을지 모른다).

그렇다면 선명한 색을 띤 열매는 단순히 희귀하고 맛있는 음식이 나 선사 시대의 먹이 피라미드에서 하나의 중요한 요소에 불과한 게 아니었다. 그것은 더 광범위한 생존 전략의 일부였다. 고함원숭이 조 상들은 야행성 동물이었지만, 이제 생활 습관이 바뀌어 낮 시간에 먹 이를 찾으러 나섰다. 한낮의 햇살이 눈부시게 내리쬐는 높은 나무에 서는 색이 냄새를 대신했다. 지능과 자각의 발달에 중요한 역할을 했 던 냄새는 뒷전으로 밀려났다. 이제 시각이 주도적 역할을 담당했다. 이렇게 한 가지 감각이 다른 감각에 밀려난 사건은 우리의 유전자에 각인되었다. 3색 시각을 가진 영장류는 그렇지 않은 영장류보다 제대 로 작동하는 후각 수용기 유전자 수가 더 적다. 즉, 그만큼 냄새 감각 이 떨어져 감지할 수 있는 냄새의 종류가 적다.

숲과 정글에는 먹을 수 있는 잎이 가득 널려 있지만, 열매가 열리는 나무는 드문드문 흩어져 있고, 어떤 나무들은 1년 중 어느 시기에만 열매가 열린다. 따라서 동물은 열매를 계속 먹으려면, 좋은 나무들이 어디에 있고, 먹음직한 열매가 언제 열리는지 기억할 필요가 있다. 열매는 정말로 귀중하고, 그것을 얻으려면 똑똑한 머리가 필요하다. 열매를 먹는 침팬지, 박쥐, 앵무새는 각각 잎을 먹는 고릴라, 애벌레를 먹는 박쥐, 대부분의 나머지 새보다 몸 크기와 비교한 뇌의 상대적 크기가 더 크다.❶

조상 원숭이들은 단독 생활을 한 모르가누코돈과 달리 소리나 시선 또는 제스처로 의사소통을 하면서 무리를 지어 함께 움직이고 협력했다. 여기서도 우월한 시력이 큰 도움이 되었다. 이들은 눈이 머리 앞쪽에 붙어 있어 3차원으로 사물을 볼 수 있었다. 기묘한 사실은 이러한 해부학적 구조는 청소동물이 아니라 포식 동물에게 전형적으로 나타나는 것이라는 점이다. 이러한 해부학적 구조는 잠재적 먹이를 시야 중심에 둠으로써 재빨리 확인하고 평가한 뒤에 공격할 수 있게 해준다. 하지만 영장류의 경우, 입체 지각은 위장한 채 은밀하게 숨어 있는 포식 동물의 움직임을 쉽게 간파하고, 또 어두컴컴한 상황에서 복잡한 나뭇가지들 사이에서 민첩하게 이동할 수 있게 해주었다—도중에 자칫 실수라도 했다간 치명적인 추락으로 이어질 수 있었다. 각 개체는 앞쪽을 향한 한 쌍의 눈만 갖고 있으므로 한 몸처럼 행동하는 전체 집단의 협력에 생존을 의존하지 않을 수 없었는데, 많은 쌍의 눈을 사용하면 사방을 경계할 수 있었기 때문이다.❷

표정이 더 풍부한 얼굴은 사냥에도 유리했을 것이다. 유인원과 사람의 뇌는 나머지 포유류보다 몸 크기에 비해 시각 겉질이 훨씬 크며, 얼굴을 찌푸리는 일을 담당하는 신경 중추도 더 크다.[13] 모든 포유류에게서 두려움이나 불쾌감, 즐거움을 나타내는 무뚝뚝한 표정은 불수의적으로 일어나는 반사 운동에 그 뿌리를 두고 있었는데, 이제 그 뿌리에서 벗어나면서 개별적으로 미묘한 차원들이 추가되었다. 시선만으로도 많은 것을 전달할 수 있었다. 원숭이들은 먹이를 채집하는 한 무리의 해병대원들처럼 움직였고, 그들이 즐긴 향연은 오늘날 우리가 즐기는 공동 식사의 시조에 해당하는 것이었다.

올리브를 곁들인 구운 생선 요리와 가젤 프리카세

어느 호숫가 근처의 한 현무암 동굴계에서 초기 인류가 돌을 둥글게 배치해 화덕을 만들었다. 이 공동체는 풍족하게 살았다. 호수에는 메기와 틸라피아와 잉어가 많았다. 모래 위에는 게들이 재빠르게 기어다녔고, 거북도 여기저기를 배회했다. 가까운 산비탈에는 올리브와 포도가 지천으로 널려 있었다. 여자와 아이 들은 먹을 것을 구해와 불속으로 던졌다. 그리고 그것들이 그을리고 갈라지길 기다렸다가 막대로 *끄*집어낸 뒤, 맛있는 부분을 골라 입속으로 집어넣었다. 뜨거워서 호호 입김을 내뿜으면서도 탄소가 점점이 섞인 물고기와 열매의 맛을 음미했다. 남자들은 가끔 고기를 얻기 위해 짐승을 사냥해 잡아왔다. 하지만 다른 포식 동물이 얼마 전에 사냥한 사슴이나 코끼리처럼 먹다 남은 고기를 주워올 때가 더 많았다. 거기서 발라낸 살점을 불 위에 올려놓고 구우면서 피와 지방이 지글거리는 걸 지켜보았다.

약 100만 년 전부터 호모 사피엔스와 가까운 친척 무리들이 훌라 호 주변—오늘날의 이스라엘 지역에 있는—의 게셔베노트야코브 동굴에 위치한 이곳 야영지에서 살아갔다. 사방이 사막의 뜨거운 기후를 식혀주는 산으로 둘러싸여 있어 살기에 쾌적한 장소였다. 산의 샘들에서는 민물이 보글거리며 솟아나와 남쪽에 있는 강으로 흘러갔다. 약 78만 년 전에 야영지를 파묻은 진흙 사태나 동굴 함몰이 일어날 때까지 이들은 수만 년 동안 이곳에서 살아갔다. 1935년, 예루살렘 히브리 대학교의 고고학자들이 이 동굴을 발견해 수십 년에 걸쳐 정밀한 발굴 작업을 진행했다. 그리고 거기서 선사 시대의 식사에 대해 놀라운 이야기를 발견했는데, 그것은 맛이 동물적 기원에서 어떻게 나타났는지 보여주는 단편적인 그림이었다.

발굴자들은 불에 그슬린 재, 떡갈나무, 올리브나무 가지뿐만 아니라, 부싯돌 조각도 발굴했다. 1990년대부터 이것들을 연구한 고고학자 나마 고렌인바르Naama Goren-Inbar는 우연한 산불로는 이런 것들이 생길 수 없다는 결론을 내렸다.❹ 낙뢰로 발생한 불은 짧은 시간에 넓은 지역을 태우고, 사람이 일으킨 불—열을 한 군데로 집중시키려고 세심한 신경을 쓰는—보다 낮은 온도에서 타는 경향이 있다. 타다 남은 음식물은 높은 온도에서 구워진 것이었다. 게셔베노트야코브 동굴에서 살아간 사람들은 프로메테우스의 이상을 실현했다. 즉, 그들은 불을 제어할 수 있었다.

그들은 불을 사용해 조리를 했다. 중앙 화덕이 있던 장소에서는 불에 탄 곡물 겉껍질과 도토리 껍데기도 발견되었다. 여기서 살았던 사람들은 가시연꽃과 마름, 올리브, 머루, 엉겅퀴 씨를 구웠다. 사슴과 코끼리 등 여러 동물의 뼛조각뿐만 아니라 조리된 생선 뼈와 게의 집게발도 나왔다.❶ 불은 음식을 준비하는 데 사용한 전체 도구들 중에서 가장 강력한 것이었다. 이들 초기 인류에게도 부엌이 있었다. 한 장소는 생선을 바르는 용도로만 쓰였다. 또 견과류를 손질하는 장소에는 돌망치와 긁힌 자국이 남은 모루가 있었는데, 모루는 도토리를 굽기 전에 그 껍데기를 바수는 데 쓰였다. 그 근처에서 부싯돌 도구를 만드는 데 쓴 모루들이 더 발견되었다.

하지만 사람의 유해는 발견되지 않아—그 유해는 100만 년이라는 시간이 흐르는 동안 분해되었을지도 모르고, 혹은 다른 곳에 묻혔을지도 모른다—이들 초기 인류가 누구였는지는 명확하지 않다. 뇌 크기가 현생 인류의 약 4분의 3이고, 도구를 만드는 능력이 있었던 화석 인류인 호모 에렉투스*Homo erectus*였을지 모른다. 호모 에렉투스는 그 무렵에 아프리카를 떠나 캅카스와 동아시아까지 퍼져 살아가다가 약 30만 년 전에 지구상에서 사라졌다. 혹은 그들은 알려지지 않은 현생 인류의 조상일지 모른다. 어느 쪽이건 그들은 그 직전에 존재했던 조상들과는 아주 달랐다.

고렌인바르는 이렇게 말했다. "그들은 매우 인상적이었습니다. 상당히 현대적이었다고까지 말할 수도 있습니다. 그들은 먹고 마시는 것을 비롯해 사회적 습관에 이르기까지 많은 동물의 생활 주기를 알고 있었습니다. 그들은 어떤 식물이 먹어도 괜찮은지 알았고, 석기를 만들려면 어디로 가서 어떤 재료를 가져와야 하는지도 알았습니다. 현무암, 석회암, 부싯돌 같은 것 말입니다. 이 물질들은 서로 아주 다르고, 그것들을 얻으려면 각각 다른 장소에 가서 채취해야 했습니다. 심지어 파괴역학마저 아주 다른데, 그래서 각각의 물질로 도구를 만들려면 서로 다른 기술이 필요했습니다. 즉, 모든 걸 감안할 때, 그들은 아주 정교했습니다."

생명의 역사에서는 눈 깜짝할 시간에 지나지 않는 수백만 년이 지나는 동안 나무에서 살아가던 유인원 집단 사이에서 도구를 제작하고 말을 하고 자기 인식 능력이 있는 존재가 진화했다. 게셔베노트야코브 지역은 이러한 전환이 일어난 과정을 감질나게 보여주는데, 그 과정에서 미각과 후각, 시각, 청각, 촉각이 우리 자신의 향미 감각으로 합쳐지는 일이 일어났다. 그것은 인간과 문화의 탄생에 도움을 준 새로운 형태의 지각이었다.

인간의 진화 과정은 캄브리아기 폭발과 그와 비슷한 사건 때 일어났던 것과 닮은 점—다음번 먹이를 찾기 위한 끝없는 탐색, 점점 민첩하게 발달하는 신체, 더 또렷해지는 지각, 더 커지는 뇌, 더 복잡해지는 행동, 그리고 더 풍부해진 미각―이 많다. 하지만 각각의 이야기는 서로 다르며, 각 종의 미각은 독특한 진화 조건의 결과였다. 우리의 조상 원숭이들이 열매를 우적우적 씹어 먹고 있을 때, 자연 선택은 다른 포유류의 미각을 아주 급진적으로 다른 방향으로 나아가게 했다. 둘 다 육지에서 진화한 고래와 돌고래는 바다로 돌아갔을 때 단맛과 쓴맛, 신맛, 감칠맛을 느끼는 능력을 잃고 오직 짠맛을 느끼는 감각만 남았다. 아마도 물고기를 통째로 삼켜 맛을 볼 필요가 없었기 때문일 것이다. 육식만 하는 고양잇과 동물들은 단맛에 무감각해졌다. 그리고 자이언트판다의 조상들은 육식을 포기하고 대나무로 식성을 바꾼 뒤에는 더이상 감칠맛을 느낄 수 없게 되었다. 인류의 출현은 예상 밖의 상황 전개가 연속되면서 일어난 특이한 사건이었다. 만약 지리적 조건과 서식지, 자연 선택, 그리고 운이 모두 정확하게 딱 들어맞지 않았더라면, 우리는 지금 이곳에 존재하지 않을 것이다.

그 일이 정확하게 어떻게 일어났는지는 여전히 수수께끼로 남아 있지만, 고고학 기록과 우리 자신의 해부학적 구조와 행동에서 단서를 찾을 수 있다. 한 가지 요인은 거의 늘 지속되었던 혼돈 상태였다. 초기 인류는 언제 발밑의 땅이 꺼질지 모르는 생태학적 벼랑 위에서 살아갔다. 약 2300만 년 전에 원숭이에게 3색 시각이 발달하던 무렵, 아프리카 대륙은 크게 진동하면서 갈라졌다. 단층 위에 있던 땅이 무너져 내리면서 양쪽 옆에서 솟아오른 고원들이 비구름이 지나다니던 통로를 막았다. 이와 함께 그 밖의 기후 변화로 인해 아프리카 정글들이 메마른 땅으로 변하면서 마치 땅에 떨어뜨린 퍼즐 조각들처럼 산산이 조각나고 말았다. 그동안 원숭이와 유인원이 먹고 살던 열매와 견과, 잎, 곤충 먹이는 위험하게 탁 트인 공간을 사이에 둔 채 점점 더 멀리 분산되었다. 그러면서 자연 선택이 가속 페달을 밟았고, 변화하는 이 환경에서 수십 종이나 되는 인류의 조상이 갈라져 나왔다.

약 200만 년 전에 한 소년과 나이가 더 많은 여자의 발밑에서 갑자기 땅이 푹 꺼졌다(이들이 함께 있었는지, 아니면 이 사건이 각자에게 따로 일어났는지는 확실치 않다). 두 사람은 수십 미터 아래의 지하로 떨어졌다. 두 사람은 썩어가는 동물 뼈와 시체에 세게 부딪쳤고, 그 자리에서 즉사했거나 심한 부상을 입은 채 고통스러워하다가 최후를 맞이한 것으로 보인다. 시간이 지나면서 시멘트 알갱이 같은 진흙이 그 위에 층층이 쌓여 이들의 유해가 보존되었다.

2008년, 아홉 살이던 매슈 버거 Matthew Berger는 남아프리카 공화국 요하네스버그 외곽에 위치한 백운석 언덕의 한 고고학 발굴 장소 근처에서 개를 쫓아가다가 통나무에 발이 걸려 넘어졌다. 그러고는 "아빠, 내가 화석을 발견했어요!"⑯라고 소리쳤다. 매슈의 아버지는 고인류학자인 리 버거 Lee Berger였다. 그것은 소년의 유해였는데, 키는 125센티미터쯤 되었던 것으로 추정되었다. 리 버거는 곧 여자의 뼈도 발견했다. 이들은 그 종 중에서 최초로 발견된 화석으로, 나이는 200만 년이 조금 못 되었고, 오스트랄로피테쿠스 세디바 *Australopithecus sediba*라는 이름이 붙었다('세디바'는 현지 세소토어로 '샘' 또는 '원천'이란 뜻이다). 그후 한 남자 어른과 세 아이의 유해도 말라파라는 이름으로 알려진 그 동굴 장소에서 발굴되었다.

오스트랄로피테신●은 말라파 화석이 생기기 수백만 년 전에 유인원 계통에서 갈라져나온 최초의 조상 인류에서 유래했다. 그런 화석 중에서 오스트랄로피테쿠스 아파렌시스 *Australopithecus afarensis*로 분류된 '루시 Lucy'가 가장 유명하다. 318만 년 전에 살았던 루시의 뼈는 1974년에 에티오피아에서 발견되었다. 루시는 직립보행을 했지만, 나뭇가지를 붙잡기에 적합한 긴 팔과 강한 손을 갖고 있었다. 이 한 쌍의 오스트랄로피테쿠스 세디바가 살았던 시기는 루시보다 약 100만 년 뒤였다. 이들은 루시보다 뇌가 더 컸고, 신체도 더 날렵했는데, 이것은 후대에 나타난 종들의 특징이다. 하지만 먹는 것에 관한 한, 이들은 기묘하게도 퇴보적인 모습을 보여주는데, 변화의 문턱에 서서 머뭇거리기만 하고 그것을 건너가지 못한 것으로 보인다. 이 화석들은 그 나이에 비해 완전한 편이고 많은 것을 알려주는데, 유해 중에는 이빨이 박힌 채 거의 완벽하게 보존된 턱뼈 조각도 있었다.⓱ 범죄 수사물을 본 사람

●오스트랄로피테쿠스 속屬의 원인猿人.

이라면 알겠지만, 치과 기록은 많은 것을 알려준다. 그 사람이 무엇을 먹었고, 그것을 어떻게 먹었으며, 먹은 사람이 누구인지까지 말이다.

200만 년 전의 식단을 재구성하기 위해 독일 라이프치히에 있는 막스플랑크진화인류학연구소의 고생물학자 아만다 헨리Amanda Henry가 이끈 과학자들은 이빨에 남은 잔류물을 분석했다. 치태(플라크)에는 식물 규소체phytolith —phytolith는 그리스어로 '식물석'이란 뜻인데, 이름 그대로 식물 규소체는 식물이 흙으로부터 흡수해 세포들 사이에 분배한 이산화규소로 이루어져 있다—라는 현미경적인 식물 물질의 형태로 다양한 음식물의 흔적이 분명하게 남아 있었다. 식물이 썩어서 없어지더라도 이산화규소는 그대로 남아 세포들의 잔상을 제공한다.

헨리는 그 두 사람이 자신들이 살던 환경인 사바나에서 구할 수 있는 먹이, 주로 풀과 뿌리에 의존해 살아갔을 것이라고 예상했다. 하지만 그녀는 이빨에서 일부 치석을 분석하다가 깜짝 놀랐다. 오스트랄로피테쿠스 세디바가 먹은 음식물은 거의 다 점점 쪼그라들던 숲에서 얻은 것이었다. 이 사실을 알 수 있었던 것은 사바나의 섬유질 음식물과는 다른 탄소 동위원소가 포함돼 있었기 때문이다. 그런 음식물에는 껍데기가 딱딱한 견과, 수관 아래에서 자라던 갈대 비슷한 나무와 덤불에서 채취한 넓은 잎, 어린 나무에서 벗겨내 선사 시대의 육포처럼 질겅질겅 씹던 나무껍질 등이 포함돼 있었다. 그들은 가끔 열매도 먹었겠지만, 열매를 발견하는 일은 드물었을 것이다. 그들이 먹던 음식물에서 주조를 이룬 향미는 쓴맛과 잎이 많은 질감과 강한 허브 냄새였다.

그것은 미각의 불가사의였다. 그들은 마음이 내키면 언제든지 사바나를 가로질러 숲으로 갈 수 있었다. 숲에서 먹던 음식물을 계속 먹으려면, 초원이 주는 음식물을 무시하고 초원을 건너 멀리 여행해야 했다. 이 식습관은 어느 수준에서는 하나의 선택이었다. 어쩌면 사바나 음식물의 향미와 질감이 마음에 들지 않았을 수도 있다. 다른 집단들은 달리 행동했을까? 이 집단은 나중에 행동을 바꾸었을까, 아니면 좋아하던 음식물이 고갈되자 그냥 죽고 말았을까? 이 종이 막 새로 생겨난 지능을 생존의 한 가지 핵심 요소를 무시하면서까지 입맛에 익숙하지만 점점 빈약해지는 식단을 계속 유지하려는 노력에 사용했던 걸 생각하면 슬픈 마음이 든다.

서식지 변화는 인간의 진화를 있을 법하지 않은 길로 접어들게 했다. 식량을 구할 가능성이 점점 낮아지고, 식량 자원을 구하는 장소들 사이의 거리가 서로 멀어지자, 신체는 더 직립보행에 가까워지고 여위어지고 민첩하게 변했다. 뇌는 더 커지면서 식량을 얻기 위해 더 정교한 전략을 고안하게 되었다. 그런데 이 두 가지 추세는 상충되는 것이다.

가장 가까운 친척인 침팬지와 비교해보면, 사람의 몸은 믿을 수 없을 정도로 연약한 용기이다. 침팬지는 큰 소화 기관과 크고 강한 턱을 갖고 있고, 입을 우리보다 두 배나 넓게 벌릴 수 있다. 사람의 작은 턱과 얼굴은 약 240만 년 전에 일어난 근육 단백질인 미오신^myosin을 만드는 한 유전자의 돌연변이에서 비롯된 것으로 보이는데, 그 결과로 더 약하고 가는 근육이 만들어졌다.❸ 사람은 소화 기관도 작다. 하지만 뇌는 아주 크고 요구하는 것도 많다. 어른의 뇌는 전체 몸이 사용하는 에너지 중 약 4분의 1을 소비한다. 다른 영장류는 그 비율이 10분의 1에 불과하다.❹ 이론적으로 보면, 이러한 해부학적 차이는 재앙을 초래할 것처럼 보인다. 침팬지는 살아남기 위해 매일 많은 시간을 먹이를 씹는 데 써야 한다. 우리 조상은 어떻게 살아남을 만큼 충분히 많은 영양분을 섭취할 수 있었을까?

호모 사피엔스의 신체가 제대로 굴러간 한 가지 주요 이유는 큰 뇌가 더 훌륭하고 맛있는 음식물을 만들도록 도왔기 때문이다. 우리 조상들은 훌륭한 기술을 가진 사냥꾼과 요리사가 됨으로써 신체적 결함을 보완했다.

1930년대에 전설적인 인류학자 루이스 리키^Louis Leakey와 메리 리키^Mary Leakey는 케냐의 올두바이 협곡에서 귀중한 화석을 발굴했는데, 이 화석은 200만 년에 걸쳐 이러한 진전이 일어난 과정을 보여주었다. 오스트랄로피테신이 살던 시대와 그 이전 시기에 만들어진 초기의 도구들은 오모 강에 널려 있던 반반한 석영과 현무암을 재료로 사용했고,

그것을 세게 부딪쳐 깸으로써 납작한 표면을 만들었는데, 이 표면은 물체를 놓고 두드리는 용도로 쓸 수 있었다. 시간이 지나면서 더 정교한 종이 나타남에 따라 기술도 발전했다. 이제 돌을 쪼아내 오목하게 파인 부분과 모서리가 있는 삽 비슷한 모양으로 만들 수 있었다. 이런 도구는 물건을 자르고 긁어내는 용도로 사용할 수 있었다.[20] 이런 연장의 용도로 가장 명백하게 떠오르는 것은 동물 도살인데, 발굴자들은 석기와 함께 자른 자국과 망치로 내리친 자국이 남아 있는 동물 뼈도 발견했다.

고기는 우리와 같은 호모속(屬)에 속한 종들에게 주식이 되었다. 이것은 우리의 식습관을 돌이킬 수 없게 바꾸어놓았다. 산업적으로 생산된 고기는 즙과 지방이 많지만, 야생 동물 고기는 이와 달리 아주 질기다. 고기를 잘게 자르고 부드럽게 만듦으로써 야생 동물을 더 많이 먹을 수 있게 되었다. 또 하나의 중요한 주식은 녹말이 많은 뿌리였는데, 이것도 잘게 자르거나 으깰 수 있었다. 다시 말해서, 음식물을 입에 넣기 전에 부분적으로 소화시킬 수 있었다. 그렇게 되자 이제 더이상 음식물을 계속 입에 넣고 우물거릴 필요가 없어졌고, 식사 시간이 더 짧아졌으며, 처음부터 끝까지 강한 맛—생고기의 향긋하고 감칠맛이 나는 향미와 쇠 맛이 섞인 피의 쓴맛, 지방의 풍부한 맛, 뇌와 콩팥의 기묘하게 복잡한 맛 등—을 음미할 수 있게 되었다.

그리고 나서 불이 등장했다. 그것은 아마도 이렇게 시작되었을 것이다. 사바나의 덤불에 벼락이 떨어져 불이 붙었고, 때마침 불어온 미풍은 풀밭 위로 화염 벽이 너울거리게 했을 것이다. 동물들은 공포에 휩싸여 두려움에 질린 눈으로 사방으로 달아났다. 하지만 경험이 더 풍부하고 인간의 것에 가까운 수십 쌍의 눈이 근처에서 그 장면을 바라보면서 상황을 판단하고 있었다. 그들은 이런 장면을 이전에 여러 번 본 적이 있었다. 그들은 바람이 부는 방향과 화염이 나아가는 방향을 가늠하고 나서 위험 지역을 피해 약간 더 높은 곳으로 올라가 상황을 주시했다. 화염이 지나갈 때 얼굴과 가슴에 미치는 열기를 느끼면서 흥분이 달아올랐다. 불길이 잦아들길 기다렸다가 불이 지나간 자리를 살펴보았다. 땅과 덤불을 훑어보면서 먹을 것이 없나 찾았다. 불에 그을린 무화과나무 가지와 견과가 땅에 흩어져 있었는데, 견과는 열기 때문에 껍데기가 갈라져 있었다. 아마도 그중 한 명이 견과를 주워 맛을 보았을 것이다. 그 살은 더 부드러웠고, 숯의 열기에 탄 지방 때문에 그 향미는 아주 훌륭했다. 그 옆에서 다른 사람들은 뺨에 뜨거운 즙을 줄줄 흘리면서 무화과를 맛있게 먹었다.

위에서 묘사한 이야기는 영장류학자 질 프루츠[Jill Pruetz]가 사바나침팬지를 관찰한 결과를 ❷ 바탕으로 재구성한 것이다. 사바나침팬지는 들불이 난 장소 주변을 배회하다가 불이 꺼진 뒤에 그곳으로 가서 진귀한 먹이를 찾는다. 오스트랄로피테신과 그 후손들도 이와 비슷한 전략을 사용했을 가능성이 높으며, 그러면서 불을 조작하는 방법을 익혔을 것이다. 사실, 침팬지는 불을 제어하고 조리하는 단계에서 개념적으로 불과 한두 단계만 떨어져 있을 뿐이다. 디모인에 있는 아이오와주영장류학습보호구역에 사는 보노보(침팬지의 한 종) 칸지는 어릴 때부터 불에 큰 흥미를 느꼈다. 칸지는 초기 인류가 화덕에 불을 다시 피우려고 노력하는 이야기를 다룬 영화 〈불을 찾아서Quest for Fire〉를 반복해서 보고서 배우들을 흉내내 막대들을 모아 작은 무더기로 쌓았다. 그리고 사육사들이 성냥불을 켜는 방법을 가르쳐주자, 칸지는 혼자서 불을 피우기 시작했다. 심지어 불이 가물가물 꺼지려고 하면, 나무를 더 집어넣어 불을 살리기까지 했다. 얼마 후에는 조리를 하기 시작했다. 마시멜로를 막대 끝에 꽂아 불에 집어넣었고, 나중에는 프라이팬을 사용해 햄버거를 구웠다.[22]

우리 조상들처럼 보노보는 조리한 음식물이 맛이 훨씬 좋다는 사실을 안다. 고기는 익히면 더 부드러워지고, 단단한 덩이줄기는 죽처럼 물렁해지며, 알은 맛이 훨씬 좋아진다. 높은 열은 일련의 화학 반응을 일으켜 향미를 배가시킨다. 섭씨 150도 부근에서 고기의 근섬유는 코일처럼 돌돌 말려 있던 단백질이 분해되기 시작하면서 코일 구조가 해체된다. 균일한 형태로 이루어져 있던 구조가 수천 가지 배열로 바뀌고, '변성'이라고 부르는 과정을 통해 이 배열들이 새로운 형태로 뭉쳐진다. 그 결과로 고기가 연해진다. 그러고 나서 아미노산이 당과 결합하는 반응이 일어나는데, 이것은 독특하고 맛 좋은 수천 가지 화학 물질이 미량으로 만들어지는 연쇄 반응의 출발점이다. 이 과정을 마이야르 반응Maillard reaction이라 부르는데, 100여 년 전에 이것을 발견한 프랑스 의사이자 화학자인 루이 카미유 마이야르Louis Camille Maillard 의 이름에서 딴 것이다. 마이야르 반응은 색소도 만들어내는데, 구운 빵과 고기와 볶은 커피 원두가 갈색으로 변하는 것은 이 때문이다. 오늘날에는 마이야르 반응을 제대로 다루는 기술이 식품과학의 기반을 이루고 있다.

게셔베노트야코브 동굴 지역에서 발굴된 100만 년 전의 화덕은 가장 오래된 조리의 증거로 받아들여지고 있는데, 고고학자들은 그 외에도 현생 호모 사피엔스의 직계 조상들이 살던 약 40만 년 전에 만든 화덕으로 추정되는 장소를 많이 발견했다. 하지만 100~200만 년 전에 조리가 인간의 생물학을 변화시켰고, 그와 함께 미각까지 변화시켰으며, 큰 뇌에 필요한 많은 칼로리를 제공했다는 증거가 있다.

하버드 대학교의 영장류학자 리처드 랭엄Richard Wrangham은 날것을 먹고 소화시키는 역학을 자세히 검토했는데, 과연 그런 음식물이 호모 에렉투스가 살아남는 데 필요한 연료를 충분히 공급할 수 있었을까 하는 의심이 들었다. 음식물을 씹고 소화시키는 데 필요한 칼로리를 감안한다면, 생고기를 섭취하는 데 쏟아붓는 시간과 에너지는 그럴 만한 가치가 없었다. 리우데자네이루연방대학교의 카리나 폰세카아

제베두^{Karina Fonseca-Azevedo}와 수자나 에르쿨라노오젤^{Suzana Herculano-Houzel}은 그러한 생식 습성이 정확하게 얼마나 오랫동안 지속될 수 있었을지 계산해보았다. 영장류의 몸 크기와 뇌 크기에 대한 데이터를 각 종이 먹는 데 쓰는 시간 정보와 함께 검토한 결과, 생식을 하는 호모 에렉투스는 하루에 8시간 동안 음식물을 씹어야 한다는 결론을 얻었다. 그렇다면 음식물을 구할 시간도 얼마 남지 않고, 그 밖의 일을 할 시간은 거의 없는 셈이다.❷❸

　조리는 음식물을 먹고 소화하는 일을 쉽게 만듦으로써 이 문제를 해결해준다. 그러면 음식물을 구하고 준비하고 맛보는 데 사용할 여분의 시간이 생긴다. 음식물을 농축된 형태로 조금씩 섭취하게 되자, 작은 소화 기관과 큰 뇌라는 어울리지 않는 조합이 현실적으로 가능하게 되었다. 랭엄은 "사람은 조리된 음식을 먹는 것에 생물학적으로 적응했습니다"라고 말했다. 그는 이 개념을 검증하기 위한 실험을 많이 했는데, 앨라배마 대학교의 생물학자 스티븐 세커^{Stephen Secor}와 함께 비단구렁이에게 생고기와 익힌 고기를 먹이는 실험을 하여 후자의 경우가 소화에 에너지를 훨씬 덜 소비한다는 결과를 얻었다. 랭엄은 약 200만 년 전에 호모 에렉투스의 뇌가 폭발적으로 성장한 데에는❷❹ 조리가 결정적 역할을 했다고 결론 내렸다.

　100만 년 전 이전에 조리에 불을 사용했다는 고고학적 증거가 빈약한 상황에서 이 가설은 논란의 여지가 있다(랭엄은 불을 사용한 증거는 시간이 지남에 따라 사라지는 경향이 있다고 지적한다). 그리고 이 가설은 그로부터 100만 년 뒤에 뇌가 또 한 번 폭발적으로 성장한 사건―호모 사피엔스를 출현시킨―을 제대로 설명하지 못한다. 이 때문에 많은 고고학자들은 초기 인류가 조리를 시작한 시기가 그보다 더 나중이라고 생각한다. 하지만 만약 이 가설이 옳다면, 조리된 음식은 우리의 진화적 성공과 해부학적 구조에 큰 영향을 미친 게 분명하다.

뇌가 커지자 자연 선택은 입속과 코안(비강)을 포함해 사람의 머리 전체를 재설계했다. 후각은 새로운 모습으로 변신했다. 대부분의 포유류는 가로판이라는 뼈가 코안을 둘로 나눈다. 음식물을 씹으면 입 뒤쪽에서 향이 퍼지지만, 이 뼈가 향이 코안으로 들어오는 걸 막아 동물은 주변 냄새에 초점을 맞출 수 있다. 그런데 유인원은 진화하면서 가로판이 사라졌다. 그리고 사람의 경우, 입에서 비강으로 올라가는 통로가 쪼그라들었다. 그래봤자 그 차이는 몇 센티미터밖에 되지 않지만, 이 덕분에 우리 조상은 향미를 경험하는 능력이 크게 향상되었다. 음식을 씹을 때, 이 뒤쪽 통로를 통해 향들이 폭포처럼 쏟아지면서 후각 수용기에 도달한다.

냄새는 점점 확대돼가던 주변 세계에 대한 우리 조상의 인식을 하나로 묶는 역할을 했다. 이 해부학적 유산은 아직도 우리에게 남아 있다. 초기 포유류와 마찬가지로 사람의 후각망울은 감각이 지각으로 변하는 신피질로부터 불과 시냅스 하나의 거리에 있다. 다른 감각들은 이렇지 않다. 맛 신호는 뇌줄기와 시상하부를 지나 신피질에 이른다. 하지만 냄새는 아무런 여과 과정 없이 즉각 느낄 수 있다. 식사를 하는 동안 냄새가 맛과 그 밖의 감각과 어우러짐에 따라 향미가 생생하게 살아난다.[25]

게셔베노트야코브 지역에서 사람들은 함께 모여 조리를 통해 지방이 지글거리고 불에 그슬린 살갗이 갈라지는 생선과 사슴 고기를 음미하며 먹었을 가능성이 높다. 그들은 먹고 마시고 이야기하고 휴식을 취하고 만족을 느꼈다. 그들은 일련의 긴 협력 사슬―계획, 모임, 사냥, 도살, 음식 준비―에서 마지막 단계에 이르렀고, 향연과 유대감으로 보상을 받았다.

찰스 다윈은 진화에 관한 두번째 책 『인간의 유래』에서 인간 지능의 급팽창이 인간의 사회적 성격과 연관이 있다고 주장했는데, 여기서 사회적 성격이란 우리의 의사소통 능력과 하나의 사회 단위를 이루어 함께 살아가고 협력하는 능력을 가리킨다. 우리 조상들이 직면했던 어려움도 유대가 공고한 집단으로 단결시키는 데 일조했을 가능성이 높다. 질 프루츠가 연구했던 세네갈 남동부의 한 침팬지 집단이 바로 이러한 동역학을 보여준다. 침팬지는 대개 삼림 지대에서 살아간다. 하지만 이 지역은 대부분 사바나이고, 가끔 먹이가 부족해질 때가 있다. 바로 이 조건 때문에 퐁골리침팬지 ─서식지에 있는 한 개천 이름을 딴 별명─는 더 협력적인 행동을 보인다. 이들은 삼림 지대에 사는 전형적인 침팬지보다 더 크고 더 응집력 있는 무리를 이루어 살아가며, 먹이를 서로 함께 나누는 성향이 더 강하다. 프루츠는 지배적인 수컷들이 모아놓은 열매더미에서 배고픈 암컷이 열매를 가져가려고 해도 수컷들이 저지하지 않는 것을 관찰한 적이 있다. 이 침팬지들은 기초적인 도구도 사용한다. 막대를 사용해 흰개미집에서 흰개미를 낚아올리는가 하면, 나뭇가지 한구석에서 잠자는 부시베이비(갈라고원숭이라고도 함)를 창으로 찌르기도 한다. 이 사냥에서 소량의 고기를 얻을 수 있다.

더 큰 집단에 속한 동물은 더 복잡한 동역학 속에서 살아가므로 뇌가 더 클 것이라고 예상할 수 있다. 1990년대에 캘리포니아공과대학교의 존 올먼John Allman은 영장류 사이에서 이 가설이 성립하는지 조사하기로 했다. 그는 몸 크기에 비해 상대적으로 큰 뇌를 가진 영장류가 더 큰 사회적 집단을 이루지 '않는다는' 사실을 발견하고서 깜짝 놀랐다. 하지만 옥스퍼드 대학교의 로빈 던바Robin Dunbar는 질문의 범위를 더 좁혀서 조사한 결과, 놀라운 사실을 발견했다. 전체적인 뇌 크기는 집단의 크기에 별다른 차이를 초래하지 않았지만, 신피질의 크기는 차이를 빚어냈다.❷⑥ 사람은 몸 크기와 비교한 신피질의 상대적 크기가 어떤 동물보다도 크다. 사람의 향미 대성당에 웅장한 구조를 제공하는 비밀은 바로 여기에 있다. 신피질은 음식물에 대한 기본적인 충동과 감각을 생각과 기억, 느낌, 언어와 함께 많이 결합시킨다. 그리고 집단과 사회를 하나로 묶는 데에도 도움을 준다.

초기 인류는 역경에 맞서 복잡한 전략을 발전시키면서 살아남기 위해 협력을 해야 했다. 도구를 만들고 불을 제어하려면, 기술적 숙련뿐만 아니라 보존하여 남에게 전할 수 있는 지식도 필요했다. 사냥에는 계획과 협동이 필요하다. 그리고 뒤뜰에서 바비큐를 구워본 사람이라면 모두 알듯이, 고기를 맛있게 요리하려면 동물 사체를 숙련된 솜씨로 자르고, 불을 잘 조절하는 기술뿐만 아니라, 약간의 창조성까지 필요하다. 시간이 지나면서 조리의 목적은 단순히 배를 채우는 것 이상으로 발전했다. 사람들은 음식을 둘러싼 규칙과 관습을 발전시켰다. 도구와 지식을 사용해 향미를 만들어낸 것은 최초로 타오른 문화의 불꽃이었다.

성공을 거둔 종은 모두 다 환경에 잘 적응한다. 스미스소니언연구소에서 인류의 기원 프로그램을 이끄는 고인류학자 릭 포츠Rick Potts는 인류의 재능은 훨씬 대단했다고 말한다. 우리 조상들은 다른 환경들에 적응했을 뿐만 아니라, 환경이 항상 변하는 힘든 현실에도 적응했다.[27]

이것은 오늘날 세계 각지의 아주 다양한 향미와 요리, 그리고 다른 동물들에게서는 찾아볼 수 없는 미각의 유연성에 대해 한 가지 설명을 제공한다. 미각의 유연성을 보여주는 한 예를 들면, 우리는 왜 커피나 맥주의 쓴맛 또는 고추나 고추냉이의 매운맛처럼 본질적으로 불쾌한 맛을 선호하는 미각이 그토록 쉽게 발달할까? 우리 조상들이 살던 아프리카의 혼돈스러운 자연 환경은 그저 사바나나 잡목 덤불만 죽 펼쳐진 풍경이 아니었다. 화산과 강, 호수, 평원, 산봉우리가 여기저기 널려 있었고, 해수면보다 150미터 아래에 위치해 아프리키에서 가장 지대가 낮은 아파르 저지대의 아살 호에서부터 아프리카에서 가장 높은 해발 5895미터의 킬리만자로 산까지 다양한 지형이 펼쳐져 있었다.[28] 이렇게 변화가 많은 서식지들 사이를 돌아다니면서 인간은 거의 어느 곳에서도 살아가고 번성하는 방법을 배우게 되었다. 우리가 동아프리카 지구대의 거친 환경에서 살아남은 것은 장래의 세계 지배를 위한 준비 운동이 되었다.

3장

쓴맛
유전자

1990년 3월의 어느 날, 조지 H. W. 부시 대통령은 대통령 전용기에서 브로콜리의 사용을 금지했다. 브로콜리는 겨자, 양배추, 방울양배추를 포함한 배추속에 속한다. 이들은 대부분 비슷한 방어막을 갖고 있다. 칼로 자르면, 세포벽이 부서지면서 일련의 알칼로이드를 분비하는 화학 반응이 일어난다. 알칼로이드는 인체에 다양한 반응을 이끌어내는 복잡한 분자이다. 가장 명백한 속성은 그 쓴맛이다.

이 소식이 알려지자, 영양학자들은 이 결정이 미국 어린이들에게 나쁜 모범을 보이지 않을까 우려했다. 분노한 캘리포니아 주 농부들은 신선 편이fresh-cut ● 브로콜리 10톤을 트럭에 실어 미국 대륙을 횡단해 워싱턴으로 보냈다. 미국의 유명한 요리사이자 텔레비전 방송의 유명 인사였던 줄리아 차일드Julia Child도 "나는 대통령에게 브로콜리를 제대로 조리해서 내놓지 않았다고 생각한다. 브로콜리는 껍질을 벗겨야 한다"라고 거들었다. 국빈 초대 만찬회에서 부시는 이 소동에 대해 폴란드 총리에게 농담조로 불평을 털어놓았다. "미국의 브로콜리 재배 농부들이 내게 대적해 들고일어났어요. 폴란드가 전체주의에 대항해 반기를 든 것처럼 나는 브로콜리에 대항해 반기를 들었습니다."

기자 회견에서 해명을 촉구받은 부시는 브로콜리에 그 유명한 비난을 퍼부었다. "난 브로콜리가 싫습니다. 어린 시절부터 싫어했는데, 어머니는 그것을 억지로 먹게 했지요. 하지만 나는 이제 미국 대통령이니, 더이상 브로콜리를 먹지 않겠습니다!"

"지금 이 순간 트럭에 가득 실린 브로콜리가 워싱턴에 도착하고 있습니다. 우리 가족 사이에서는 의견이 갈립니다. 브로콜리에 찬성표를 던지는 대표적인 사람은 어머니 바버라입니다. 어머니는 브로콜리를 좋아하지요. 항상 내게 그것을 먹이려고 애썼어요. 그리고 자신도 늘 브로콜리를 먹어요."

"콜리플라워는요? 리마콩은요? 방울양배추는 어떻습니까?" 기자 회견장에 모인 기자들이 소리쳤다. 부시는 방울양배추에 또 한 번 거부 의사를 나타냈다.[●]

●신선 편이 농산물은 박피나 절단 등을 통해 본래의 형태가 물리적으로 변하지만, 신선한 상태가 유지되도록 포장한 제품을 말한다.

조지 W. 부시도 아버지의 브로콜리 혐오를 그대로 물려받았다. 2001년에 대통령이 되고 나서 첫 해외 방문에 나선 그는 멕시코 대통령 비센테 폭스Vicente Fox를 만났다. 폭스는 브로콜리를 재배하는 농부이기도 했는데, 자동차 행렬이 과나후아토 주의 낮은 구릉 지대에 위치한 폭스의 농장에 도착하자, 차에서 내린 부시는 브로콜리가 자라는 들판이 광대하게 펼쳐진 풍경을 보았다. 십자화과 채소 특유의 톡 쏘는 냄새가 사방을 뒤덮고 있었다. 기자들이 부시에게 뭔가 한마디 하라고 권하자, 부시는 잠시 망설이더니 엄지를 아래로 향하면서 "차라리 콜리플라워였으면 좋겠군요"라고 말했다.❷

바버라 부시는 브로콜리를 좋아했다. 하지만 남편과 아들은 좋아하지 않았다. 이 극명한 차이는 미각의 기본적인 특징이다. 맛 지각은 DNA에 의해 프로그래밍된 유전 형질로, 수백만 년 이상 전달돼오면서 진화사에서 우리의 생존 가능성을 높이는 데 기여했다. 환경과 삶의 경험은 둘 다 맛과 향미에 기여하지만, 인간 DNA의 다양성은 눈송이와 마찬가지로 세상에 똑같은 미각이 존재하지 않는 주요 이유 중 하나이다.

인간의 맛 지각은 이렇게 폭넓은 다양성 때문에 감각들 중에서도 독특한 성격을 지닌다. 시각과 청각, 촉각, 후각의 감수성은 사람에 따라 조금씩만 차이가 날 뿐이다. 어쨌든 우리 조상들은 살아남기 위해 다소 동일한 감각 세계에서 살아갈 필요가 있었다. 연약하고 더운 피가 흐르는 신체는 특정 범위의 더위와 추위에서만 제 기능을 발휘할 수 있기 때문에, 인간은 그러한 조건에 대해 비슷한 내성을 가지게 되었다. 망막에 있는 막대세포와 원뿔세포는 동일한 색 파장과 빛과 그림자 효과를 감지하는 경향이 있다. 속귀에 있는 달팽이 껍데기 모양의 기관인 달팽이관은 보통 수준의 소음과 다양한 높이의 소리를 포착한다. 그리고 코에 있는 후각상피는 코로 들어오는 냄새들 중에서 비슷한 무리의 냄새들을 구별한다.

하지만 미각은 입속으로 들어오는 모든 것을 화학적으로 테스트하는 일종의 파수꾼이며, 오랜 세월 동안 우리 조상들이 먹고 마신 모든 것을 통해 형성되었다. 미각은 단일 감각 세계를 차지한 적이 전혀 없으며, 항상 많은 감각 세계를 차지했다. 쓴맛은 특히 그렇다.

쓴맛은 몸에 독소가 들어오는 걸 막기 위한 생물학적 경보 시스템으로 시작되었다. 해파리와 초파리, 그리고 심지어 세균도 쓴맛이 나는 화합물을 감지할 수 있는데, 이 사실은 이 기본적인 혐오감의 기원이 다세포 생물이 출현한 시점까지 거슬러 올라간다고 시사한다. 예를 들면, 5억 년 전에 지구에 처음 출현한 말미잘은 소화관에 들어온 쓴맛 물질을 감지하고 토해낼 수 있다.[3] 더 최근에 이 맛을 느끼는 능력은 전 세계의 독소 중 대부분을 만들어내는 식물과 함께 동물에서도 진화했다. 식물은 감염성 미생물을 죽이거나 자신이 잡아먹히는 것을 막기 위해 독소를 사용하는 호신책을 발전시켰다. 식물의 종류는 수만 종이나 되며, 쓴맛 화합물은 셀 수 없이 많은 것처럼 보인다. 우리가 쓴맛을 느끼는 감각은 이러한 다양성—그리고 약 10만 년 전에 아프리카를 떠나 지구상의 모든 서식지에 존재하는 식물들 속에서 살아가고 그 맛을 보았던 우리 조상의 과감성—에서 유래한 산물이다.

혀에 쓴맛 물질이 닿으면 뇌에 전기화학적 연쇄 반응이 일어나면서 불쾌감을 느끼게 된다. 겉으로 나타나는 결과는 특유의 찡그림이다. 마치 원치 않는 물질을 내보내기라도 하듯이 입꼬리가 처지고 코가 찡그려지는 동시에 혀가 삐죽 나온다. 레밍에서부터 여우원숭이에 이르기까지 동물계 전체를 살펴보아도 이렇게 찡그린 얼굴 표정이 조금씩 변형된 형태로 다양하게 나타난다.

하지만 인간은 모든 요리에 포함돼 있는 쓴맛에 애증 관계를 느낀다. 쓰다는 뜻의 영어 단어 'bitter'는 '쪼개다'라는 뜻의 인도-유럽어족 단어 'bheid'에서 유래했는데, 이 단어는 '물다'라는 뜻의 단어 'bite'의 어근이기도 하다. 성경에서 쓴맛은 유대인의 고난을 가리키는 은유로 쓰인다. 유월절에 먹는 쓴맛의 허브는 히브리어로 '마로르 maror'—서양고추냉이와 파슬리 또는 꽃상추를 소금물에 담근 것—라고 부르는데, 이집트에 포로로 속박되어 지내던 시절의 고난을 상기시킨다.

하지만 쓴맛은 다른 향미와 결합할 때 훌륭한 맛이 난다(쓴맛을 잘

참는 사람에게는). 만약 쓴맛이 사라지면, 음식의 활기도 사라진다. 브로콜리와 겨자과의 친척들인 콜리플라워, 방울양배추, 케일, 서양고추냉이는 지구에서 가장 많이 재배되는 채소들이다. 미국 남부에서는 콜라드그린스를 돼지고기와 함께 삶아 요리할 때가 많은데, 고기의 지방과 풍부한 향미가 콜라드그린스의 쓴맛을 완화시키고, 쓴맛은 부드러운 맛에 톡 쏘는 맛을 더해준다. 초콜릿 제조업자들은 아스테카 왕국을 정복한 에르난 코르테스가 멕시코에서 에스파냐로 카카오콩을 가져온 이래 500년 동안 카카오콩의 쓴맛을 설탕과 우유로 완화시키는 실험을 해왔다. 맥주와 피클에는—그리고 커피에도—어느 정도 쓴맛이 필수적이다.

커피 맛을 좋게 하려면 먼저 누그러뜨릴 수 없는 쓴맛의 힘을 불러온 뒤에 그것을 굴복시키는 방법을 쓴다. 이 과정이 어떻게 효과를 발휘하는지 이해하기 위해 나는 뉴욕 주 이사카를 기반으로 한 카페와 커피 볶는 집 소형 체인인 기미! 커피 Gimme! Coffee 본사를 방문했다. 기미! 커피 볶는 집은 도시 가장자리에 위치한 농장을 개조한 집이었다. 안에서 제이컵 랜드로 Jacob Landrau 는 가스불로 가열되는 프로뱃 드럼 로스터 두 대를 지켜보고 있었는데, 이 로스터는 손으로 주조한 강철 부품으로 만든 검은색의 고전적인 장비이다. 각각의 로스터는 빨래 건조기처럼 틀 안에서 회전하는 강철 드럼으로 이루어져 있고, 한 번 볶는 약 10분 동안 가스 제트로 섭씨 93도에서 204도 사이의 온도로 가열된다. 여름에는 에어컨 설비가 없는 커피 볶는 방의 기온은 최고 섭씨 38도까지 올라갈 수 있다. 에어컨은 커피 원두만을 위한 호화 시설인데, 커피 원두는 온도와 습도가 일정하게 유지되는 옆방에 보관돼 있다.

말린 커피 생두는 옅은 초록색이다. 원두는 불그스름한 열매에서 빼낸 씨를 물에 담갔다가 보존한다. 생두를 씹으면 파삭파삭한 질감과 특별히 쓰지 않은 풀 맛이 난다. 커피의 쓴맛에는 많은 물질이 관여하는데, 가장 잘 알려진 것은 카페인이다. 하지만 로스팅 자체가 가장 큰 역할을 한다. 로스팅을 하면 클로로겐산락톤이 빠져나와 원두가 마지막 단계에서 암갈색으로 변할 때 분해되어 페닐린데인으로 변함으로써 더 어두운 색의 원두에서 더 쓴맛이 나게 만든다.❹

랜드로는 랩톱 컴퓨터를 사용해 로스터 내부 온도를 추적하지만, 감에도 많이 의존한다. 만약 열이 너무 높으면 원두가 건조해지고, 충분히 높지 않으면 너무 빨리 쓴맛으로 변한다. 그는 드럼 속에서 원두가 돌면서 달가닥거리는 소리와 그 모양과 향을 자세히 감시하는데, 이 모든 것은 시시각각 변한다. 각각의 배치batch ●마다 제 나름의 고유한 성격이 있는데, 사용한 원두의 종류와 신선도뿐만 아니라, 대기압이나 로스터의 변덕, 하루 중 시간 같은 미묘한 요인에 따라서도 차이가 난다. 완벽한 향미를 만들어내는 데 필요한 특정 화학 반응들을 촉

●한 회분의 생산량.

발시키려면 이 모든 것을 잘 조절해야 한다. 만약 쓴맛이 충분하지 않으면 커피는 생기가 없고, 쓴맛이 너무 강하면 편의점 진열대 맨 안쪽 구석에 처박힌 오래된 음료수 병처럼 마시기가 어렵다.

내가 방문했던 날, 랜드로는 커피 볶는 과정을 처음부터 끝까지 안내하며 보여주었다. 로스터 안에 들어간 지 9분이 지나면, 원두 껍질이 터지기 시작하는데, 드럼에 부딪치며 팡팡 터지는 소리가 난다. 이것을 첫번째 터짐 first crack 이라 부른다. 열을 충분히 가하면, 때로는 터짐이 두세 번 일어나기도 하는데, 그러면 커피의 쓴맛이 더 강해진다. 랜드로는 불을 잠깐 껐다가 다시 열을 가했다. 그러자 새로운 로스팅 단계가 시작되면서 당이 분해되어 물과 이산화탄소, 지방산, 그리고 다양한 향미 화합물로 변한다. 온도는 섭씨 198.8도까지 올라갔다. 그는 "만약 당의 분해를 계속 진행시켜 그것을 태운다면 쓴맛을 더하는 두번째 단계가 되지요"라고 말했다. 랜드로는 티핑 tipping ●●이 일어나지 않는지도 경계하는 게 분명한데, 이것은 원두 양 끝에 검은 점들이 나타나는 것으로, 지나치게 쓴맛이 생긴다는 또 하나의 경고 신호이다.

랜드로는 불을 끄고 드럼을 열었다. 이제 중간 정도의 갈색을 띠어 강렬해 보이는 원두를 원형 트레이에 쏟아붓는다. 트레이 안에서는 회전하는 날개들이 원두를 사방으로 밀어내면서 균일하게 냉각시킨다.

그날 늦게 기미! 커피 전문점에서 일하는 바리스타들을 훈련시

●● 강렬한 열을 단기간에 가해서 커피콩의 끝을 까맣게 태우는 것.

키는 리즈 클라크Liz Clark가 그래프를 그렸는데, 그래프에는 세 가지 맛—신맛, 단맛, 쓴맛—이 시간에 따라 어떻게 상승하고 하락하는지 보여주는 선들이 표시돼 있었다. 이곳은 기미! 연구소인데, 여기서는 새로운 제법과 기술을 시험한다. 그래프는 바리스타에게 중요한 안내자로, 소위 '3등분 규칙'을 잘 보여준다. 에스프레소 한 샷에는 많은 향미가 포함돼 있는데, 물질은 종류에 따라 녹는 속도가 다르기 때문에 볶아서 분쇄한 원두 위로 물이 지나갈 때 각각의 향미가 서로 다른 시간에 나타난다. 바리스타는 분쇄 원두의 분말도, 수압, 필터 밑으로 나와 잔으로 떨어지는 드립의 변화 형태 등을 잘 가늠해야 한다.

클라크는 한 바리스타에게 곱게 간 에스프레소 가루 약간을 필터 바스켓에 채우라고 지시했다. 그것은 레프티스트Leftist—그 광고 카피는 "풍부한 초콜릿, 캐러멜 애플 맛. 베이킹 향신료의 뒷맛"을 강조한다—라는 블렌드였다. 바리스타는 바스켓을 에스프레소 기계에 끼우고 조심스럽게 레버를 당겨 9기압의 압력에서 섭씨 93도의 물을 분쇄 원두를 향해 내뿜는다. 샷이 떨어지는 동안 그녀는 그것을 세 잔에 나눠 담는다.

첫번째 부분은 암갈색이고 시럽처럼 걸쭉하며 신맛이 아주 강하다. 두번째 부분은 더 묽고 불그스름한 색을 띠고 있으며 단맛이 약간 있다. 마지막 부분은 엷은 모래색을 띠고 있다. 이렇게 색이 많이 엷어지는 현상인 '블론딩blonding'은 샷이 막바지에 이르렀다는 신호이다. 그 맛은 썼다. 개인적으로 각각의 잔에 담긴 커피 맛은 끔찍했는데, 특히 쓴맛이 강한 것이 가장 끔찍했다. 하지만 셋을 합치자 향미들이 섬세하게 조화를 이루었다. 이 과정은 자칫하면 실패로 끝날 수 있다. 에스프레소 기계는 아주 예민하여 거기서 만들어지는 향미들이 변덕스럽기 때문이다. 클라크는 "샷을 뽑아내는 방식을 보면, 그 사람의 성격을 정말로 알 수 있어요"라고 말한다. "여기에 관여하는 매개변수들은 그 폭이 매우 좁은 것처럼 보이지만, 향미가 훌륭한 샷을 찾아내기 위한 미묘한 변화의 가짓수는 거의 무한대에 가까워요."

우리 몸과 음식물에 살아 있는 이 오래된 신호의 정확한 의미를 해독하는 것은 인간 생물학에서 아주 골치 아픈 문제 중 하나이다. 이것은 1930년의 어느 날 이후부터 과학자들에게 골치 아픈 문제가 되었다. 문제의 그날에 과연 무슨 일이 있었던 것일까? 그날, 어느 공장에서 두 화학자 사이에 운명적인 논쟁이 벌어졌다.

두 사람은 뉴저지 주 딥워터포인트에 위치한 듀폰화학회사의 잭슨 연구소에서 파란색 염료 제법을 시험하고 있었다. 아서 폭스 Arthur L. Fox는 페닐사이오카바마이드 PTC라는 흰색 가루 물질을 병 속에 붓다가 그만 병을 놓치는 바람에 미세한 가루가 공기 중에 퍼졌다. 동료이자 스탠퍼드 대학교에서 온 방문 교수 칼 놀러 Carl Noller가 옆에 서 있다가 그 가루를 약간 들이마셨다. 가루는 코를 통해 입 뒤쪽과 혀로 이동했다. 그것은 쓴맛이 아주 강하게 났다. 폭스는 놀러의 말을 듣고 놀랐는데, 폭스도 가루를 약간 마셨지만 아무 맛도 느끼지 못했기 때문이다.

폭스는 PTC를 조금 집어 혀에 갖다대보고 나서 놀러에게 아무 맛도 나지 않는다고 재차 주장했다. 놀러도 가루를 조금 집어 입속에 집어넣더니 얼굴을 찡그렸다.❺ 두 사람은 연구소의 다른 사람들에게 가루를 맛보라고 권했다. 그렇게 해서 과학자와 기술자 들이 스스로 기니피그가 되어 자발적인 실험이 일어났다. 이 실험을 통해 불가사의하게도 사람들의 반응이 서로 엇갈린다는 사실이 확인되었다. 어떤 사람들은 맛을 느꼈지만, 어떤 사람들은 맛을 느끼지 못했다.

1930년 당시에 과학자들은 사람들이 느끼는 맛은 본질적으로 동일하다고 믿었다. 만약 맛을 다르게 느낀다면, 그것은 기분이나 기질 탓일 거라고 여겼다. 어린이가 방울양배추를 싫어하는 것은 생물학의 문제가 아니라 잘못된 훈육 문제라고 생각했다. 그런데 PTC 실험 결과는 그런 통념을 무너뜨렸다. 폭스는 인터뷰 담당자에게 이렇게 말했다. "사람들의 미각은 어느 누가 생각하는 것보다 큰 차이가 있습니다. 메리는 근대를 싫어하지만, 자니는 좋아할 수 있습니다. 아버지는 버터밀크를 싫어하는 반면, 어머니는 마늘을 역겨워할 수 있습니다. 단순히 이들은 이런 식품에서 다른 사람들이 느끼는 것과 똑같은 맛을 느끼지 않기 때문이지요."❻

폭스의 이 우연한 발견은 유전자의 내부 작용을 덮어 가리고 있던 베일을 벗겼다. 그 당시에 과학자들은 인체에는 유전자들로 이루어진 청사진이 들어 있다는 사실을 알고 있었다. 하지만 아직 DNA에 대한 지식이 없던 시절이라, 그 설계도가 어떤 모습인지는 알 도리가 없었다. 인간 생물학의 모든 특징은 어떤 유전자와 연결돼 있음이 분명했지만, 유전자의 영향력을 환경이나 양육, 노화 같은 나머지 생물학적 영향력과 따로 분리하기가 불가능했다. 폭스의 발견—미각 테스트를 통해 쉽게 확인할 수 있는 단순한 유전 형질—은 과학 혁명의 재료가 되었다. 그것은 유전자가 어떻게 진화했고, 기후 변화나 서식지 변화에 어떻게 반응했는지 단서를 제공할지도 몰랐다. 성과 문화, 인종 사이에 존재하는 미지의 유전적 차이를 드러낼지도 몰랐다.

아우구스티누스 수도회의 수도사로 식물학자이기도 했던 그레고어 멘델이 19세기 중엽에 품종 개량을 통해 보라색 꽃이 피는 완두를 만들려고 시도하다가 그러한 단일 형질 유전자를—그리고 그와 함께 유전학의 기본 지식도—처음 발견했다. 오늘날의 체코공화국에 위치한 브르노의 수도원에서 멘델은 흰색 꽃이 피는 완두와 자주색 꽃이 피는 완두를 교배시켰다. 그런데 그 결과로 보라색 꽃이 아니라, 모두 자주색 꽃이 피는 완두만 나왔다. 그후 멘델은 수천 그루의 완두를 교배시키면서 그 결과를 조사했다. 자주색 꽃 완두를 자주색 꽃이나 흰색 꽃 완두와 교배시키면, 항상 자주색 꽃 완두만 나왔다. 흰색 꽃 완두를 흰색 꽃 완두와 교배시켰을 때에는 흰색 꽃 완두가 나왔다. 그리고 보라색 꽃 완두는 하나도 얻지 못했다.

멘델은 꽃의 색이 양 부모에게서 각각 하나씩 물려받은 유전의 기본 단위를 통해 결정된다고 추측했다. 멘델은 그 기본 단위를 '인자'라고 불렀다. 자주색 인자는 우성이었다. 이 가정을 통해 멘델은 교배를 시켰을 때 어떤 색이 우세할지 예측할 수 있었다. 자주색 꽃 완두와 흰색 꽃 완두를 교배시키면 모두 자주색 꽃만 나오지만, 이렇게 얻은 자주색 꽃끼리 교배시키면 그 자식 대에서는 자주색 꽃과 흰색 꽃이 3대 1의 비율로 나타났다.❼

소위 멘델의 형질―단일 유전자의 차이를 바탕으로 한 특징―은 유전자의 작용 방식을 우리 눈앞에 드러냈다. 사람의 경우에는 그런 형질이 드물다. 폭스가 살던 시절에는 눈 색깔과 혈액형이 멘델의 형질로 간주되었지만, 나중에 실제로는 더 복잡한 것으로 드러났다. 그런데 폭스는 새로운 멘델의 형질을 발견한 셈이었다. 폭스는 『사이언스』에서 어떤 사람들은 어떤 물질에 미맹인 반면 다른 사람들은 그렇지 않다는 사실을 발견했다고 발표하면서 즉시 그 소식을 널리 알렸다. 그리고 일련의 미각 실험을 시작했다. 나중에 미국국립과학아카데미에 제출한 과학 논문❽에서 폭스는 "이 특성은 나이나 인종, 성별과는 아무 연관이 없음이 확인되었다"라고 썼다. "남자, 여자, 노인, 어린이, 흑인, 중국인, 독일인, 이탈리아인 할 것 없이 모든 집단에서 맛을 느끼는 사람과 맛을 느끼지 못하는 사람이 있는 것으로 드러났다."

1932년, 폭스는 미국 내 최고의 과학 단체인 미국과학진흥협회 연례회의 때 무대에 투표 기계를 설치했다. 그리고 참석한 회원들에게 PTC 가루를 맛보고 자신에게 해당하는 레버를 당기게 했다. 65.5퍼센트는 맛을 느꼈고, 28퍼센트는 맛을 느끼지 못했으며, 6.5퍼센트는 다른 속성을 감지했다.❾ 이 결과는 PTC 맛 유전자 또는 유전자들—그리고 쓴맛에 대한 높은 감수성—이 멘델의 자주색 꽃처럼 우성임을 보여주었다. 반면에 미맹 또는 무반응 유전자는 흰색 꽃처럼 열성이었다.

이렇게 해서 한 가지 과학적 열풍이 생겨났다. 과학자들이 전 세계 각지에서 나이, 인종, 사회적 지위가 다른 사람들을 대상으로 미각 테스트를 했다. 그들은 처음에는 PTC 가루가 든 병을 가지고 갔지만, 나중에는 PTC 용액에 적셨다가 말린 종이가 포함된 더 실용적인 장비를 갖고 갔다. 자원자들은 그 종이 띠를 혀 위에 올려놓기만 하면 되었다.

이 실험이 항상 무사히 잘 진행된 것은 아니었다. 대공황 시절의 미국 뒷골목에서는 그 테스트가 가난한 남자들을 불임시키기 위한 우생학 계획의 일환이라는 소문이 나돌았다. 어느 실험자는 한 농가를 방문했다가 여자들은 많이 모인 반면 남자는 보기가 힘들다는 사실을 눈치챘다.❿

이 테스트는 1941년에 토론토 대학교의 두 연구자[11]가 온타리오 주 코베일의 농가를 찾았을 때 대중문화로 격상되었다. 그 시대에 이미 세계적으로 유명해진 여섯 살의 디온Dionne 다섯 쌍둥이를 대상으로 테스트를 하기 위해서였다.

디온 다섯 쌍둥이는 예정일보다 두 달 먼저 미숙아로 태어났는데, 그때까지 유아기를 넘겨 살아남은 최초의 다섯 쌍둥이였다. 태어날 당시에 아기들의 크기는 어른 손바닥 안에 들어갈 만큼 작았다. 그리고 몸무게는 다섯 명 모두 합쳐서 5.8킬로그램밖에 나가지 않았다. 다섯 쌍둥이는 전 세계의 언론에 대서특필되었고, 경제적 재앙에 신음하던 세계에서 생존의 상징이 되었다. 이 유명세에는 대가가 따랐다. 생후 4개월이 되었을 때 아버지 올리바 디온Oliva Dionne이 아이들을 1933년 시카고 세계박람회에 전시하겠다는 계약서에 서명한 뒤—나중에 취소했지만—캐나다 정부 당국이 이 아이들을 맡아 보호했다. 당국은 아이들이 병균에 노출되거나 납치되거나 그 밖의 궂은일을 당할까봐 염려했다. 정부 당국은 아주 조금 더 친절한 형태의 착취를 제공했는데, 다섯 쌍둥이를 일종의 거품 속에 감금했다. 다섯 쌍둥이는 어린 시절에는 특별하게 만들어진 육아실에서 의사와 간호사의 보살핌을 받으며 자랐는데, 그곳에는 관광객이 그들을 볼 수 있는 복도도 있었다. 수백만 명의 관광객이 줄지어 그곳을 지나갔는데, 쌍둥이들의 눈에는 한쪽 방향으로만 보이는 스크린을 그림자들이 가로지르며 기

괴하게 지나가는 것으로 보였다.⓬

　캐나다 정부는 또한 다섯 쌍둥이를 수십 가지 의학 실험 대상으로 삼았는데, 실험들은 토론토 대학교의 심리학과가 책임지고 관리했다. 그들은 아이들의 성장과 발달을 강박적으로 감시하고 분석했다. 토론토 대학교의 심리학자 노마 포드Norma Ford와 아널드 메이슨Arnold Mason에게는 다섯 쌍둥이의 미각을 테스트하는 것은 너무나도 명백하고 당연한 일로 보였다.

　테스트를 할 시간이 오자, 세실Cécile, 이본Yvonne, 에밀리Émilie, 마리Marie, 아네트Annette는 한 사람씩 테스트를 할 방으로 안내되었다. 그들의 선생인 게탄 베지나Gaetane Vezina는 어떤 일이 일어날지 설명했다. 1.9센티미터쯤 되는 종이 띠를 혀 위에 올려놓으면, 그것을 씹으라고 했다. 어떤 종이는 대조용으로 아무것도 묻어 있지 않았지만, 다른 종이들에는 소금, 시트르산, 사카린, 쓴맛이 강한 퀴닌을 포함해 여러 가지 맛의 물질이 묻어 있었다.

　디온 다섯 쌍둥이는 정확하게 동일한 유전자를 갖고 있기 때문에, 테스트 결과에서 다양한 반응이 나타난 것은 놀라웠으며, 다소 인상적이기까지 했다. 세실은 소금이 묻은 종이를 가톨릭 미사 때 쓰는 제병祭餠과, 시트르산은 기침약과, 사카린은 달콤한 약과, 그리고 무슨 이유에서인지 퀴닌은 단풍 시럽과 비슷하다고 말했다. 이러한 차이들은 계속 유지되다가 PTC 종이에 이르자, 유전자는 이들이 느낀 맛을 모두 불쾌감 하나로 통일시켰다.

세실 : "Ce n'est pas bon!"(맛이 고약해요!)

이본 : "N'aime pas le goût!"(맛이 안 좋아요!)

에밀리 : "N'aime pas le goût, pas bon!"(맛이 안 좋아요, 좋지 않아요!)

마리 : "N'aime pas le goût, pas du tout!"(맛이 안 좋아요, 전혀요!)

아네트 : "Oui, il est fort!"(그래요, 맛이 강해요!)

쓴맛 테스트는 과학의 주요 수단으로 남아 있다. 최근에는 6-n-프
로필사이오우라실(일명 PROP)이라는 물질이 PTC 대신에 선호하는
테스트 물질이 되었다. 이 물질은 PTC의 희미한 황 냄새와 혹시 일
어날 수도 있는 건강 문제가 없는 장점이 있다. 나도 모넬화학적감각
센터를 방문했을 때 이 테스트를 했다. 유전학자이자 미각 연구자인
대니엘 리드Danielle Reed는 소량의 PROP 용액을 종이컵에 부었다. 그것
은 투명하고 색과 냄새가 없었다. 나는 그것을 조금 맛보았지만, 아
무 맛도 나지 않았다. 아서 폭스와 전체 미국 인구 중 4분의 1과 마찬
가지로 나는 미맹이었다. 그것은 이치에 맞아 보였다. 나는 어른이 된
후로 맥주와 커피, 브로콜리를 비롯해 그 밖의 쓴 음식물을 좋아했다.
미맹은 그 밖의 향미에도 무감각한 경향을 보이는데, 이것은 내가 왜
양념 맛이 강한 음식을 좋아하고, 훌륭한 와인을 구별하는 데 어려움

을 겪는지 한 가지 설명을 제공한다.

그리고 나서 나는 21세기를 향해 한 걸음 전진했다. 가족과 나는 작은 플라스틱 시험관에 침을 뱉고 나서 밀봉한 다음, 캘리포니아 주 마운틴뷰에 있는 23andMe 유전자 검사 서비스 회사로 보냈다. 이 회사 이름은 인간 염색체가 23쌍이라는 사실에 착안해 지은 것이다. 이 회사의 유전자 프로파일링 기술은 인간 가족 내에서 당신의 위치를 추적한다. 즉, 당신의 조상이 이전에 살았던 대륙, 당신이 유전 질환에 걸릴 위험, 먼 옛날에 일어난 근친 교배 때문에 당신 몸속에 남아 있는 네안데르탈인 DNA의 비율 등을 알려준다. 이 검사 결과는 또한 당신이 아서 폭스의 쓴맛 유전자 중 어떤 종류를 갖고 있는지도 알려준다. 몇 주일 뒤에 나는 그 회사의 웹사이트에서 검사 결과를 얻었다. 우리 가족은 모두 미맹이었다. 이것은 아내와 내가 모두 부모로부터 미맹 유전자의 특정 변이를 두 벌 물려받아 그것을 우리 자식들에게 물려주었음을 의미한다(검사 결과는 또 우리의 유전체 중 3퍼센트에 네안데르탈인 유전자가 섞여 있음을 보여주었는데, 이것은 평균치에 해당한다). 이 결과는 양념이 강한 음식을 좋아하는 내 아들의 성향과도 일치한다. 하지만 자극적이지 않은 음식을 선호하는 내 딸의 성향과는 모순되는 것처럼 보인다.

폭스가 살던 시대와 우리가 사는 시대 사이에 인간 유전체―그리고 거기에 포함된 모든 유전 물질―가 발견되고 기록되고 부분적으로 해독되었다. 한 사람과 다른 사람 사이의 유전자 암호 차이는 겨우 0.1퍼센트 정도에 지나지 않는다. 하지만 이 작은 차이가 체형, 피부색, 질병 위험, 그리고 미각에 다양한 차이를 빚어낸다.

1930년대에는 맛 유전자가 어떻게 생기고 어떻게 작용하며, 또 혀나 뇌가 쓴맛과 단맛을 어떻게 구별하는지 아무도 짐작조차 하지 못했다. 이 기묘한 영역에서 어떤 일이 일어나는지 감질나는 단서들이 있긴 했지만, 그 당시의 과학적 도구로 그것들을 알아내기는 거의 불가능했다. 그것들은 현미경으로 보기에는 너무 작거나 화학자의 전통 영역인 시험관에서 일어나는 분자 반응보다는 너무 크거나 복잡했다. 한 과학자는 그것을 "방치된 차원의 세계"[13]라고 불렀다.

1960년대에 MIT의 분자생물학자 마틴 로드벨Martin Rodbell은 막 출범한 디지털 시대의 용어를 사용해 맛과 유전자의 기묘한 생물학을 기술할 수 있었다. 그는 세포는 컴퓨터가 입력과 출력을 처리하는 것처럼 주변 환경에 반응한다고 주장했다. 입력은 수용기가 담당한다. 수용기는 쓴맛 분자나 호르몬 같은 특정 물질을 감지한다. 이것은 마치 스위치를 올리는 것처럼 세포 내에서 전기 반응을 촉발시키고, 거기서 나온 메시지가 신경과 뇌 또는 몸의 다른 부위로 전달된다. 로드벨은 이 스위치를 '변환기'라고 불렀다. 다시 말해서, 미각은 단순한 형태의 컴퓨터 작용으로 이해할 수 있었다. 스테이크 조림이나 커피 한 잔, 쓴 베리에는 모두 수천 가지 물질이 들어 있다.[14] 미각 수용기들[15] ─ 각각한 가지 맛 유전자로 만들어진―은 점심 식사의 화학적 혼돈으로부터 필수 정보를 추출해 그것을 뇌가 해석하여 반응할 수 있는 암호로 만든다.

맛의 분석은 원래의 혀 지도가 얼마나 틀렸는지 증언한다. 평균적인 인간의 혀에는 맛봉오리―혀에 젖꼭지처럼 돋아 있는 작은 돌기인 맛 유두에 존재하는 작은 구조―가 약 1만 개 있다. 음식을 먹을 때 입속의 음식과 음료 혼합물이 맛봉오리 끝에 구멍처럼 생긴 하나의 통로를 통해 맛봉오리로 들어온다.[16] 맛봉오리는 50~80개의 전문화된 세포가 엉켜 있는 덩어리인데, 각각의 세포는 기본적인 맛 중 한 가지를 감지한다. 코일 모양의 수용기 단백질 일부가 세포에서 삐죽 돌출해 있고, 나머지는 세포 안쪽에 얌전히 자리잡고 있다. 밖으로 뻗은 가닥은 주변을 지나가는 분자들을 붙잡고 일시적으로 화학 결합이 일어난다. 그러면 꽃다발 중간 부분을 세게 거머쥘 때 아랫부분의 줄기들이 벌어지는 것처럼 세포 안쪽의 고리들이 벌어진다. 사실상 신경세포에 스위치를 '켜는' 것에 해당하는 이 신호는 혀에서 뇌까지 연쇄적인 신호 전달 반응에 방아쇠를 당기고, 이것은 결국 0.1초 뒤에 '아아, 달다!' 또는 '으윽, 써!'와 같은 지각 또는 인식으로 나타난다.

쓴맛 수용기를 만드는 유전자는 연구실이 아니라 컴퓨터 데이터베이스에서 발견되었다. 1999년에는 단맛과 그것과 밀접한 관련이 있는 감칠맛에 대한 최초의 맛 유전자와 수용기가 얼마 전에 분리되었는데, 그 연구를 담당한 과학자들은 이제 쓴맛으로 관심을 돌려 수용기 세포들을 분리하려는 실험들을 했다. 한편, 그들은 얼마 전에 해독되어 발표된 인간 유전체의 데이터베이스도 샅샅이 살펴보기 시작했다. 상당수는 여전히 해독 불가능한 A, C, G, T—DNA를 이루는 네 가지 염기. 각각 아데닌, 사이토신, 구아닌, 티민을 나타낸다—의 문자열로 이루어져 있었다. 어느 날, 컬럼비아 대학교 맛 연구실에서 일하던 대학원생 켄 뮬러Ken Mueller는 뒤죽박죽으로 섞인 문자들을 들여다보다가 일부 문자열이 이미 알려진 수용기의 유전자들을 나타내는 문자열과 놀랍도록 비슷하다는 사실을 알아챘다. 그것은 빛을 감지하는 로돕신에 페로몬 수용기가 약간 섞인 것과 비슷했다. 그것은 결국 한 가지 쓴맛 수용기를 나타내는 유전 암호로 드러났다. 그들은 그것에 T2R1이란 이름을 붙였다.[17] 그리고 몇 달 안에 16개를 더 발견했다. 지금까지는 약 23개가 발견되었다.

이렇게 발견된 주 광맥은 많은 것을 설명했다. 단맛 유전자는 단 3개밖에 없지만, 단맛 수용기가 하는 일은 단순한데, 바로 당糖을 찾는 것이다. 자연에는 도처에 많은 독소가 널려 있기 때문에 그것들을 감지하기 위해 온갖 종류의 쓴맛 수용기가 필요하다. 수억 년 동안 유전자 복제—무악어류와 그 밖의 동물에게 더 강력한 감각을 주었던 것과 같은 종류의—는 쓴맛 유전자 무리를 계속 증가시켜왔다. 자연선택은 그 각각을 서로 다른 종류의 쓴맛을 찾는 일에 전념하도록 만들었다. 단맛이 나는 것은 소수의 당류뿐인 반면, 쓴맛이 나는 것은 수없이 많은 이유는 이 때문이다.

T2R1(지금은 TAS2R38이라 부른다)은 아서 폭스의 쓴맛 유전자인 것으로 밝혀졌다.[18] 이것은 7번 염색체에 있는 한 DNA 가닥이다. 이 배열에 작은 변이만 일어나도, 수용기의 화학적 구조와 모양이 변해 사람들이 PTC 맛을 느끼는 능력과 전반적인 쓴맛 감수성에 큰 차이를 빚어낸다.

DNA를 분리하는 일은 어떤 의미에서 쉬운 부분이었다. 왜 자연이 사람에게 그렇게 다양한 미각을 프로그래밍했는지—예컨대 왜 부시 가족 중 일부는 브로콜리를 사랑하는 반면, 나머지는 경멸하는지—그 이유는 여전히 불분명했다. 쓴맛 유전자 뒤에는 더 심오한 수수께끼들이 있었다. 과학자들은 그 답을 찾다가 불가피하게 그 모든 것이 시작된 곳으로 되돌아가게 되었는데, 그곳은 바로 아프리카였다.

1930년대에 폭스의 미각 테스트 열풍이 최고조에 이르렀을 때, 쓴맛 유전자의 기원을 탐구하는 일에 최초로 뛰어든 사람들은 영국의 3인조 과학자였다. 포드 E. B. Ford 와 피셔 R. A. Fisher 와 줄리언 헉슬리 Julian Huxley 는 1939년에 에든버러에서 열린 국제유전학회의 연례 회의에 참석했다가 사람과 가장 가까운 친척인 침팬지를 대상으로 PTC 테스트를 해보기로 결정했다.[19] 그들은 수소문 끝에 글래스고의 한 과학자와 접촉해 PTC 가루를 다양한 농도로 혼합한 후에 병에 담아 에든버러 동물원으로 향했다.

그들은 점적기點滴器에 쓴 용액을 채워 한 침팬지의 입에 집어넣었다. 그러자 그 침팬지는 그 용액을 피셔에게 뱉었다. 또다른 침팬지는 화가 나 피셔를 붙잡으려고 했다. 이 침팬지들은 쓴맛을 느끼는 게 분명했다. 여덟 마리 중 여섯 마리는 쓴맛을 느꼈고, 두 마리는 느끼지 못했는데, 무작위로 추출한 유럽인 집단을 대상으로 한 테스트 결과와 동일했다. 그 동물원에 있던 오랑우탄과 고릴라, 긴팔원숭이에게서도 비슷한 비율의 결과가 나왔다. 이 연구는 나중에 제2차세계대전 때문에 중단되었지만, 그 결과가 시사하는 의미는 아주 흥미로웠다. 수백만 년 전에 사람과 침팬지가 갈라서기 이전의 어느 시점에 자연선택은 원시적인 유인원 개체군들을 쓴맛을 느끼는 집단과 느끼지 못하는 집단으로 나누었다. 이 한 쌍의 대립 형질이 어떤 이득을 주었건 간에 그것은 아주 강력한 것이었음이 분명한데, 둘 다 그토록 오랫동안 살아남았기 때문이다.

이것은 아주 그럴듯한 가설이었다. 하지만 쓴맛 유전자가 해독되자, 이 가설은 완전히 틀린 것으로 드러났다.

생물학자 스티븐 우딩Stephen Wooding은 2000년대 초에 현대의 유전학 도구들을 사용해 이 질문을 다시 검토했다. 얼마 전에 어떤 동물의 유전체를 연구함으로써 진화 경로를 추적하는 게 가능해졌다. 오랜 시간이 지나는 동안 DNA에는 일정한 속도로 돌연변이가 일어난다. 이 사실을 바탕으로 근연종들의 DNA 차이를 사용해 이들이 공통 조상으로부터 갈라져나온 시기가 언제인지 혹은 특정 돌연변이가 언제 일어났는지 추적하는 게 가능하다. 우딩은 폭스의 쓴맛 유전자에 해당하는 사람의 DNA 암호를 침팬지의 그것과 비교해보았다. 그 결과에 우딩은 깜짝 놀랐는데, 그 유전자들은 전혀 비슷한 데가 없었다. 어찌된 영문인지는 몰라도 서로 다른 DNA 암호들이 동일한 맛 경험을 빚어낸 것이다.[20] 침팬지와 사람은 각자 독립적으로 똑같은 형질들을 진화시켰는데, 이것은 이 형질들이 어느 누가 생각했던 것보다 아주 강력한 생존 도구임을 시사한다.

과학자들은 전 세계에서 지난 700만 년 동안 이 유전적 신호들이 어떻게 전해져왔는지 추적했는데, 이것들을 무엇이 만들어냈는지 알아내기 위해서였다. 쓴맛을 느끼는 형질과 느끼지 못하는 형질은 500만 년도 더 전에 침팬지에게서 맨 먼저 나타났고, 더 최근인 150만 년 전부터 50만 년 전 사이에 초기 인류에게서 나타났는데, 이 시기는 이전의 종들이 초기의 호모 사피엔스에게 밀려나던 무렵이었다. 약 40만 년 전에 공통 조상으로부터 우리와 갈라진 네안데르탈인 역시 쓴맛을 느끼는 사람들과 느끼지 못하는 사람들이 공존했다. 바르셀로나의 진화생물학연구소에서 일하는 카를레스 랄루에사폭스Carles Lalueza-Fox는 에스파냐 엘시드론에 있는 한 동굴에서 발견된 4만 8000년 전의 남자 네안데르탈인 화석에서 채취한 DNA를 다른 네안데르탈인 10명의 DNA와 함께 검사했다. 그 네안데르탈인은 쓴맛을 느낀 것으로 드러났다.[21]

약 10만 년 전에[22] 현생 인류가 아프리카를 떠나 전 세계로 퍼져가기 시작했을 때, 이미 이러한 유전적 변이를 포함하고 있었다. 이 여행에서 맛이 기여한 작은 역할은 오늘날에도 커피 맛을 느끼거나 슈퍼마켓에서 농산물을 고를 때 그 영향을 미치며, 전 세계에서 음식물의 향미를 빚어낸다.

아프리카를 탈출한 길목은 홍해 남쪽 출구에 위치한 바브엘만데브 해협이었을 가능성이 높다. 이 해협은 북아프리카와 아라비아 반도를 가르며 지나가는 바다 중 폭이 가장 좁은 곳이다. 오늘날 이 해협의 폭은 약 32킬로미터이다. 하지만 먼 옛날에는 인도양의 수위가 지금보다 수십 미터나 더 낮았기 때문에 이 해협은 폭이 더 좁고 수심도 얕아서 즉석에서 만든 뗏목을 이용하거나 심지어는 걸어서 건널 수 있었을 것이다. 인류와 그 직계 조상들은 뛰어난 여행가였다. 이전에도 이와 비슷한 횡단이 여러 차례 일어났다. 이보다 약 70만 년 전에 게셔베노트야코브 동굴에서 불을 길들였던 사람들처럼 일부 초기 인류는 북쪽으로 약 2250킬로미터 떨어진 오늘날의 이스라엘 지역까지 나아갔다. 호모 에렉투스는 동아시아 지역까지 여행했다. 그리고 현생 인류가 해변에서 야영을 하고 있을 때, 네안데르탈인은 유럽의 숲에서 사냥을 했다.

이들 인류는 그 조상들보다도 지각 능력이 뛰어났다. 수십만 년에 걸친 진화는 그들의 뇌를 더 크게 만들었고, 그와 동시에 그들의 미각은 더 강해지고 세련되어졌다. 세계는 사냥과 화덕을 위한 새로운 도구와 기술을 시험하는 거대한 실험실이 되었다. 바브엘만데브 해협 횡단이 일어나기 10만 년도 더 전에 초기 인류는 흙으로 오븐을 만들고[23], 깊은 구덩이를 파고 열을 집중시키기 위해 사방의 벽에 납작한 돌들을 대고서 사냥한 동물과 뿌리와 채소를 굽기 시작했다. 고기를 보존하기 위해 훈제를 했을지도 모르는데, 그 과정에서 새로운 향미를 집어넣었을 것이다. 그들은 옛날의 조리법을 공유하고 후대에 전했는데, 그러면서 조리법이 계속 개선되었다. 이렇게 경험을 통해 다져진 의례적인 관습은 어디를 여행하든 굶주림에 대항할 수 있는 대책을 제공했다.

그들을 아프리카를 떠나 미지의 땅으로 향하게 한 원인이 무엇인지는 아무도 모른다. 어쩌면 기근이나 종족 간 분쟁이 원인이었을 수도 있다. 어쨌든 그게 무엇이건, 유전적 증거는 수백 명 혹은 많아야 수천 명의 작은 집단이 단 한 번의 탈출 사건을 통해 이곳이나 근처의 비슷한 장소들을 지나갔다고 시사한다.[24] 그 후손들은 나머지 세계 전체로 퍼져나가면서 그 당시 유일하게 존재한 다른 인류 종이던 네

안데르탈인을 밀어냈다(그리고 때로는 네안데르탈인과 이종 교배하기도 했다). 오늘날 아프리카인이 아닌 전 세계 각지의 사람들은 사실상 전부 다 바브엘만데브 해협을 건넜던 소수의 집단에서 유래했다.[25]

우연히도 이 창시자 집단은 특이한 미각을 갖고 있었다. 유전자 분석 결과에 따르면, 이 시대의 아프리카에 살았던 인류 집단들은 쓴맛에 대한 민감도가 아주 다양했다. 오늘날의 아프리카 사람들 역시 그렇다. 많은 서식지와 식물과 맞닥뜨리며 그토록 다양한 자연 환경에서 진화했으니 미각이 아주 다양하게 발달한 것은 당연해 보인다. 하지만 바브엘만데브 해협을 건넌 사람들은 그렇게 화려한 다양성이 부족했다. 폭스 유전자의 경우, 대부분의 사람들은 쓴맛을 느꼈고, 일부는 느끼지 못했으며, 극소수는 그 중간이었다.

초기 인류가 아프리카를 떠난 후 이동한 경로에 대해서는 여러 가지 가설이 난무한다. 그들은 해변을 따라 이동했을 수도 있고, 북쪽으로 내륙을 향해 나아갔을 수도 있다. 그 당시 아라비아 반도는 오늘날처럼 지글지글 끓는 사막이 아니었다. 그곳에는 강과 호수, 나무가 자라는 숲, 넓은 사바나도 있었다. 나중에 인류는 오늘날의 이란을 가로질러 동쪽으로 이동했을 가능성이 높다. 그리고 나서 일부 집단은 북쪽으로 나아가면서 왼쪽으로 방향을 틀어 유럽으로 향한 반면, 다른 집단은 아시아를 향해 동쪽으로 계속 나아갔다. 그들은 가는 곳마다 기이하고 새로운 음식물을 만들고 먹으면서 적도에서부터 극지방에 이르기까지 울창한 정글과 사막, 산악 지역과 섬에 정착했으며, 결국에는 약 1만 2000년 전에 남아메리카 남단에 이르렀다.

이 놀라운 여행의 기록은 현재 우리의 맛 유전자에 각인돼 있다. 쓴맛을 느끼는 사람들과 느끼지 못하는 사람들로 갈라진 창시자 집단은 그 후손들과 함께 세계 각지로 퍼져나갔고, 오늘날 전체 인류 중 대부분은 두 집단 중 하나에 속한다. 서식지와 기후, 음식, 생존을 위한 도전 과제의 차이가 쓴맛에 대한 민감도를 이런저런 방식으로 조절했다. 어떤 집단은 집단적으로 민감도가 더 높아졌고, 반면에 어떤 집단은 더 낮아졌다. 그 증거는 지난 80년 동안 세계 각지에서 1000회 넘게 실시된 폭스와 비슷한 방식의 미각 테스트 기록에서 발견할 수 있다. 그 결과들을 그래프로 나타내면, 쓴맛을 느끼는 사람들과 느끼지 못하는 사람들의 구분이 지리에 따라 차이가 난다는 사실을 알 수 있다.

영국 북동부에서는 전체 인구 중 약 3분의 1이 쓴맛을 거의 느끼지 못하며, 인도의 일부 인종 집단에서는 그 비율이 절반을 넘는다. 이것은 영국에서 맥주가, 그리고 인도 요리에서 톡 쏘는 맛이 강한 여주—비터 멜론bitter melon이라고도 함—가 인기를 끄는 이유를 설명하는 데 도움을 준다. 동쪽으로 더 나아가면 쓴맛에 민감한 사람들의 비율이 더 높아지는데, 중국 일부 지역에서는 전체 인구의 95퍼센트가 쓴맛을 느낀다. 이 패턴은 아메리카 인디언 사이에서도 나타나는데,

아메리카 인디언의 조상은 아시아에서 이주해온 사람들이다. 더 추운 지역으로 가면, 균형추가 다시 변한다. 그린란드의 이누이트는 아메리카에 정착한 초기의 민족들 중에서 쓴맛에 대한 민감도가 가장 낮은 사람들인데[26], 아마도 전통적인 음식물인 생선과 물범에 쓴맛이 거의 없어서 그것을 감지하는 능력을 잃은 게 아닌가 싶다.

그런데 또다른 쓴맛 유전자는 아주 다른 운명을 맞이했다. 니콜레 소란초 Nicole Soranzo는 유니버시티칼리지런던의 연구자인데, 버드나무 껍질에 들어 있는 살리신, 월귤나무에 들어 있는 아르부틴, 감복숭아―고편도 苦扁桃라고도 함―에 들어 있는 아미그달린을 포함해 특정 물질에 더 민감하게 만드는 쓴맛 유전자 TAS2R16의 돌연변이를 연구했다. 이 돌연변이는 아프리카에서는 드물다. 전 세계 인구 집단의 유전자 표본을 채취해 분석한 소란초는 자연 선택이 아프리카 이외의 다른 곳에서 생존 이득을 위해 그것을 선택했고, 그러자 그것이 들불처럼 퍼져나갔다는 사실을 알아냈다. 오늘날 아프리카인을 제외한 전체 인구 중 약 90퍼센트가 이 돌연변이 유전자를 갖고 있다.[27] 하지만 아프리카에서는 이런 경향이 유행한 적이 결코 없다.

불가사의한 모순은 그대로 남아 있다. 어떤 형태의 쓴맛 민감도는 분명히 생존 확률을 높인다. 하지만 쓴맛에 둔감한 것도 생존 확률을 높인다. 둔감한 것도 어딘가 유용한 데가 있을 것이다. 그렇지 않다면, 그 형질이 오늘날까지 살아남아 있을 이유가 없다. 그렇다면 도대체 어디에 유용할까? 적어도 사람과 유인원에게서는 쓴맛이 단순히 독성 물질에 대한 경보를 울리는 것 이상의 역할을 한다.

이탈리아 생물학자 알레시아 란차로^{Alessia Ranciaro}는 그 답을 찾기 위해 21세기의 소규모 미각 테스트 팀을 이끄는 용감무쌍한 지도자이다. 그들은 레인지로버를 타고 케냐와 카메룬의 덤불 사이를 헤치며 이 마을 저 마을을 돌아다녔다. 방문한 마을마다 란차로는 현지 원로들과 대화를 나누었다. 미각 테스트를 할 수 있도록 허락을 얻고, 마을 주민에게 자원을 하게끔 설득해달라고 부탁했다. 그녀가 이끄는 팀은 아서 폭스가 사용한 것보다 훨씬 정교한 맛 검사소를 설치했다. 그들은 여러 가지 쓴맛 화합물이 각각 다른 농도로 들어 있는 13개의 병을 사용했다. 자원자들은 각 병에 든 액체를 한 모금 들이켠 뒤 입을 헹구고 뱉었다. 란차로 팀은 처음에는 낮은 농도부터 시작해 농도를 단계적으로 높여갔다. 란차로는 "우리는 그들이 '쓴맛이 나요'라거나 '레몬 맛이 나요'라고 말하면서 우스꽝스러운 표정을 지을 때까지 이런 식으로 실험을 계속해요"라고 말했다. "연속해서 두 병에서 쓴맛을 느낀다면, 확신을 할 수 있죠. 그게 그들이 느낀 최종 맛이에요." 그들은 19개 종족 집단과 아프리카의 온갖 전통 생활 방식—수렵채집인, 염소 목축업자, 농부를 비롯해—대로 살아가는 집단에서 남자와 여자 들을 모집해 테스트를 했다. 또, 맛에 대한 민감도를 유전자와 짝짓기 위해 DNA 검사를 하려고 피도 뽑았다.

펜실베이니아 대학교의 과학자 세라 티시코프Sarah Tishkoff가 지휘 감독한 이 힘든 연구는 목표를 아주 높게 잡았다. 아프리카로 돌아간 과학자들은 우리의 다양한 쓴맛 민감도 뒤에 숨어 있는 진화의 힘을 마침내 확인할 수 있길 기대했다. 그 답은 음식과 맛과 인간의 생물학에 대해 많은 것을 설명해줄 것이다.

티시코프 팀은 미각의 차이는 사람들이 먹는 음식물과 밀접한 연관이 있을 것이라고 가정하고서 현대 사회의 영향을 비교적 덜 받은 지역들을 조사했다. 란차로와 티시코프와 함께 일하는 마이클 캠벨Michael Campbell은 "그들은 맥도널드를 먹지 않아요"라고 말했다. 그들은 대부분 수천 년 전부터, 어쩌면 아프리카 탈출이 일어난 시기부터 똑같은 음식을 먹으며 살아왔다. 고기가 많이 포함된 식사를 하는 사람들은 자극성이 강한 베리와 뿌리를 채취하는 수렵채집인 집단보다 쓴맛에 대한 거부감에서 얻을 수 있는 이득이 적을 것이다. 수천 년이 지나는 동안 육식을 주식으로 삼은 공동체는 쓴맛 유전자를 개체군에서 걸러냈을지 모른다.

하지만 결과가 나왔을 때, 음식물 가설—거의 모든 과학자가 믿었던 미각 가설—은 틀린 것으로 드러났다. 음식물 선택이 유전자에 영향을 미쳤다는 증거는 전혀 없었다—적어도 지난 5000년 동안은. 더 오래되고 더 심오한 힘이 작용한 것처럼 보였다. 이것은 도발적인 질문을 낳았다. 혹시 이 오래된 진화의 신호가 단순히 맛과 관련이 있는 것이 아니라 다른 것과 관련이 있는 것은 아닐까?

쓴맛에 대한 민감도가 몸에서 맛을 넘어 더 복잡한 계의 일부라는 사실이 잠깐 동안 명백해 보인 적이 있었다. 1970년대에 예일 대학교의 맛 과학자 린다 바토섹은 PTC 맛을 느끼는 사람들의 민감도가 신맛, 단맛, 짠맛에도 적용된다는 사실에 주목했다. 이들은 고추, 겨자, 생강의 강렬한 맛도 피하는 경향이 있었다.

바토섹은 분자생물학을 제쳐놓고 자원자들의 입속을 들여다보았다. 쓴맛을 느끼는 사람들 중 다수는 혀에 버섯 모양의 맛유두가 더 많이 있다는 점에서 쓴맛을 느끼지 못하는 사람들과 해부학적 구조에 큰 차이가 있었다. 이것은 이들의 입과 뇌 사이에 연결이 더 많다는 것을 의미한다. 이들은 다른 사람들보다 전반적으로 더 강한 맛 감각과 더 많은 향미 정보를 지각했다. 바토섹은 이 집단을 '초미각자 supertasters'라고 불렀다. 이들이 경험하는 맛은 미맹이 경험하는 것과 달랐다. 이들이 느끼는 음식 맛은 부드러운 파스텔 색조 대신에 화려한 네온 색이 넘쳐난다.❷❽

바토섹의 발견이 의미하는 것은 단 하나뿐인데, 맛 유전자가 많은 유전자와 협력하여 혀와 신경계의 해부학적 구조에 영향을 미쳤다는 것이다. 수백 가지 연구는 쓴맛을 느끼는 사람과 느끼지 못하는 사람 사이의 구분이 단순히 음식물에 대한 선호를 넘어서서 더 멀리까지 뻗어 있음을 보여준다. 쓴맛을 느끼는 사람은 남자보다는 여자가 더 많고, 알코올 의존자는 쓴맛을 느끼지 못하는 경향이 있다. 또, 쓴맛을 느끼는 것은 당뇨병, 충치, 눈 질환, 조현병, 우울증, 위창자 궤양, 암과 연관이 있는 것으로 밝혀졌다. 이러한 상관관계 중 일부는 임의적일 수 있지만, 이런 상관관계가 압도적으로 나타난다는 사실은 쓴맛의 생물학이 몸 전체에 영향을 미침을 시사한다. 지난 10년 동안 미각 수용기의 DNA가 해독된 이래 그 DNA는 소화관, 이자와 간, 뇌, 고환을 비롯해 몸 전체에서 발견되었다(후각 수용기 역시 간과 심장, 콩팥, 정액, 피부에서 분리되었다). 피사 대학교의 생물학자 로베르토 바랄레Roberto Barale는 "맛 유전자가 발현되어 일종의 입이 있는 원생동물처럼 단순한 생물을 상상할 수 있습니다. 이 생물이 진화하기 시작해 몸이 커지면, 맛의 발현을 조절하는 유전자도 따라서 증가합니다. 그래서 그 유전자의 발현이 입에서부터 위와 창자에 이르기까지 몸 전체에서 팽창하지요. 그런 과정이 계속 이어집니다"라고 말했다.

모든 종류의 수용기는 살아 있는 모든 생물에서 세포들 사이에 뻗어 있는 감각 그물을 이룬다. 만약 수용기가 없다면, 생물은 소경이되어 움직일 수 없을 것이다. 어떤 효모는 수용기를 사용해 짝짓기를 가능케 하는 페로몬뿐만 아니라 자신이 먹는 당을 인식한다. 초파리는 몸 바깥쪽에 수용기들이 늘어서 있어 그것으로 빛의 변화를 감지하고, 공기 중에 떠도는 익은 과일 냄새를 추적할 수 있다. 식물도 수용기가 있다. 척추동물은 1000~2000가지의 수용기를 갖고 있다. 인체에서 수용기를 포함하지 않은 세포는 단 하나도 없다. 수용기는 온도와 물이나 공기 중의 화학 물질에 변화가 생겼다고 신체에 경보를 울린다. 수용기는 신체의 내부 커뮤니케이션을 위한 스위치이고, 따라서 의학적인 것이건 불법적인 것이건 대부분의 약이 선호하는 표적이다. 수용기는 신경의 신호 발사 유무를 감지할 뿐만 아니라, 우리에게 식욕이나 두려움, 사랑에 반응해 행동하게 만드는 호르몬이나 신경 전달 물질의 농도 변화도 감지한다. 그리고 시각과 후각, 미각을 작동시킨다.

하지만 '맛'이 몸 전체에서 작용한다는 개념은 정말로 기묘했다. 모넬화학적감각센터와 펜실베이니아 대학교의 과학자들은 쓴맛 수용기가 코에서 무슨 쓸모가 있는지 이해하려고 애썼다.[29] 그들은 TAS2R38 수용기가 있는 인간의 코곁굴세포를 배양해 실험에 사용했다. 세포를 제대로 선택했다는 것을 입증하기 위해 그들은 그 세포에 PTC를 투여하여 반응을 살펴보았다. 수용기들은 약한 전류를 방출했는데, 이것은 수용기들이 혀에서 쓴맛 분자와 결합할 때 만드는 것과 같은 신호였다. 제대로 선택한 것이다!

그러고 나서 그 세포들에 끈적끈적한 점액을 쏟아부어 코곁굴 감염을 일으켰다. 쓴맛 수용기의 경보가 울렸다. 신경세포들은 전기 신호로 메시지를 보내고, 신호 분자인 일산화질소를 내뿜었다. 코곁굴세포의 미소한 섬모들이 더 빨리 흔들리면서 이에 반응해 점액 생산량이 증가했다. 이것은 코가 나쁜 세균을 축출하려고 할 때 시도하는 바로 그 방법이다. 쓴맛을 느끼는 사람은 느끼지 못하는 사람보다 코 곁굴 감염이 일어날 가능성이 더 적은 것처럼 보였다. 이것은 추운 지역에 정착하려고 시도하던 초기 인류에게 이득—음식물과는 아무 관련이 없는—이 되었을 것이다.

소화 기관도 있다. 지중해 연안을 따라 많이 늘어서 있는 작은 지역 사회들과 마찬가지로, 장화 모양의 이탈리아 지도에서 발가락 부분을 포함하는 지방인 칼라브리아 주민들은 특별히 장수하는 경향이 있다. 어쩌면 그 비결은 올리브유, 생선, 레드 와인 같은 성분을 강조하는 지중해 음식에 있을지도 모른다. 하지만 그것은 그들의 미각과 관계가 있을지도 모른다. 칼라브리아의 요리들은 가지와 콜리플라워, 시금치를 포함해 쓴 채소를 많이 사용한다. 그레이프프루트보다 더 쓴 베르가모트 오렌지도 이 지역의 주식물이다.

바랄레는 칼라브리아 주민의 쓴맛 유전자에 호기심을 느꼈다. 때마침 칼라브리아의 일부 주민이 이미 수십 년이라는 시간에 걸쳐 그들의 건강 상태를 추적하는 연구에 참여하고 있었다. 바랄레도 그들을 조사해 흥분할 만한 사실을 발견했다. TAS2R16 쓴맛 유전자에 일어난 한 돌연변이가 나이 많은 사람들 사이에서 더 많이 나타났다. 그리고 나이가 많은 사람일수록 이 돌연변이를 가지고 있을 가능성이 더 높았다. 이 돌연변이가 없는 사람은 일찍 죽었기 때문에, 이 돌연변이와 관련이 있는 무엇인가가 오래 사는 데 도움을 주는 것처럼 보였다. 바랄레는 창자에 있는 쓴맛 수용기—비록 그 기능은 현재로서는 알 수 없지만—가 정확히는 몰라도 대사를 촉진하여 이런 일이 일어날 것이라고 추측했다.

얼마 전까지만 해도 대부분의 맛 연구는 혀의 생물학과 지각에 초점을 맞추었다. 그런데 이제 새로운 변경이 열렸다. 몸 곳곳에 분포하는 쓴맛 수용기는 일종의 그림자 미각계의 일부이다. 이것들은 혀에 있는 수용기와 달리 의식에 등록되지 않으며, 하는 일은 아직도 대부분 불분명하다. 다시 말해서, 맛은 숨어 있는 광대한 계의 갓돌에 불과하다. 그것은 입속에서 맛의 폭발과 함께 시작되었다가 어둠 속에서 소화 기관 속으로 사라지고, 거기서 그 손을 몸속의 모든 곳으로 뻗는다. 그것은 몸 전체가 세계의 화학적 변화에 반응하면서 격렬하게 메시지를 보내고 받는 감지기들로 이루어진 무한대의 그물망이다.

오늘날 쓴 음식물이 도처에 널려 있는 이유는 쓴맛을 느끼는 우리 몸의 '미각' 때문일지 모른다. 우리는 쓴 화합물이 필요하다. 많은 것은 소량만 섭취하면 몸에 이롭다. 버드나무 껍질을 씹는 것은 옛날부터 통증이나 열이 날 때 민간요법으로 쓰여왔다—그 주성분인 살리신은 아스피린과 관련이 있는 항염증 화합물이다. 아시아, 아프리카, 카리브 해 지역에서 재배하는 과일인 여주에는 불쾌감을 주는 일련의 물질이 포함돼 있는데, 혈당을 약간 낮추는 효능이 있다. 인류가 지구 곳곳에 정착해 살아가면서 쓴맛에 민감한 사람들은 독소를 탐지함으로써 집단이 살아남는 데 도움을 주었을 수 있다. 반면에 쓴맛에 둔감한 사람들은 새로운 먹거리를 더 많이 맛봄으로써 잠재력이 있는 먹거리를 발견하면 다른 사람들에게도 그것을 권할 수 있었을 것이다.

사람은 어떤 것에도 익숙해질 수 있다. 볼리비아의 알티플라노Alti-plano●에 사는 아이마라족Aymara은 아주 맛이 쓴 감자를 재배하는데, 이들의 맛 지각도 쓴 감자 맛에 적응했다. 1980년대에 실시한 테스트 결과에 따르면, 아이마라족은 아메리카 사람들보다 쓴맛에 더 둔감했다(하지만 테스트를 한 사람들은 모두 다 PTC 맛을 느꼈다). 이들이 쓴맛 민감도가 떨어진 이유는 평소에 먹는 음식물의 쓴맛에 익숙해졌기 때문이다. 하지만 이 새로운 역치에서도 쓴맛에 대한 미각은 여전히 예리하게 남아 있었다. 감자가 너무 써서 도저히 못 먹을 정도가 되는 지점은 바로 감자가 독성을 지니는 단계였다.❸⓿

우리 몸에 있는 많은 것과 마찬가지로 맛 감각은 유전자와 인생 경험 사이에서 펼쳐지는 일종의 변증법이다. 사람은 나이를 먹으면서 점점 더 다양한 음식을 맛보게 되면, 뇌에서 혐오감 반응을 담당하는

●안데스 산맥의 고원 지역으로 볼리비아와 페루, 아르헨티나에 걸쳐 있고, 길이는 약 700킬로미터이다.

신경세포들의 네트워크가 변하게 된다. 쓴맛이 점점 부드러운 맛으로 변하는데, 어떤 사람들에게서는 180도 반대로 아주 기분 좋은 맛으로 변한다. 모순을 수용하는 이 능력, 즉 혐오스러운 것도 받아들이는 기묘한 열망은 요리에 생명의 숨길을 불어넣는 원천이다.

이야기는 아마도 이런 식으로 전개되었을지 모른다. 바브엘만데브 해협을 건너고 나서 많은 세대가 지난 뒤에 한 '인류 집단이 지중해 북쪽으로 이주해 어느 계곡에서 야영을 하며 살아갔다. 덤불에서 먹을 것을 찾던 그들은 구부러진 뿌리 위에 붙어 있는 어린 가지를 발견했다. 그것은 브로콜리와 겨자의 조상에 해당하는 배추속 식물이었다. 이 식물은 맛은 없어도, 대신에 풍부한 영양분으로 보상했다. 이 식물에는 면역계를 자극해 암을 예방하는 아이소사이오시안산염이라고 부르는 화학 물질들도 들어 있었다. 부시 부자와 브로콜리를 싫어하는 모든 현대인에게는 유감스럽게도, 바로 이 때문에 배추속 식물의 미래가 활짝 열리게 되었다.

4장

향미
문화

아니스와 여러 가지 허브와 추출물로 만드는 초록색 술 압생트는 미스터리와 위험성으로 유명하다. 18세기에 스위스에서 의학적 영약으로 발명된 압생트는 강렬한 허브 향과 그것을 마시면 느낄 수 있다는 황홀감에 끌린 예술가, 작가, 보헤미안 사이에서 선호하는 음료가 되었다. 19세기 말의 파리 사람들은 압생트의 마법에 걸렸다. 오스카 와일드는 "한 잔의 압생트와 일몰 사이에 무슨 차이가 있는가?"라고 썼다. 어니스트 헤밍웨이는 『누구를 위하여 종은 울리나』에서 "불투명하고, 쓰고, 혀를 마비시키고, 뇌를 따뜻하게 하고, 위를 따뜻하게 하고, 생각을 바꾸는 액체 연금술"이라고 압생트를 묘사했다.

압생트에 섞인 성분 중에 투존thujone이 있는데, 박하 향을 풍기면서 쓴맛이 아주 강한 물질로, 약쑥 꽃에서 추출한다(약쑥 추출물은 지금도 창자에 사는 기생충을 박멸하거나 곤충을 죽이는 전통 민간요법으로 쓰이고 있다). 약 100년 전에는 투존을 과량 복용하면 환각과 정신 이상이 생긴다고 생각했다. 빈센트 반 고흐도 압생트를 많이 마셨다. 1887년에 고흐는 〈압생트가 있는 정물〉이란 작품을 그렸는데, 파리의 한 카페 테이블 위에 은은하게 빛나는 엷은 초록색 술이 담긴 잔이 물병 옆에 나란히 놓여 있는 장면을 묘사했다. 고흐가 1890년에 자살하고 난 뒤, 미술계는 색각 손상─이 때문에 고흐는 그림에서 밝고 옅은 색조를 사용했다─에서부터 정신 황폐와 자살에 이르기까지 그에게 일어난 모든 불행의 원인이 압생트에서 비롯된 게 아니었을까 추측했다.

한때 '녹색 요정'으로 불렸던 압생트는 '녹색 마녀'와 '독의 여왕'으로 불리게 되었다. 1905년에 스위스에서 한 노동자가 압생트를 진탕 마시고 임신한 아내와 두 아이를 쏘아 죽이는 사건이 발생하자, 스위스 정부는 압생트를 금지시켰다. 1915년에 프랑스도 그 뒤를 따랐다. 그들은 '압생트 중독'이 프랑스 문화를 부식시킨다고 비난했다. 이러한 두려움은 수십 년 동안 지속되었다. 1933년에 금주법이 폐지된 후에도 미국에서 압생트는 2007년까지 제조 및 판매가 불법이었다.❶

하지만 현대 과학은 압생트가 그동안 부당한 대우를 받았음을 보여주었다. 비록 투존이 신경계의 주요 신호 전달 도구인 GABA^{gamma}

aminobutyric acid, 감마아미노부티르산의 작용을 차단하긴 하지만, 의미 있는 효과를 나타내려면 상당히 많은 양을 섭취해야 한다. 2008년에 100년쯤 된 압생트 13병을 조사했더니, 각각의 병에 들어 있는 투존은 미량에 불과했다.[2] 그러니 압생트 과음으로 투존이 어떤 손상 효과를 나타내기 전에 알코올 독성이 더 심각한 효과를 나타낼 가능성이 높다. 오늘날 학자들은 반 고흐의 정신 기능 저하는 어떤 종류의 정신 질환이 알코올 의존증과 결합해 나타난 것이라고 믿는다.

법적 제약이 사라지자, 적극적인 주류 제조업자들이 압생트를 다시 제조하여 부활시키려고 시도했다. 그중 한 명인 제드 하스Jedd Haas는 2011년에 뉴올리언스의 한 산업 지역을 지나가는 고가도로 아래에 콘크리트 블록으로 지은 작은 건물에 양조장을 만들었다. 그와 동업자들은 그곳을 프랑스어로 '생명의 작업장'이란 뜻으로 '아틀리에 비 Atelier Vie'라고 이름 붙였다.

증류—액체를 가열하여 증발시킨 기체를 냉각시킴으로써 순수한 액체 성분을 얻는 과정—는 이미 고대 세계에서 사용되었다('증류시킨 정distilled spirit'이라는 용어는 아랍 연금술사들이 만들었는데, 그들은 증기에 물질의 스피릿spirit, 곧 정精이 들어 있다고 믿었다)*. 증류 알코올은 비교적 최근에 만들어진 것이다. 이탈리아 살레르노의 의사들이 12세기에 의학적 용도로 그것을 만들기 시작했다. 중국에서

●오늘날 영어에서 distilled spirit은 흔히 증류주라는 뜻으로 쓰인다.

는 100여 년 뒤에 상류층 사이에서 일종의 증류 와인이 인기 있는 술이 되었다.❸ 증류주를 만들려면 여러 단계를 거쳐야 한다. 먼저, 알코올 음료가 필요하다. 이것은 와인—브랜디의 기본이 되는 술—이 될 수도 있고, 보리 당화액—위스키—이 될 수도 있고, 발효한 당밀—럼—이 될 수도 있다. 이것을 증류기에 넣고 알코올의 끓는점—대략 섭씨 78.5도—보다 높고 물의 끓는점—섭씨 100도—보다 낮은 온도로 가열한다. 그러면 알코올이 먼저 증발하므로, 그 증기는 원래 용액보다 알코올 농도가 더 높다. 가장 간단한 종류의 증류에서는 이 증기를 가열된 용기에서 별도의 용기로 보내 냉각시킴으로써 방울로 변하게 하고, 그 액체 방울을 세번째 용기에 모은다. 이렇게 얻은 술은 숙성시키고 거기다가 향미를 가미할 수 있다.

압생트는 이 과정 외에 추가되는 과정이 또 있다. 먼저, 이미 증류한 주정에 허브를 집어넣는다. 아틀리에 비는 럼을 사용하는데, 약간 달콤한 그 맛은 허브의 쓴맛을 중화시킨다. 그러고 나서 이 알코올성 '차'를 증류한다. 재증류 과정을 통해 압생트는 시장에서 알코올 도수가 아주 높은 술 중 하나가 된다. 아틀리에 비의 압생트는 알코올 도수가 58퍼센트이다(스카치위스키는 대개 40~50퍼센트이다).

압생트를 서빙할 때에는 화학적 쇼맨십이 약간 필요하다. 먼저, 하스는 자신의 압생트를 잔에 조금 따랐다. 그것은 허브의 녹색이 아니고 짙은 빨간색이었는데, 히비스커스 꽃을 포함한 천연 색소를 2차로 집어넣어 만든 것이었다. 그러고 나서 하스는 기다란 구멍이 있는 화려한 장식의 은수저를 테두리 위에 걸쳐놓고 은수저에 각설탕을 놓은 뒤 그 위에 차가운 물을 부었다. 설탕물과 압생트가 섞이자, 녹아 있던 허브 성분들이 합쳐지면서 용액의 색이 흐릿해졌다. 이렇게 희뿌예진 상태를 '루슈louche'라고 부르는데, 프랑스어로 '흐릿하다'란 뜻이다.

아틀리에 비의 툴루즈 레드 Toulouse Red 같은 술은 수백 년에 걸친 개선과 기술적 발전과 문화적 촉진을 통해 탄생했다. 이 술은 원래 성분들이 알아볼 수 없게 변형되었기 때문에 천연 상태와는 거리가 멀다고 할 수 있다. 뇌에 미치는 느낌과 효과는 먼 옛날 수렵채집인의 식사에서는 전혀 찾아볼 수 없던 것이다. 이런 차이의 뿌리를 추적하면 약 1만 2000년 전에 문명 자체가 탄생한 사건으로 거슬러 올라가는데, 그때 문화와 사람이 사용하던 도구에 큰 변화가 일어났고 그와 함께 향미에도 큰 변화가 일어났다.

그 당시는 아프리카를 떠난 이후의 대이동 사건들이 끝나가던 무렵이었다. 빙하기가 끝나 빙하들이 후퇴하고 있었고, 유럽과 아시아에서는 따뜻하고 건조한 여름과 서늘하고 비가 자주 오는 겨울로 대표되는 기후가 자리를 잡았다. 밀, 보리, 호밀 같은 야생 초본 식물이 잘 자라면서 티그리스 강과 유프라테스 강 유역을 따라 뻗어 있는 비옥한 초승달 지대에서 널리 퍼져나갔다. 사람들은 이들 초본 식물을 채집해 먹기 시작했고, 그 다음에는 재배하기 시작했다. 거기서 멀지 않은 산악 지역에 살던 사람들은 염소와 양을 사육하는 방법을 터득했다. 작물 재배와 가축 사육은 자연에서 발견되던 더 다양한 식량을 대체했다.

식량이 이렇게 단순화되면서 음식물과 향미에 봇물 터지듯 혁신이 일어나기 시작했다. 그중 하나는 불을 길들인 사건과 비견할 만한 것이었는데, 바로 발효를 이용하기 시작한 것이다. 오늘날 발효는 세계 각지에서 많은 향미의 원천으로 자리잡았는데, 그 흔적은 주정 외에도 와인, 맥주, 치즈, 요구르트, 두부, 간장, 피클을 포함해 수많은 소비재에서 발견된다.

기본적인 생물학적 힘 중 하나인 발효는 특정 종류의 세균과 균류가 일으키는 대사 작용이다. 이들 단세포 생물은 사람 피부와 우리 내부 장기의 벽을 뒤덮고 지구상의 모든 곳에 들끓는 미생물 집단에 속한다. 미생물이 하는 중요한 일 중 하나는 분해이다. 미생물은 죽은 조직을 먹어치우고, 분해한 분자들을 생명의 순환 고리로 되돌려보낸다. 발효는 특별한 종류의 분해 과정으로, 산소가 없는 상태에서 일어나는 탄수화물 분해 과정이다. 그리고 분해를 통해 맛을 나쁘게가 아니라 더 좋게 만드는 결과를 낳는다.

발효의 부산물로 이산화탄소, 산, 알코올, 다양한 분자 등이 생긴다. 이것들은 미생물에게는 쓸모없는 폐기물이지만, 선사 시대 사람들의 상상력을 사로잡았다. 그 향미는 복잡하고 자극적이었다. 알코올은 뇌의 화학에도 변화를 초래했는데, 억제를 완화시키고 사회적 상호작용을 부드럽게 하는 데 도움을 주었다. 이러한 새 느낌들은 제대로 발달하지 못했던 미각에 충격을 주었고, 향미 자체의 성격에 변화를 가져왔다. 사람들은 맛과 냄새를 대개 입과 코에서 일어나는 일련의 화학 반응이라고 생각한다. 하지만 향미는 이 계의 반대쪽 끝부분, 즉 화학이 느낌과 의식으로 변성되는 장소인 뇌에서만 살아난다. 조리의 발명으로 새로운 향미와 영양 물질이 쏟아져나와 진화의 방향에 영향을 미친 것처럼, 발효는 인간의 생물학과 마음에 큰 영향을 미쳤다.

'최초의' 술이나 치즈 또는 특정 발효 식품이 무엇이었는지는 딱 꼬집어 말할 수 없다. 조리법과 마찬가지로 이것들은 한 곳 이상에서 수없이 많이 발명되었을 것이다. 하지만 이것들은 조리 식품과 아주 달랐다. 문명의 도구들은 선사 시대 사람들에게 자연, 그중에서도 특히 미생물을 어느 정도 제어할 힘을 주었는데, 이것은 전례가 없던 일이었다.

성공에 필요한 요소는 이미 모두 자연에 있었으며, 단지 제대로 조합되기만을 기다리고 있었다. 지구에서 가장 풍부하고 유용한 미생물은 효모의 일종인 사카로미케스 케레비시아이 *Saccharomyces cerevisiae*이다. 이것은 사실상 모든 술뿐만 아니라, 빵을 비롯해 구워서 완성시키는 그 밖의 식품을 제대로 만드는 데 중요한 역할을 하는데, 빵 효모라고 불리는 이유도 이 때문이다. 사카로미케스 케레비시아이는 초미생물이다. 이 효모는 많은 에너지를 저장했다가 어려운 시기가 닥쳤을 때 견뎌낼 수 있으며, 충분히 많은 알코올을 만들어 다른 효모를 죽임으로써❹ 경쟁자를 제거할 수 있다. 폴란드와 도미니카에서 발견된 호박琥珀 속에 개미 비슷한 곤충이 들어 있었는데, 그 다리에 빵 효모의 DNA가 아직도 들러붙어 있었다. 분석 결과, 그것은 수천만 년 전의 것으로 밝혀졌다.❺

　빵 효모가 도처에 존재하는 이유에 대해 흥미로운 설명이 하나 있다. 이 설명은 바로 말벌이 그 원인이라고 주장한다.❻ 말벌은 효모를 자신의 창자에 넣어 운반하며, 과일에 유혹을 느낀다. 와인 생산 국가에서는 포도가 익는 계절마다 그 근처에 말벌집도 함께 많이 생긴다. 이탈리아 피렌체 대학교의 과학자들은 양자 사이의 연관 관계를 뒷받침하는 증거를 조사했다. 그들은 이탈리아에 사는 말벌들을 붙잡아 그 내부를 조사했다. 393종의 효모 중에서도 빵 효모에 속하는 종류가 눈에 띄게 많았다. 다른 효모들은 1년 중 시기에 따라 늘어나기도 하고 줄어들기도 했지만, 빵 효모는 항상 일정한 수준으로 존재했다. 빵 효모는 수태한 여왕벌의 창자 속에서 겨울을 나면서 추위를 견디고 살아남았다. 봄에 어린 말벌들이 새로운 군집을 만들기 위해 둥지를 떠날 때, 빵 효모도 그들과 함께 옮겨갔다. 사실, 말벌은 전 지구적 효모 수송망의 일부였다. DNA의 증거는 이탈리아 포도밭의 빵 효모와 이탈리아 내외의 많은 장소—멀리 아프리카에 있는 양조장, 야자술 양조장, 빵 오븐을 포함해—사이에 연결 관계가 있음을 보여주었다.

이것은 호모 사피엔스가 발효의 산물을 발견한 최초의 종이 아님을 의미한다. 자연에는 숙성하는 열매에서 빵 효모나 다른 종류의 효모가 작용하여 만들어진 자기 나름의 알코올 음료가 있다. 말레이시아 서부의 우림에 서식하는 베르탐야자의 일종인 에우게이소나 트리스티스 *Eugeissona tristis*의 꽃봉오리는 에일만큼 많은 알코올을 함유한 꽃꿀을 분비한다. 숙성 과정은 나무의 초록색 열매를 밝은색으로 만들고, 그 펄프를 달콤하게 변화시킨다. 효모는 당을 발효시킨다. 알코올 증기는 화학적 셰르파와 같아서 냄새를 사방으로 멀리 실어날라 수분을 도와줄 곤충뿐만 아니라, 씨를 퍼뜨려줄 땃쥐와 늘보로리스까지 유인한다.

파나마에서는 고함원숭이가 알코올이 많이 든 야자 열매를 자주 먹고서 취한 상태로 나무 사이를 건너면서 목숨을 건 아슬아슬한 모험을 한다. 생물학자 로버트 더들리 Robert Dudley는 파나마 운하에 있는 바로콜로라도 섬의 보호 구역에 서식하는 이 원숭이 주당酒黨을 추적했다.❼ 한 원숭이는 높이 9미터의 야자나무로 올라간 뒤, 옆 나무 꼭대기 근처에 달려 있는 밝은 주황색 열매를 붙잡으려고 점프를 했다. 그 원숭이는 코를 각각의 열매에 갖다대고 신중하게 냄새를 맡았다. 그리고 20분 만에 와인 두 병에 해당하는 알코올이 든 열매를 먹었다. 더 많이 먹을수록 원숭이는 나뭇가지들 사이에서 이동하는 움직임이 점점 더 무모해졌다. 그래도 추락하지는 않았다.

그런데 더들리가 보기에 원숭이들은 그저 열매를 실컷 먹고 취하기만 원하는 것은 아니었다. 그들은 안목이 있는 감식가였다. 마치 와인을 시음하는 것처럼 당분의 달콤한 맛과 알코올의 얼얼한 맛 사이의 균형이 딱 맞도록 열매가 적절하게 잘 익은 것을 골라내기 위해 각각의 열매를 맛보았다. 알코올을 마시는 것은 영장류가 늘 해오던 일이라고 더들리는 주장했다.❽ 그는 이것을 '술 취한 원숭이 가설 the drunken monkey hypothesis'이라고 불렀다. 음식물 중에 일정량의 알코올이 포함된 것은 정상이며, 그것은 사람의 뇌와 대사를 형성하는 데 기여했다(당을 너무 많이 먹고 마시는 것이 초래하는 문제와 마찬가지로, 알코올 의존증은 진화를 통해 인체가 제한된 양만 견뎌낼 수 있는 물질을 너무 많이 생산한 문명이 초래한 불행으로 보인다).

초기 인류는 열대우림을 떠나 사바나를 건너고 산악 지대를 지나 결국에는 익어가는 야자 꽃봉오리가 없는 여러 장소에 정착해 살아가게 되었다. 하지만 알코올을 접할 수 있는 다른 기회들이 있었다. 펜실베이니아 대학교의 인류학자 패트릭 맥거번 Patrick McGovern 은 초기의 술은 일련의 사고를 통해 개발되었다고 믿는다. 폭풍우가 몰아칠 때

나무에 붙어 있던 벌집이 땅으로 떨어졌다. 물과 꿀에서 헤엄치던 효모가 열심히 활동하기 시작해 그 혼합물을 발효시켜 며칠 만에 벌꿀술로 만들었다. 사람들은 꿀+물+시간=벌꿀술이라는 간단한 제조법을 깨친 뒤, 기억하고 공유했을 것이다. 채집인들은 벌집을 따와 구멍이 뚫린 바위에 놓고 그 위에 물을 부은 뒤에 햇볕이 잘 드는 곳에 방치했을 것이다.

어느 시점부터 사람들은 속이 빈 박에 음식물을 보관하기 시작했는데, 이 발명품은 음식물이 신선한 상태에서 상한 상태로 변해가는 것을 관찰하고 시험할 수 있게 해주었다. 우리가 발효를 제어하게 된 것은 부패 과정에 맞서는 끝없는 전쟁—대개는 지는 쪽이었지만—에서 나온 결과였다. 야생 포도를 박에 저장할 때, 일부는 으깨어져 껍질이 터지면서 당질 즙이 나와 굶주린 효모들에게 좋은 먹이가 되었다. 그러면 거품이 일면서 발효가 일어났다. 며칠 후, 그것은 걸쭉하고 알코올 도수가 약한 와인으로 변했는데, 잠깐 동안만 맛있게 먹을 수 있을 뿐, 잠시 후에는 식초로 변했다. 그렇다면 그것을 빨리 마시고 즐길밖에 달리 방법이 없었다. 결국 그런 자연적인 사고를 통해 제조법이 발견되었다.❾

인류가 술을 체계적으로 만들었다는 증거 중에서 가장 앞선 것은 1990년대에 중국 황허黃河의 한 지류 근처에서 발굴된 고대 마을 자후賈湖에서 나왔다. 이 마을은 약 9000년 전에 세워진 것으로 추정된다. 고고학적 발굴 결과, 이 마을에서는 문명이 시작된 지 얼마 안 된 시점의 마을치고는 문화가 놀랍도록 정교하게 발전했음을 보여주는 증거들이 나왔다. 흙집들 옆에는 수백 개의 무덤이 모여 있는 공동묘지도 있었다. 사회적 계급이 확립된 증거도 나왔는데, 일부 시신은 보석과 함께 갑골甲骨과 의식용 토기로 장식돼 있었다. 그 당시 주민들은 섬세한 도구를 만드는 기술이 있었고, 음악적 재능도 있었던 게 분명하다. 일부 무덤에는 뼈를 깎아 만든 피리도 있었는데, 전 세계에서 시기적으로 가장 앞선 것이다. 이 피리는 지금도 불면 부드럽고 섬세한 소리가 난다. 고고학자들은 가장 앞선 시기의 한자도 일부 발견했는데, 이것은 문자의 사용이 시작되었음을 보여주는 증거였다. 뼈와 갑골에 새겨진 그 글자는 각각 눈과 창문, 그리고 숫자 1, 2, 8, 10을 나타냈다.❿

자후의 장인들은 토기를 굽는 가마도 흙으로 만들었는데, 발굴지에서는 많은 단지와 질그릇 조각이 출토되었다. 점토로 만든 단지를 처음 본 맥거번은 깜짝 놀랐다. 그것들은 분명히 술을 담는 용기였는데, 비록 훨씬 오래되긴 했지만, 고대 그리스의 암포라●와 비슷했다. 무엇보다도 그것은 텅 비어 있지 않았다. 일부 단지 안쪽에는 말라붙은 불그스름한 광택이 묻어 있었는데, 그것은 액체의 잔류물이었다.

고대의 술을 연구하는 것은 맥거번의 전문 분야이다. 이 일은 쉽지

●와인을 숙성시키거나 옮길 때 사용한 항아리.

않은데, 알코올은 흔적을 남기지 않기 때문이다. 알코올은 금방 증발하며, 나머지 분자들도 미생물이 다 먹어치운다. 그래서 맥거번이 얻는 증거는 대부분 해독 가능한 다른 성분들을 바탕으로 한 간접 증거이다. 맥거번은 그 술의 잔류물을 화학적으로 분석하여 열매에서 나온 타타르산(주석산)을 발견했다. 밀랍의 흔적은 꿀이 술의 한 가지 성분으로 포함되었음을 시사했다. 마지막으로, 탄소 동위원소 분석 결과에서 쌀도 포함돼 있었다는 증거가 나왔다. 수지樹脂(옛날의 와인 제조업자가 보존제로 자주 사용했고, 레몬의 톡 쏘는 맛을 내는)와 허브의 흔적도 나타났다.❶ 발효시킨 꿀과 포도, 산사자(산사나무 열매), 쌀로 만든 그 음료는 벌꿀술과 와인의 잡종에 해당했다. 아마도 이 술은 종교 의식에 사용했을 것이다. 하지만 일반적으로 마시기도 한 것으로 보이는데, 무덤과 집에서 이 음료가 스며든 토기 조각이 발견되기 때문이다. 자후 주민들 사이에서 이것은 오늘날의 캔 맥주처럼 흔한 음료였을지 모른다.

맥거번은 자후의 술에 포함된 화학적 성분이 무엇인지 알아낸 것만으로는 성에 차지 않았다. 그는 그것을 맛보고 싶었다. 그것을 한 모금만 마시면, 이전에 잃어버리고 접근할 수 없었던 순간을 되살리는 데 도움이 될 것 같았다. 그것은 퀴퀴한 냄새가 나는 통상적인 단서들을 뛰어넘어 옛날 사람들이 실제로 체험한 경험—단지 그들이 '무엇'을 맛보았느냐뿐만 아니라, '어떻게' 맛보고 느꼈는지까지—을 들여다봄으로써 문명이 인간성을 어떻게 변화시켰는지 설명하는 데에도 도움을 줄 것 같았다.

1999년, 맥거번은 터키의 미다스 왕 무덤에서 발견된 성분들을 가지고 고대의 술을 재현하기 위해 델라웨어 주 밀턴에서 도그피시헤드 크래프트 브루어리를 세운 샘 캘러지오니 Sam Calagione 와 한 팀이 되었다. 캘러지오니는 자신이 초기에 만든 크래프트 맥주와 거기에 들어간 상식 밖의 성분들, 즉 노간주나무 열매, 치커리, 감초 뿌리 등을 비난한 반대자들 때문에 이 일을 하고 싶은 충동을 느꼈다. 그는 "소위 순수주의자들, 나는 엘리트주의자들이고 부르고 싶지만, 중에서 많은 사람들이 '당신은 양조의 역사를 망치고 있어!'라고 말했지요"라고 말했다. 캘러지오니는 그 역사를 조사하다가 현대적인 맥주 제조법이 1516년에 제정된 라인하이츠게보트 Reinheitsgebot , 즉 '맥주 순수령'이라는 바이에른의 법에서 유래했다는 사실을 발견했다. 이 법은 맥주에 들어가는 성분은 물과 보리, 홉 — 여기에 더해 16세기에는 그 정체가 알려지지 않았던 효모 — 외에 어떤 것도 있어서는 안 된다고 규정했다. 이 법은 지금도 독일에서 적용되고 있는데, 다만 수입 맥주는 예외를 인정한다.

캘러지오니는 맥주 순수령 이전 시대의 잃어버린 양조 전통을 되찾는 일에 나섰다. 맥거번을 만났을 때 그는 "나는 우리가 마음이 맞는 사람이라는 사실을 한눈에 알아보았어요"라고 말했다. 두 사람은 함께 미다스 왕의 양조 맥주 성분들을 찾아내려고 노력했다. 타헨켓^{Ta} ^{Henket}이라는 3000년 전의 이집트 맥주를 만들기 위해 캘러지오니는 이 집트의 대추야자 농장에서 설탕을 섞은 페트리 접시●를 설치하여 공중에 날아다니는 효모를 붙잡았다. 그리고 효모의 기원을 확인하기 위해 그 DNA 지도를 분석했고, 파라오 시대에 사용되던 효모의 후손으로 생각되는 계통을 배양했다. 캘러지오니는 고대 페루의 옥수수 에일을 만들 때에는 침으로 녹말을 당으로 분해하기 위해 나흘 동안 옥수수 알을 씹기도 했다.

자후의 술을 만드는 일에 뛰어들었을 때, 맥거번과 캘러지오니가 손에 지닌 것이라곤 처음의 화학적 분석에서 얻은 성분 후보 명단밖에 없었고, 그 양이나 만드는 방법 같은 것은 전혀 없었다. 자후 주민은 비축하고 있던 쌀 외에 나머지 재료는 근처의 숲이나 산비탈에서 채취했다. 하지만 9000년이라는 시간이 지난 지금 맥거번과 캘러지오니는 임시방편에 의존할 수밖에 없었다. 중국 포도를 쓰면 좋겠지만, 미국에서는 구하기가 쉽지 않았다. 시큼털털한 산사자도 마찬가지였다. 할 수 없이 자후의 장인들이 사용한 야생 유라시아 포도와 유전적으로 비슷한 머스캣 포도 통조림으로 만족할 수밖에 없었다. 산사자 가루는 23킬로그램짜리 자루에 든 것을 중국에서 수입할 수 있었다.

자후 주민은 쌀을 재배하여 나름의 방식으로 가공해 사용했다. 이

●세균 배양 등을 위해 쓰는, 둥글넓적한 접시.

것은 오늘날의 현미(가공하지 않은 쌀)나 백미(현대 기술로 가공한)는 그 당시의 술을 재현하기에 적합하지 않다는 걸 뜻한다. 그래서 맥거번은 도그피시헤드 팀과 함께 겨와 겉껍질이 약간 붙어 있는 상태로 미리 조리한 쌀을 사용했다. 마지막으로, 발효를 일으키기 위해 쌀의 녹말을 효모가 대사할 수 있는 당으로 분해해야 했다. 이를 위해 그들은 아시아 요리에서 사용하는 '누룩'을 쓰기로 했다. 누룩은 술을 만들 때 사용하는 발효제로, 밀이나 쌀에 누룩곰팡이 *Aspergillus oryzae* 를 번식시켜 만든다. 이것 역시 편법이었는데, 자후 주민은 더 원시적인 방법—필요한 효소들이 들어 있는 침—을 사용했을 것이기 때문이다. 3주일에 걸친 양조 과정 끝에 그들은 '샤토 자후 *Chateau Jiahu* '라고 이름 붙인 술을 만들었다. 맥거번은 그 술이 맛있었다. 거품이 일었고, 맛이 풍부했으며, 음울한 분위기를 풍겼다(그는 또한 그 술이 중국 음식과 이상적으로 잘 어울린다고 결론 내렸다). 나도 직접 그 맛을 보았다. 꿀 때문에 부드러운 맛이 나다가 잠시 후 쓴 뒷맛이 느껴지기 시작했다. 그러자 여름날 저녁의 마을 모습이 눈앞에 떠올랐다. 해가 뉘엿뉘엿 서산으로 넘어가는 가운데 사람들이 논밭과 돼지를 돌보고, 마당에서는 작은 모닥불이 피어오르는 풍경이. 어쩌면 거기다가 피리 소리까지 들려올지 모른다.

역사를 통해 굶주린 미생물은 익어가는 열매와 꿀뿐만 아니라 많은 음식물을 발효시키면서 온갖 종류의 요리 실험을 했다. 그중 하나는 자후 마을이 들어서기 수천 년 전에 거기서 6400여 킬로미터 떨어진, 오늘날의 터키와 이란에 걸쳐 있는 산맥에서 일어났다. 그것은 아마도 이런 식으로 일어났을 것이다. 달개집 그늘에서 한 목자가 일어섰다. 아침 햇살 사이로 저 아래 산기슭을 거니는 염소 떼가 보였다. 그는 나뭇가지를 엮어 만든 우리로 걸어갔다. 그 우리에는 얼마 전에 그가 잡은 암컷 오록스aurochs — 지금은 멸종한 야생 소- 와 그 새끼가 있었다. 오록스는 성질이 사나웠지만, 이 암컷은 그가 본 오록스 중에서 가장 얌전했고, 그래서 약간의 노력만으로 길들이고 번식시킬 수 있었다. 그는 오록스의 젖통을 잡고 젖을 짜 점토 항아리에 담았다. 우유를 먹으면 구역질이 났지만, 하루 이틀 방치해 덩어리로 굳은 커드curd — 가장 단순한 형태의 치즈—는 먹어도 아무 탈이 없었다.

거대한 근육질 덩어리인 오록스는 거부하기 힘든 식량 공급원이었고, 그 무렵에 목자들은 염소와 양 떼를 다루는 경험을 오랫동안 축적한 상태였다. 하지만 염소와 양은 둘 다 온순한 동물이다. 야생 염소는 심지어 산악 지역의 동굴을 보금자리로 삼아 살아갔기 때문에, 우리에 갇혀 살아가더라도 큰 불편을 느끼지 않았다. 반면에 오록스는 거칠고 성질이 사납고 예측하기 어려웠다. 그래서 오록스를 사로잡아 번식시킨다는 것은 거의 불가능에 가까웠다.

파리에 있는 프랑스국립과학연구센터의 루트 볼롱기노Ruth Bollongino가

이끄는 과학자들은 현대 소의 DNA와 화석에서 채취한 먼 옛날 야생소의 DNA를 비교했다. 그리고 오늘날 살아 있는 소는 모두 80여 마리의 야생 소에서 유래했으며, 최초의 가축화는 아마도 유라시아 산맥의 한 장소—어쩌면 두 장소—에서 많은 세대에 걸친 야심만만한 혹은 고집스러운 계획을 통해 일어났을 것이라고 결론 내렸다.❷ 이들은 DNA 증거를 소 사육에 관한 고고학적 증거와 비교함으로써 가축화가 성공을 거두기까지 약 2000년이 걸렸을 거라고 추정했다. 다양한 종류의 치즈 중에서 세계적으로 압도적인 비율을 차지하는 유제품 치즈는 인간의 유전자와 생물학과 미각을 바꾸어놓은 이 힘든 과정을 통해 탄생했다.

소가 가축화되기 전에는 성인 인간은 거의 다 모든 포유류의 젖 속에 풍부하게 들어 있는 당인 젖당을 소화하는 능력이 없었다. 어린이의 몸에서는 젖당 분해 효소(락타아제)가 만들어지지만, 나이가 들면 이 능력을 잃는다. 이것은 젖을 뗀 포유류에게 흔히 일어나는 일이다. 그래서 어미의 젖을 다시 빨고 싶은 유혹이 사라진다. 젖당못견딤증이 있는 사람이 우유를 마시면 배에 가스가 차거나 설사를 하는 등의 부작용이 나타난다. 선사 시대의 목축업자들은 막대한 영양 자원을 손에 쥐고 있으면서도 오직 어린이만 그것을 이용할 수 있다는 사실에 아쉬움을 금치 못했다.

그런데 우유를 오래 놔두면 막대 모양의 미생물이 젖당을 분해하기 시작한다. 락토바킬루스목은 인체와 우리가 먹는 모든 음식물과 밀접한 관계가 있는 한 세균 목이다. 요구르트를 만드는 데 쓰이는 유산균의 일종인 락토바킬루스 아키도필루스*Lactobacillus acidophilus*는 입과 목, 작은창자, 질에서 발견된다. 같은 목에 속한 여러 종의 연쇄상 구균*Streptococcus*은 패혈성 인두염과 폐렴의 원인이 되며, 다른 종들은 치즈를 만드는 데 쓰인다. 상한 우유는 젖당이 이미 분해되기 시작했기 때문에 본질적으로는 부분 소화된 것이다. 이 발견은 우리 조상에게 영양학적으로 횡재에 해당하는 것을 선사했는데, 우유를 마실 수 없는 사람도 세균의 처리 과정을 거친 커드 덩이는 아무 탈 없이 먹을 수 있었기 때문이다.

소는 양이나 염소보다 우유를 훨씬 많이 생산한다. 약 1만 년 전에 소의 가축화 노력이 마침내 결실을 맺기 시작하자—몇 세대에 걸쳐 육종가들이 고독하게 오록스 품종 개량 실험을 한 끝에—목축업자들은 양과 염소 대신에 소를 기르기 시작했다. 목축업이 유럽에서 서쪽과 북쪽으로 크게 퍼져갔고, 그와 함께 젖당을 분해하는 유전자도 사람들 사이에 퍼져갔다.⓭ 여기서 양성 피드백 고리가 생겨났는데, 우유와 치즈를 소비할 수 있는 사람은 낙농업 사회에서 살아가는 데 훨씬 유리했고, 우유와 치즈를 소비하는 사람이 늘자 낙농업이 더욱 성장했다. 오늘날 북유럽 사람들 중 젖당못견딤증이 있는 사람의 비율은 겨우 5퍼센트 정도밖에 되지 않는다. 낙농업이 뿌리를 내린 적이 없는 서아프리카와 아시아 일부 지역에서는 대부분의 사람들에게 젖당못견딤증이 있다.

낙농업자들이 우유를 저장하기 위한 용기를 만들고 우유를 처리하는 도구를 만들면서 기술이 발전했다. 과학자들은 터키의 아나톨리아 북서부 지역에서 발굴된 8500~7000년 전의❶ 토기 조각에서 유지乳脂의 탄소 흔적을 발견했고, 거기서 약 2400킬로미터 떨어진 폴란드의 쿠야비에서는 커드와 유장乳漿●을 분리하는 데❶ 쓴 점토 여과기를 발견했는데, 이것 역시 비슷한 시기에 만들어진 것이다.

먼 옛날의 목축업자들은 시큼하고 덩어리진 치즈를 부드럽게 하기 위해 레몬 즙이나 식초를 집어넣어 발효를 촉진하거나 소금물에 치즈를 절였을 것이다. 상한 우유가 든 용기를 불 위에 올려놓고 열로 커드를 농축시켰을 수도 있다. 이 과정들에서 시간과 열, 습도의 균형을 변화시키면, 어떤 치즈는 시큼하게 변했고, 어떤 치즈는 부드러운 크림처럼 변했으며, 어떤 치즈는 치밀하고 톡 쏘는 맛으로 변했다. 그런가 하면 어떤 치즈는 고약한 땀 냄새가 났다.

동물의 위를 용기로 사용한 선사 시대의 목축업자들은 자신들이 마시려고 가져온 우유가 이미 굳어 있는 걸 자주 발견했을 것이다. 그 촉매는 레닛rennet인데, 양과 염소의 소화계에서 발견되고 효소를 풍부하게 포함한 강력한 응고제이다. 레닛은 젖이 작은창자로 들어가는

● 젖 성분에서 단백질과 지방 성분을 빼고 남은 맑은 액체.

속도를 늦춤으로써 양과 염소가 젖을 소화하는 일을 돕는다. 레닛은 우유에 포함된 카세인이라는 단백질을 공격하는데, 카세인은 길고 구불구불한 분자들이 결합해 느슨한 방수성 구체를 이루고 있다. 우유가 분해되면 이 구체들은 서로 들러붙어 뭉치기 시작한다.[16] 치즈가 만들어질 때 레닛은 고체의 견고함을 만들어내는 역할을 한다. 젖산균만 가지고 만든 치즈는 곤죽 같거나 잘 바스러지는 성질이 있는 반면, 체다 치즈, 스위스 치즈, 하우다 치즈 같은 레닛 치즈는 단단하다. 레닛은 또한 분해된 카세인을 추가로 제공하는데, 락토바킬루스 세균은 이것을 대사하여 향미로 변화시킨다. 지난 2000여 년 동안 더 많은 미생물이 이 배합에 추가되었는데, 처음에는 대부분 우연히 추가되었다. 치즈에는 자연적으로 곰팡이가 번식한다. 사람들은 일부 곰팡이가 맛을 높인다는 사실을 알고서 그것을 이용하는 방법을 발견했다. 그중 하나는 블루치즈를 만드는 데 쓰이는 페니실리움 로크포르티Penicillium roqueforti인데, 이것은 치즈가 숙성할 때 지방을 분해하는 효소인 리파아제를 만들어 톡 쏘는 맛과 청록색 마블링을 빚어낸다.[17]

새로운 이 미생물들을 사용한 기술은 사실상 옛날의 생명공학이라고 할 수 있다. 빵 효모와 달리 일부 미생물은 자연 상태 그대로는 임무를 수행하기에 적합하지 않았다. 즉, 적절히 길들일 필요가 있었다. 밴더빌트 대학교의 생물학자 안토니스 로카스Antonis Rokas는 "우리는 털이 많은 양, 근육이 많은 소, 큰 열매가 열리는 식물을 선택합니다. 식품의 경우에도 와인, 치즈, 요구르트 등은 모두 인간이 길들인 미생물을 사용합니다. 하지만 우리는 동물과 식물에 대해서는 많이 아는 반면, 미생물을 가지고 한 일에 대해서는 잘 알지 못합니다"라고 말한다.

샤토 자후를 만드는 데 쓰인 누룩곰팡이는 균사菌絲라고 부르는 섬세한 황록색 실을 만드는데, 이것은 눈에 보이진 않지만 때로는 솜털처럼 보이는 포자로 덮여 있다. 누룩곰팡이는 녹말을 당으로 분해하는데, 그러면 빵 효모가 당을 알코올로 변화시킨다. 연이어 일어나는 이 두 가지 반응의 조합은 다양하게 변형된 형태로 오늘날 맥주, 사케, 위스키를 포함해 곡물로 만드는 모든 종류의 술에 쓰이고 있다. 콩에서 발효시킨 누룩곰팡이는 간장, 된장을 비롯해 여러 가지 음식물을 만드는 데 쓰인다. 일본의 슈퍼마켓에서는 누룩곰팡이를 밀봉한 비닐봉지에 넣어 판매한다. 로카스는 누룩곰팡이*Aspergillus oryzae* 유전체(2005년에 일본 과학자들이 그 염기 서열을 밝혀낸)를 가장 가까운 야생 친척 종❶인 아스페르길루스 플라부스*Aspergillus flavus* 유전체와 비교해 보았다. 이것은 개가 어떻게 개가 되었는지 이해하기 위해 코커스패니얼의 유전자와 해부학적 구조와 행동을 늑대와 비교하는 것과 비슷하다.

아스페르길루스 플라부스는 농업이 낳은 해로운 부산물인데, 간암, 급성 간염, 면역계 손상 등을 초래하는 독소인 아플라톡신의 원천이다. 이 두 곰팡이 종이 공유하는 유전자는 99.5퍼센트나 된다. DNA

증거에 따르면, 누룩곰팡이는 약 4000년 전에 동아시아의 일부 주민이 아스페르길루스 플라부스를 길들인 단 한 번의 사건에서 유래한 것으로 보인다.

개가 친화성과 충성심 때문에 선택되어 사육된 것처럼 누룩곰팡이는 향미 때문에 선택되었다. 첫번째 단서는 누룩곰팡이의 일관성에 있다. 아스페르길루스 플라부스의 DNA는 배양한 용기에 따라 큰 차이가 난다. 심지어 독성이 없는 플라부스도 일부 있다. 양조를 개척한 옛날 사람들은 아마도 이 계통을 선택했을 것이다(만약 다른 계통을 선택했다면 사람들을 아프게 했을 것이다). 하지만 누룩곰팡이 계통은 모두 유전적으로 비슷하며, 녹말을 분해하여 향미가 좋은 부산물을 만드는 데 효율적이다. 한 유전자에는 글루탐산 분해 효소glutaminase를 만드는 지시가 들어 있는데, 이 효소는 감칠맛의 활성 성분을 만드는 데 도움을 준다. 9개의 유전자로 이루어진 집단은 생강, 재스민, 레몬그라스에 포함된 화합물인 세스퀴테르펜sesquiterpene을 만드는데, 이 화합물은 좋은 향기를 만들어낸다. 오늘날 식품 회사들은 이들 분자로 이루어진 여러 가지 화합물을 제조해 사용하고 있다.

발효에서 새로 생겨난 향미 분자들은 옛날 사람들의 맛과 냄새 감각을 크게 자극했다. 향미의 위력은 몸과 뇌에서 서로 다른 계들에 속한 감각들 사이에 만들어지는 시너지 효과에서 나온다. 즉, 부분들을 합친 전체가 부분들을 단순히 모아놓은 것보다 더 효과가 큰 결과를 빚어낸다. 특히 발효 식품은 이 효과를 증폭시킨다. 프랑스의 미식가이자 혁명가였던 장 앙텔름 브리야사바랭^Jean Anthelme Brillat-Savarin은 1825년에 출판된 책 『미식 예찬^Physiologie du goût』(원제는 '미각의 생리학'이란 뜻임)에서 "냄새와 맛은, 그 실험실은 입에 있고 그 굴뚝은 코에 있는 하나의 감각이라고 믿고 싶다"라고 썼다. 이 책은 조리와 감각의 세계들을 두루 여행하면서 불후의 장르를 세웠는데, 요리 수필이라는 장르가 바로 그것이다(브리야사바랭은 또한 "우리가 먹는 것이 곧 우리 자신"이란 유명한 금언도 남겼다). 이 책에서 브리야사바랭은 향미는 정적인 현상이 아니라 과정으로 보는 게 적절하다고 주장했다. 이 과정이 펼쳐짐에 따라 감각들이 활성화되어 — 때로는 각각 별도로, 때로는 함께 — 결국에는 하나로 합쳐진다.

예를 들면, 복숭아를 먹는 사람은 맨 먼저 복숭아가 내뿜는 향에서 기분 좋은 느낌을 받는다. 그리고 한 조각을 입속으로 집어넣으면, 시큼한 신선미를 느끼면서 더 먹고 싶은 충동이 솟구친다. 하지만 입속에 든 것을 코의 통로 아래로 삼키는 순간에 가서야 완전한 향기를 느낄 수 있고, 비로소 복숭아가 주는 느낌을 모두 다 느낄 수 있다. 마지막으로, 복숭아를 삼키고 나서야 그 사람은 방금 경험한 것을 음미하면서 "정말로 맛있구나!" 하고 혼잣말을 하게 된다.[19]

입과 코는 서로 멀리 떨어져 있지 않지만, 구조나 기능 면에서 큰 차이가 있다. 이를 감안하면, 맛과 냄새가 합쳐질 수 있다는 사실이 놀랍다. 지금까지 과학자들이 발견한 기본적인 맛은 다섯 가지뿐이며, 이 맛들은 수십 가지 유전자로 프로그래밍돼 있다. 각각의 맛은 독특하고, 변함이 없으며, 음식물에 복잡하게 섞인 향미들 속에서 즉각 확인할 수 있다. 반면에 냄새는 사실상 무한하다. 독특한 냄새만 해도 100만 가지나 있으며, 400여 종류의 후각 수용기를 통해 감지할 수 있다. 후각 수용기는 방향성 분자들과 결합하여 맛에 관련된 것들보다 훨씬 복잡한 조합을 만들어낸다. 냄새는 또한 훨씬 미묘한 감각이다. 냄새는 향미에 너무나도 자연스럽게 섞여들면서 자신의 정체성을 전체 속에 파묻는다. 이토록 뛰어난 다양성과 뉘앙스의 조합 때문에 냄새는 향미를 이루는 단일 요소 중에서 가장 강력한 요소이다.

인간의 뇌는 냄새와 향기의 흐름 속에서 명확성을 우아하게 찾아낸다. 1974년의 어느 날, 신경생물학자 고든 셰퍼드Gordon Shepherd는 메릴랜드 주의 한 슈퍼마켓에 들러 스트롱 체다 치즈 한 덩이를 샀다. 셰퍼드는 뇌가 향기를 어떻게 해석하는지 알고 싶었는데, 이것은 그 당시만 해도 수수께끼로 남아 있었다. 문제는 고대 그리스 시대부터 죽 그랬던 것처럼 주관적 경험을 분석하기가 어렵다는 데 있었다. 뇌의 살아 있는 신경망 활동은 접근하는 것 자체가 불가능했다. 보통의 X선 장비로는 뇌에서 신호를 발사하는 신경세포나 혈액의 흐름을 포착할 수 없었다. 동물과 사람을 대상으로 가끔 전극을 삽입하기도 했지만, 이 방법은 조야하고 부정확했다.

셰퍼드는 미국국립보건원 동료들과 함께 fMRI 스캔의 전신에 해당하는 새로운 방법을 사용하기 위해 쥐와 토끼에게 방사성 동위원소를 집어넣었다. 방사성 동위원소는 뇌에서 신경세포들이 신호를 발사하는 곳에 가 들러붙었다. 동물이 체다 치즈 냄새를 킁킁 맡자, 후각망울에 정교한 활동 패턴이 나타났다. 실험동물에게는 불행하게도 우리가 이것을 볼 수 있는 방법은 그 뇌를 직접 조사하는 수밖에 없었다. 45분 동안 코를 킁킁댄 뒤에 이 동물들은 모두 안락사를 맞이했고, 과학자들은 그 후각망울 단면들을 X선으로 촬영해 그 필름을 현미경으로 들여다보았다.

각각의 향기는 추상적인 점묘화와 비슷한 독특한 패턴을 만들어냈다. 셰퍼드는 후각이 시각과 비슷한 것이라고 결론 내렸다. 각각의 냄새는 제 나름의 독특한 '이미지'를 만들어냈다. 눈에서 망막은 망막에 와닿는 빛을 뇌에서 신호를 발사하는 신경세포들의 패턴으로 전환시키는데, 이것을 우리는 이미지(상)로 경험한다. 후각망울은 냄새와 향기를 다른 종류의 패턴으로 암호화하는데, 이것을 우리는 냄새나 향미의 일부로 경험한다. 뇌는 대비 효과를 추가하면서 이 냄새 이미지를 더 개선하여 워싱턴 기념비나 〈모나리자〉처럼 나름의 방식으로 인식할 수 있는 분명한 패턴을 만들어낸다.

향기, 특히 발효 음식의 복잡한 향미에 포함된 향기는 즉각 인식할 수 있지만, 정확하게 묘사하기가 어렵다. 대신에 '커피 냄새'나 '연기 냄새'처럼 다른 것에 비유해 묘사할 때가 많다. 이 점에서 향기는 얼굴과 아주 비슷하다. 셰퍼드는 "우리는 얼굴을 아주 잘 인식하지만, 말로 묘사하는 데에는 아주 서툴다. 냄새 역시 우리가 의식하지 못하는 불규칙한 패턴이지만, 뇌는 그것을 묘사하는 언어 이면에 있는 인지 과정에 연결해야만 한다. 음악 악절도 그것을 듣고 나서 묘사하기가 어렵다"라고 말했다.

치즈에서 일어나는 미생물의 활발한 활동은 알코올, 산, 알데히드, 에스테르, 황 화합물 등 온갖 화학 물질을 남긴다. 많은 화학 물질은 증발하는 물이나 알코올 분자에 들러붙어 공기 중에 떠다니면서 좋은 기억을 떠올리는 향기를 풍긴다. 카망베르 치즈에 들어 있는 물질인 아세트알데히드는 톡 쏘면서 견과와 요구르트 비슷한 향미를 만들어낸다. 하우다 치즈에 들어 있는 2-메틸프로파날이란 화합물은 초콜릿 맛이 약간 섞인 엿기름과 바나나 향미가 난다. 한편, 부티르산(하우다 치즈와 체다 치즈에 들어 있는)은 전형적인 치즈 냄새와 땀 냄새와 썩은 내를 풍긴다. 메티오날(체다 치즈에 들어 있는)은 조리한 감자와 고기와 황을 연상시키는 냄새를 풍긴다.[20]

이러한 향기 이미지는 신경계에 섬세한 경험의 초상화로 새겨진 뒤에 기억(해마)과 의사 결정(안와전두피질)을 담당하는 뇌 부분으로 전송된다. 다시 말해서, 냄새는 문자 그대로 과거와 현재를 연결한다. 냄새는 주변 환경에 대한 지도를 만들고 뇌의 진화를 추진하는 오래된 역할 때문에 감각 중에서 유일하게 그 수용기가 이 구조들로 직접 연결돼 있는데, 이 구조들과 바깥 세계 사이에는 단 2개의 시냅스만 존재할 뿐이다. 이 때문에 냄새는 직접성과 즉각적 맥락이라는 속성을 지니는데, 낯익은 냄새가 조금만 나도 수많은 기억과 감정이 떠오를 수 있다.

마르셀 프루스트의 『잃어버린 시간을 찾아서』에서 화자가 차에 적신 마들렌을 한입 깨무는 순간, 그는 어린 시절에 살았던 마을 콩브레로 돌아간다.

하지만 사람들도 죽고, 사물들도 부서져서 흩어지고, 머나먼 과거에서 아무것도 남지 않았을 때, 더 연약하지만 더 오래 지속되고 더 비실체적이고 더 끈질기고 더 충실한 맛과 냄새만이 오랫동안 차분하게 남는다. 마치 영혼처럼 나머지 모든 것이 널려 있는 폐허 사이에서 기억하고 기다리고 기대하면서. 그리고 거의 손으로 만질 수 없는 그 정수의 작은 방울 속에 기억의 방대한 구조를 당당하게 담고 있다.

셰퍼드와 그 딸인 옥스퍼드 대학의 영어 교수 커스틴 셰퍼드바[Kirsten

Shepherd-Barr는 자신들의 재능을 합쳐 프루스트의 작품에서 화자의 뇌에 일어나는 일을 탐구하기로 했다. 그들은 마들렌이 향미의 이상적인 운반 수단이라고 썼다. 차의 증기는 휘발성 향기 화합물을 비후鼻後 통로를 통해 후각 수용기들이 있는 후각 상피로 실어나른다. 바닐라나 레몬 향료는 그 독특한 분자 모양으로 어린 시절의 한 기억 조각을 떠오르게 할 수 있다. 그러면 뇌는 그 기억 조각을 바탕으로 전체 기억을 불러올 수 있다. 이러한 신경 구조는 향미를 유연하고 융통성 있게 만드는 데 도움을 준다. 음식은 기억과 감정으로 기록된다. 그 반대도 마찬가지다. 축적된 기억은 되돌아와 현재의 향미 지각에 영향을 미친다. 이것은 향미가 계속 진화하는 한 가지 방법이다.[21]

후각과 달리 미각은 존재론적 성격에 비해 감정적 성격이 더 약하다. 맛이 불러일으키는 원초적인 소망과 혐오감은 기본적인 생존 반응이다. 미각 수용기에서 출발한 신호는 뇌 구조에서 가장 오래된 부분들, 즉 본능과 충동이 일어나는 부분들을 지나간다. 신호가 신피질에 이르면 뇌섬엽이 신호를 처리하는데, 뇌섬엽에는 신경세포들이 짠맛, 단맛, 신맛, 쓴맛, 감칠맛에 반응해 신호를 발사하는 지역들이 각각 따로 있다.[22] 뇌섬엽은 눈에 잘 띄지 않는다. 각각의 반구에서 뇌섬엽은 덮개인 조직층 아래에 숨겨져 있으며, 이마 쪽에 있는 뇌의 피질 껍질로 밀려 들어가 있다. 하지만 fMRI 연구에 따르면, 많은 일을 할 때 뇌섬엽은 뇌의 활동 네트워크 중 중요한 노드node에서 반복적으로 활성화된다. 뇌섬엽은 경험 자체의 전반적인 분위기를 형성하는 데 영향을 미치는 것처럼 보인다.

뇌섬엽은 신체의 내부 상태와 외부 환경을 분류하고 평가하고 의식으로 전달하는 일이 일어나는 곳으로 보인다. 뇌섬엽은 맛뿐만 아니라 갈증이나 성적 흥분, 온도, 운동에서 비롯된 대사 및 심장혈관 스트레스, 화장실에 가야 할 필요 등 신체 상태에 관한 메시지들도 처리한다. 뇌섬엽은 거울에서 자신의 얼굴과 다른 사람의 얼굴 또는 마구 뒤섞어놓은 이미지를 구별하는 능력, 음악의 리듬을 맞추는 일, 슬픔·행복·신뢰·공감·아름다움·'신과 합일되는 상태'와 같은 감정을 처리하는 일을 포함해 지각과 관련된 과제들을 수행하는 일도 돕는다. 뇌섬엽은 우리가 박자를 맞추거나 조금씩 일부 모습이 공개되는 이미지를 인식하거나 선택을 하는 것과 같은 복잡한 과제를 수행할 때 활성화된다. 다시 말해서, 뇌섬엽은 현재의 특별하고 계속 변하는 속성을 만들어내는 일을 돕는다.[23]

맛과 냄새가 결합해 향미를 이루는 것은 훌륭한 결혼과 비슷하다. 맛과 냄새의 차이는 아주 크지만, 각각은 상호 보완적인 장점과 약점을 지니고 있다. 뇌를 지나가는 이 두 감각의 경로는—나머지 모든 감각의 경로와 함께—안와(눈구멍) 위에 위치한 안와전두피질에서 합쳐진다. 사람은 몸 크기와 비교한 안와전두피질의 크기가 어떤 동물보다도 크다. 이것은 호모 사피엔스의 출현과 함께 나타난 진화적으로 아주 중요한 개선 중 하나였다. 향미는 정교한 인지적 책임(여기에는 의사 결정도 포함된다)중 하나에 지나지 않는다. 향미는 뇌의 음식 비평가에 해당하고, 감정과 판단을 지배하는 지역들과 연결돼 있으며, 해부학적으로 즐거움과 혐오감을 처리하도록 설계돼 있다.❷❹ 가운데에서 밖으로 갈수록 즐거움에 민감한 그 신경세포들은 차차 불쾌감에 민감한 신경세포들로 대체된다. 이것은 우리가 가장 좋아하는 음식이나 가장 싫어하는 음식의 순위를 매기는 경향을 설명해준다. 우리 뇌는 실제로 그런 식으로 조직돼 있다.

하지만 향미 지각에서 핵심은 안와전두피질이 감각들을, 그리고 그와 함께 향미의 모든 요소들을 서로 엮어 짜는 방식에 있다. 그래서 우리는 각각의 식품을 이루는 독특한 맛과 냄새의 긴 명단 대신에 다크초콜릿과 구운 생선, 압생트를 그대로 지각한다. 개개의 맛과 향기가 함께 어우러져 작용하면서 서로를 보강하여 새로운 맛과 향기가 된다.

이 과정에서 감칠맛이 특별한 역할을 한다. 조리와 보존과 발효 과정에서 감칠맛이 다량 나오는데, 구운 고기와 치즈, 토마토, 피클, 특히 간장과 된장 같은 아시아 음식에서는 감칠맛이 큰 비중을 차지한다. 감칠맛은 글루탐산염 — 글루탐산은 단백질을 이루는 기본 요소인

아미노산의 한 종류이다―을 감지한다(단맛이 당의 맛이듯이 감칠맛
은 흔히 '단백질 맛'이라고 이야기한다. 하지만 감칠맛의 정확한 목적이
무엇인지는 불분명하다. 자연에서 단백질은 주로 젖과 생고기에서 발
견되는데, 이것들은 맛이 아주 좋진 않다). 문명의 새로운 식품에서 감
칠맛이 급증한 것은 맛뿐만 아니라 영양 면에서도 예상 밖의 노다지
였다. 글루탐산염은 소화를 위한 연료를 제공하고, 뇌에서 신경세포
들이 신호를 발사할 수 있게 해준다. 임신부의 경우, 태반은 글루탐산
염을 에너지원으로 사용한다. 감칠맛 수용기는 단지 혀뿐만 아니라
작은창자 벽에도 분포하고 있다. 여분의 글루탐산염은 소화와 영양분
흡수를 자극한다.

　감칠맛을 일본 말로는 우마미旨味라고 하는데, '맛있는'과 '맛'이란
뜻의 글자를 조합해 만든 단어이다.● 감칠맛이란 단어는 음식에서 느
끼는 경이로움과 만족감을 잘 전달한다. 순수한 글루탐산염이 녹아
있는 용액을 한 모금 마셔보면, 실제로는 아무 맛도 느낄 수 없다. 하
지만 다른 향미와 결합하면 감칠맛의 위력이 살아나는데, 뇌 스캔은
감칠맛이 대체로 당이 촉발하는 것과 비슷한 뇌 활동 패턴을 촉발한
다는 것을 보여준다. 나머지 네 가지 맛은 거리낌 없이 자신을 내세우
지만, 감칠맛은 다른 방향으로 작용하면서 다른 맛을 최대한 살리도

● 1908년에 이케다 기쿠나에池田菊苗가 다시마에서 새로운 맛을 내는 물질을 발견하여 이 이름을 붙
였다.

록 돕는다. 그것은 마치 커튼 뒤에서 거대한 쇼를 펼치는 오즈의 마법사와 같다.

옥스퍼드 대학교의 두 신경과학자 에드먼드 롤스[Edmund Rolls]와 클래라 매케이브[Clara McCabe]는 2007년에 실험을 통해 이 현상을 탐구했다. 그들은 자원자 12명에게 감칠맛 칵테일(글루탐산나트륨에 MSG의 효과를 높이는 두번째 물질인 이노신 5'-인산염을 섞은 것)과 야채 향기를 맛보게 했다. 따로 맛보거나 냄새를 맡으면 그 음료와 향기는 불쾌한 느낌을 주었다. 하지만 둘을 합친 맛은 아주 좋았다. 이 흥미로운 효과를 지도로 나타내기 위해 롤스와 매케이브는 자원자들이 실험을 하는 동안 fMRI 촬영을 했다. 그 감칠맛과 향기의 조합은 각각의 효과를 단순히 더했을 때 예상되는 것보다 안와전두피질의 신경세포들을 훨씬 더 많이, 그리고 더 오랫동안 점화시켰다. 감칠맛은 냄새와 함께 작용하면서 훨씬 강력한 새 감각을 만들어냈다.[25]

이 결과는 치킨 수프나 피자 맛이 왜 그토록 맛있는지 근본적인 설명을 제공한다. 그것은 감칠맛이 폭발적으로 즐거운 느낌을 더해주면서 맛과 냄새를 결합하여 그 향미를 높이기 때문이다. 파르메산 치즈를 스파게티에 뿌렸을 때, 그것이 스파게티의 향미를 어떻게 높이는지 생각해보라. 그것은 선명하고 강력한 맛을 총천연색으로 폭발시키는 효과를 빚어낸다. 치즈나 발효한 콩을 맛본 옛날 사람들에게 이 효과는 일종의 계시처럼 다가왔을 것이다.

음료도 맛과 냄새를 강렬하게 융합한다. 모든 술에 포함된 알코올인 에탄올은 문란한 분자이다. 에탄올은 뇌의 미각계, 후각계, 촉각계에 모두 동시에 영향을 미친다. 이것들이 합쳐져서 기분에 강력한 효과를 미친다. 와인이나 맥주 또는 버번을 한 모금 마시면, 알코올이 단맛과 쓴맛 수용기 그리고 열 감지 수용기(고추에서 화끈거리는 느낌을 촉발하는)에 들러붙는다. 알코올의 강도에 따라 이런 감각 중 어느 하나가 두드러지게 나타날 수 있다. 알코올 농도가 10퍼센트 이하일 때에는 알코올이 약한 단맛 감각을 불러일으키고, 뇌는 당을 섭취했을 때와 같은 반응을 보인다.[26] 이것은 놀라운 일이 아닌데, 당을 먹고 사는 효모는 에탄올을 만들어내기 때문이다. 여기에는 유전자의 영향도 작용한다. 단것을 아주 좋아하는 집안 내력이 있는 사람들은 술을 더 많이 마시는 경향이 있다.

하지만 알코올 도수가 높은 술을 마시면, 쓴맛과 화끈거리는 느낌이 단맛을 압도하는데, 40퍼센트 또는 그 이상으로 농축된 보드카나 테킬라 같은 증류주가 아주 강하게 톡 쏘는 맛이 나는 것은 이 때문이다. 쾌감과 불쾌감이 대립적으로 뒤섞인 이 느낌 때문에 한 잔을 목구멍으로 넘기면 아주 상쾌한 기분이 든다.[27] 에탄올 분자는 증발하면서 콧속으로 스며들어 후각 수용기에 들러붙는데, 압생트를 냄새만 맡아도 정신이 확 깨는 듯한 상쾌한 기분이 드는 이유는 이 때문이다.

에탄올 자체는 향미가 없는 편이다. 에탄올은 발효에서 생겨나는 다른 부산물들을 떠받치는 비계 역할을 한다. 부산물 중 일부는 맛봉오리를 자극하는데, 일부는 냄새를 통해 작용한다. 자후의 술에는 산과 쓴 화합물이 들어 있어 단맛과 균형을 이룬다. 포도 껍질에 들어 있는 물질인 타닌은 입술을 오므라들게 하는 특유의 느낌을 주며, 혀에 있는 단백질에 들러붙어 침의 조성을 변화시킨다. 과학은 이들 향미 화합물이 어떻게 작용하는지 대략적인 것만 알고 있다. 잠깐 동안만 존재하는 분자들과 향미 사이의 연결 관계를 추적하는 것은 아주 어렵다. 카베르네 포도에 들어 있는 메톡시피라진이라는 향기 분자들은 피망 비슷한 신선한 야채 향기를 내놓는다.[28]

맛과 냄새는 아주 자연스럽게 합쳐져 향미를 이루기 때문에, 두 감각은 서로 구별할 수 없을 정도로 합쳐진다. 심지어 뇌는 감각들을 뒤섞기까지 한다. 그 결과, 우리 마음에서는 냄새가 맛이 된다. 향료로 쓰이는 바닐라 냄새를 우리는 대개 단맛으로 인식한다. 한 연구에서는[29] 다수의 자원자들이 딸기와 바나나 향 식품 첨가제인 아세트산아밀의 냄새를 단맛이라고 묘사했다. 식품 제조업체들은 설탕을 사용하지 않고 단맛을 내기 위해 흔히 이러한 향기 에센스를 음료에 첨가한다. 이것은 지각의 속임수를 이용하는 것인데, 냄새에서는 단맛이 날 수 없기 때문이다. 단맛은 오로지 혀에 있는 수용기만 감지할 수 있는 미각이다. 그런데 뇌는 코가 맛을 느끼고 혀가 냄새를 맡는 감각—혹은 둘 다―을 만들어낸다.

이럴 때 어떤 일이 일어나는 것일까? 이러한 감각 혼동은 한때 천재성 또는 광기의 징후로 간주되었던 신경학적 상태인 공감각共感覺과 비슷하다. 향미는 심지어 공감각의 한 형태일지도 모른다. 공감각자의 뇌에서는 한 감각이 그것과 관련이 없어 보이는 딴 감각을 촉발시킨다. 전체 인구 중 1~2퍼센트는 가장 보편적인 형태의 공감각 능력이 있는데, 이들은 단어나 기호를 보거나 들을 때 그 색을 본다.❸⓿ 맛이나 냄새에 관련된 공감각은 비교적 드문 편이다. 100여 년 전에 한 남성이 음식을 먹을 때 혀와 입 안쪽에서 색이 나타나는 것을 느낀 사례가 있다. 더 최근의 사례에서는 한 남성이 음식을 먹을 때 그 향미들이 3차원 기하학적 형태로 나타나는 걸 느꼈다. 그는 그것들을 눈으로 보고, 그 윤곽을 손으로 만지며 느낄 수 있었다. 시간이 지나면서 맛의 느낌이 변하자 기하학적 형태도 따라서 변했다.

2003년, 유니버시티칼리지런던의 제이미 워드Jamie Ward와 에든버러 대학교의 줄리아 심너Julia Simner는 희귀한 형태의 공감각 능력이 있는 중년의 영국인 사업가를 대상으로 일련의 테스트를 했다. JIW라는 이니셜로만 알려진 이 남성은 여섯 살 무렵부터 특정 단어와 소리를 접하면 입속에서 향미를 느꼈다. 이런 현상은 단어나 소리를 듣거나 말하거나 읽거나 단순히 생각만 해도 일어나 끊임없는 불안의 원인이 되었는데, 책을 읽거나 회의를 할 때 집중하기가 어려웠기 때문이다. 가끔은 먼저 나타난 향미가 새로운 단어-맛이 나타나 그것을 대체할 때까지 하염없이 혀에 머물기도 했다. 꿈도 맛에 관한 내용으로 가득 찼다.

JIW의 뇌가 소리와 향미를 혼합하는 방식은 더 보편적인 맛과 냄새의 혼동과 대략 비슷하다. 과학자들은 그의 감각을 추적해 두 감각 사이의 연결을 분리할 수 있으리라는 희망을 품고, 뇌에서 그것이 기원한 지점을 알아내 이러한 감각 혼합의 본질을 파악하려고 했다.

공감각의 작용 방식을 설명하는 주요 이론은 두 가지가 있다. 첫번째 이론은 공감각이 유아기의 잔재라고 말한다. 갓 태어난 아기의 뇌에는 교차 연결이 놀랍도록 많은데, 그래서 아주 어린 시절의 감각 경험은 느낌, 시각, 청각, 촉각, 미각, 후각이 마구 뒤섞여 있다. 시간이 지남에 따라 이러한 과잉 연결은 학습과 경험을 통해 가지치기가 일어나면서 정리된다. 그 결과로 감각들이 각각 독립적으로 작용하는 성숙한 단계에 이른다. 하지만 가끔 비정상적인 연결들이 그대로 남아 유아기의 경험을 계속 반복하게 된다. 그것은 그곳에 남아 있어서는 안 되는 연결 통로이지만, 그렇게 굳어진 채 남게 되었다. 그것은 뇌를 가로지르며 뻗어나가 별개의 두 계를 연결하면서 원치 않는 메시지를 양쪽에 전달한다.

물론 감각들은 이미 한 지점으로 수렴한다. 고급 인지 기능들이 대개는 혼동하는 일 없이 감각들을 합치고 평가하는 일이 일어나는 안와전두피질이 그곳이다. 두번째 이론은 감각 혼동이 이곳에서 일어난다고 주장한다.

이 이론들을 검증하기 위해 워드와 심너는 JIW가 음식을 맛볼 때 연상하는 대상들을 명단으로 만들었다. '이것'이라는 단어는 '토마토 수프에 적신 빵' 맛이 났다. '안전'은 '버터를 얇게 바른 토스트' 맛을, '필립'이란 이름은 '완전히 익지 않은 오렌지' 맛을 불러일으켰다. 이러한 연상은 처음에는 무작위적인 것처럼 보였지만, 각각의 단어를 더 작은 소리 단위로 분해하자, 어떤 것은 그 단어의 의미와 연관이 있는 것으로 보이는 맛을 촉발시켰다. '파란색'은 '잉크 같은' 향미를, '버지니아'는 식초 맛을 느끼게 했다. '인간의'란 뜻의 'human'은 구운 콩 맛을 연상시켰는데, 아마도 그 뒤에 생략된 'being'이란 단어 때문일지도 모른다.● '양배추' '양파' '대황'을 포함한 44개의 단어는 각각의 단어가 묘사하는 향미를 불러일으켰다.㉛

이 결과는 적어도 JIW의 경우에는 두번째 이론이 옳음을 시사한다. 단어는 추상적 지식의 한 형태이며, 그 소리뿐만 아니라 그 의미도 JIW의 뇌에서 향미를 촉발시켰다. 이것은 인지 기능과 언어, 미각, 후각 사이에 교차 연결이 일어났음을 뒷받침하는 증거였다. 이 연결은 유아기 동안에 형성될 수 없었을 테고, JIW가 말을 배운 뒤에야 형성되었을 것이다(비록 왜 그런 일이 일어났는지는 불분명하지만). JIW의

●'콩bean'과 'being'의 발음이 유사하기 때문에 이렇게 말한 것이다.

공감각은 어느 정도는 경험을 통해 형성되고 학습된 것이었다. 이것은 뇌가 서로 다른 맛과 냄새를 어떻게 합치고 혼동하는가 하는 질문에 빛을 비춰준다. 그것은 뇌가 그렇게 하도록 배우기 때문이다. 다양한 감각들이 즐거운 조합을 이뤄 반복적으로 나타나면, 그 사이에 안와전두피질의 개개 신경세포 차원까지 이르는 연결들이 생겨난다. 뇌에서는 단맛과 '단' 냄새가 수렴하여 두 가지 감각을 구별할 수 없게 만든다.

발효는 강렬하고 기억을 연상시키는 느낌 때문에 단순한 요리 기술에서 문화적 힘으로 변했다. 이러한 전환을 암시하는 단서는 수천 년 전의 신화에 나타난다.❷ 호메로스는 서양 문학사에서 기록된 최초의 대작에서 발효를 언급한다. 그의 서사시 작품들은 기원전 8세기 말경에 기록되었는데, 아마도 목축과 치즈가 탄생한 장소에서 그리 멀지 않은 오늘날의 터키 지역에서 써졌을 것이다. 그중 한 이야기에서 오디세우스 일행은 그리스로 돌아가기 위해 바다에서 이리저리 헤매다가 키클롭스라는 외눈박이 거인족이 사는 섬에 도착한다. 키클롭스 중 한 명인 폴리페모스가 가축을 몰고 밖으로 나갔을 때, 그들은 몰래 폴리페모스의 동굴로 들어가 시렁에 가지런히 정렬된 크고 납작한 치즈를 배불리 먹는다.❸ 집으로 돌아온 폴리페모스는 우유를 응고시켜 치즈를 더 만든다. 하지만 곧 자신이 만든 치즈를 도둑맞았다는 사실을 안 그는 그리스 사람들을 찾아내 "내장과 살과 뼈와 골수를 비롯해 모든 것"을 걸신들린 듯이 삼키면서 한 명씩 차례로 잡아먹기 시작한다. 오디세우스는 맛 좋은 와인으로 폴리페모스를 곯아 떨어지게 한 뒤 뾰족한 막대기로 눈을 찔러 시력을 잃게 한다. 그러고 나서 오디세우스 일행은 책임감이 강한 목자인 폴리페모스가 부상에도 불구하고 양 떼를 몰고 풀밭으로 갈 때 양의 배에 들러붙어 동굴을 빠져나온다.

키클롭스는 야만과 문명 사이의 중간 지점에 서 있다. 그들은 동굴에서 살면서 사람을 산 채로 잡아먹는다. 그들의 섬은 이상적인 농토이지만, 야생 자연 그대로이고 무성하게 자란 잡초로 뒤덮여 있다. 하지만 그들은 세련된 모습도 약간 보여준다. 그들은 야생 포도로 와인을 만들고, 염소와 양을 기르며, 치즈를 만든다. 그렇다고 해서 그리스 사람들의 눈에 키클롭스가 예쁘게 보였을 리는 없겠지만, 그런 그들도 치즈를 맛보지 않고 그냥 지나칠 수 없었다.

5장

유혹

유명한 요리사 호마로 칸투 Homaro Cantu 는 시카고에 있는 자기 레스토랑들에서 손님들을 위해 가끔 '향미 트리핑 flavor tripping' 시범을 보인다.●
식탁 위에는 라임 네 조각, 레몬 여섯 조각, 일본식 수프용 플라스틱 스푼 두 개—하나에는 사워크림 덩이가, 다른 하나에는 플레인 그릭 요구르트가 담긴—가 놓여 있다. 그 옆에는 거품 같은 주황색 반죽이 든 플라스틱 통이 놓여 있다. 실험 참여자들은 그 반죽을 한 숟가락 떠서 입속의 혀 위에 올려놓으라는 지시를 받는다. 그것은 차갑고 약간 단맛이 나며 즐거운 느낌을 주지만, 특별한 맛이 없이 단조롭다. 몇 분 뒤에 그것은 녹아 없어진다. 그러고 나서 음식을 맛보는 본격적

● 호마로 칸투는 2015년에 사망했다.

인 실험이 시작된다.

반죽은 미러클 베리^{miracle berry} 추출물로 만들었는데, 미러클 베리는 서아프리카에 서식하는 관목 신세팔룸 둘키피쿰^{Synsepalum dulcificum}의 열매이다. 이 빨간색 장과漿果에는 미라쿨린^{miraculin}이라는 단백질이 들어 있는데, 미라쿨린은 미각에 특이한 효과를 나타낸다. 미라쿨린 분자는 홀로 작용할 때에는 단맛 수용기가 제 기능을 하지 못하게 차단한다. 하지만 산이 있으면, 미라쿨린은 단맛 수용기에 불을 붙인다. 그 결과로 식품의 산성이 강할수록 단맛이 더 강하게 느껴진다.❶ 과일과 채소, 치즈, 그리고 후추 같은 양념을 비롯한 많은 식품에는 산성 물질이 들어 있기 때문에 이 효과는 일시적으로 향미를 변화시킨다. 레몬 맛은 가볍고 은은하게 변해 레모네이드 비슷하지만 레모네이드보다 덜 질리는 단맛이 난다. 라임은 오렌지 맛이 나고, 요구르트는 크림 맛이 나며, 사워크림은 치즈케이크 맛이 난다.

칸투는 암 치료 때문에 미각에 손상을 입은 친구를 위해 더 맛있는 음식을 만드는 방법을 연구하다가 미러클 베리를 처음 만났다. 화학 요법 약은 혈액에 실려 이동하면서 침에 흠뻑 스며들기 때문에 환자는 늘 쓴 금속성 맛을 느낀다. 맛봉오리세포도 암세포처럼 빨리 성장하기 때문에 화학 요법 약의 표적이 되어 대량으로 죽어간다. 방사선도 손상을 입힌다.❷ 칸투는 다양한 해결책을 시험한 뒤에 금속성 맛을 중화시키는 미라쿨린 반죽을 발견했다. 그 덕분에 친구는 음식 맛을 다시 즐기게 되었다.

칸투는 2005년에 시카고의 도살 및 정육 산업 중심 지역에 문을 연 자신의 첫번째 레스토랑 모토에서 혁신적인 셰프라는 명성을 얻었다. 향료를 스며들게 함으로써 먹을 수 있는 종이를 만드는 등 손님이 예상치 못한 것들을 보여주었다. 그중 하나는 갓 구운 스테이크 맛이 나는 소 그림이었다. 하지만 그의 야심은 전위적인 요리를 넘어선 영역까지 뻗어나갔는데, 자신의 요리 재능을 사회 문제에까지 적용하려고 했다. 그는 미러클 베리에 어떤 잠재력이 숨어 있다고 믿었고, 그것을 탐구하기로 했다.

칸투는 한 수입업자와 힘을 합쳐 미라쿨린 정제를 만들었는데, 혀에서 녹는 이 정제는 수천 명의 암 환자에게 도움을 주었다. 미러클 베리 반죽을 한 숟가락 먹기 전에 맛보고, 또 한 숟가락 먹고 나서 맛보도록 설계된 디저트를 만들면서 향미 효과도 실험했다. 자기 집 정원의 잡초와 잎과 풀 외에는 아무것도 먹지 않고 1주일을 보내기도 했는데, 반죽을 사용해 그런 것들을 맛있는 것으로 만들었다. 칸투의 관심은 점차 인류가 직면한 최악의 식품 문제 중 하나로 쏠렸다. 한때 생존에 중요했던 아주 오래되고 강한 충동인 단맛이 오늘날에는 극적인 역효과를 나타내고 있다. 전 세계 사람들이 위험한 당분 폭식에 빠진 것이다.

단맛은 생물학적으로 중요한 것이 바로 눈앞에서 "날 집어삼켜!"라고 선언하고 있음을 알리는 몸의 신호이다. 당은 지구에서 먹이 사슬의 기반을 이룬다. 식물이 광합성을 통해 만드는 당 분자들에는 태양 에너지가 들어 있으며, 당 분자들은 쉽게 끊어지는 화학 결합 덕분에 모든 생물이 연료로 사용하기에 편리하다. 당은 이처럼 유용하기 때문에 자연에서 농축된 당 공급원은 드문 편이며, 주로 과일과 장과, 무화과, 꿀 등에서 발견된다. 쉽게 이용할 수 있는 에너지와 희소성을 겸비한 당은 배고픈 동물들에게 주요 표적인데, 단맛이 강력한 동기 유발 요인으로 작용한다.

하지만 인간은 자연의 한계를 극복하는 방법을 찾아내 많은 당을 만들었고, 단것을 탐욕스럽게 좋아하는 전 세계 사람들에게 당을 공급하는 사업은 아주 수지맞는 장사가 되었다. 지난 30년 동안 두 가지 형태의 당―사탕수수와 사탕무에서 정제한 설탕 결정과 고과당 옥수수 시럽―이 인류 역사상 유례가 없을 정도로 우리의 음식물에 가득 스며들었다. 설탕은 우리가 흔히 접하는 탄산음료와 캔디, 디저트에 첨가된다. 옥수수 시럽은 빵, 시리얼, 케첩, 구운 콩, 샐러드 드레싱, 토마토 페이스트, 심지어 사과 소스를 포함해 많은 가공 식품에 향미를 높일 목적으로 첨가된다. 당은 공급과 수요의 법칙을 무시하는 것처럼 보인다. 식품에 첨가하는 양이 많을수록 사람들이 그것을 더 많이 원하기 때문이다. 전 세계적으로 첨가당―식품 속에 천연 성분으로 이미 들어 있는 당 외에 추가로 첨가한 당—의 1일 소비량은 1983년부터 2013년 사이에 48그램에서 70그램으로 46퍼센트 증가했다. 미국인의 1일 소비량은 165그램(약 40찻숟가락)으로, 어느 나라 국민보다 그 양이 많다.❸

인간은 훨씬 적은 양의 당을 섭취하면서 진화했기 때문에, 우리 몸은 이토록 많은 당을 처리하는 데 적합하지 않다. 당이 많이 포함된 식사는 우리 몸의 기본 대사 기능들—즉, 몸이 칼로리를 태우고, 지방을 저장하고, 영양분을 처리하는 과정—을 어지럽힐 수 있다. 그런 식습관이 장기간 지속되면 당뇨병, 비만, 심장혈관 질환, 기대 수명 감소 등과 같은 만성적인 건강 문제를 낳을 수 있다. 식품 속에 포함된 당의 양이 증가하는 추세는 당뇨병과 비만 비율 상승과 밀접한 상관관계가 있다. 1980년에 미국인 중 당뇨병 환자는 약 560만 명이었고, 전체 성인 인구 중 임상적으로 비만인 사람은 약 절반이었다. 그런데 2011년에는 당뇨병 환자는 약 2000만 명으로, 그 증가율은 인구 성장 속도를 훨씬 상회했고, 성인 인구 중 비만인 사람은 4분의 3에 이르렀다.❹

기본적인 맛 중에서 가장 큰 즐거움을 주는 단맛은 21세기에 공중 보건을 위협하는 요인으로 간주된다. 점점 확대되는 안티슈거^{anti-sugar} 운동은 설탕과 고과당 옥수수 시럽을 너무 많이 사용한다는 이유로 식품 회사와 청량음료 회사를 공격했고, 당분이 잔뜩 든 음식물을 판매한다는 이유로 레스토랑과 극장, 편의점을 공격했다. 2011년, 뉴욕 시 시장이던 마이클 블룸버그^{Michael Bloomberg}는 컵의 크기를 줄이면 당분 소비량을 줄일 수 있으리라는 생각에서 탄산음료 컵의 최대 사이즈를 약 470시시(cc)로 제한하려고 시도했다. 하지만 많은 사람들은 지나친 규제에 반발했고, 결국 그 규제 법안은 나중에 법정에서 폐기되었다. 미국 내에서 비만율이 가장 높은 주들에 속하는 아칸소 주와 웨스트버지니아 주는 설탕 소비를 줄이는 데 도움이 되리라는 생각에서 탄산음료에 세금을 매기기 시작했다. 그러자 탄산음료 회사들은 앞다투어 새로운 설탕 대체물을 찾아나섰다.

칸투는 이런 해결책들은 어느 것도 성공하지 못할 것이라고 믿었다. 하지만 미러클 베리는 성공할 가능성이 있다고 생각했다. 미러클 베리는 아스파르탐이나 스테비아 같은 제로칼로리 감미료와는 달리 고도로 가공되거나 정제된 것이 아니었다. 그 효과는 즐겁고 놀라웠다. 칸투는 2011년에 미러클 베리의 효과를 소개하는 전시장으로 iNG라는 레스토랑을 열었다. 이 레스토랑의 취사선택식 시식 메뉴는 식사를 하는 동안 그 효과가 계속 남아 있는 향미 트리핑 코스를 중심으로 설계되었다. 그는 2014년에 iNG를 닫으면서 코스를 변경했으며, 미러클 베리 맛이 나는 도넛과 페이스트리를 새로 연 커피숍인 베리스타의 중심 메뉴로 만들 계획을 세웠다. 이것들은 칸투가 대중 시장으로 연결되리라고 기대한 길을 향해 나아가는 단계들이었다.

칸투의 개념은 공상적인 것이었고, 그는 막대한 연구 개발 예산을 투입할 여력이 있는 거대 식품 회사와 청량음료 회사와 경쟁했다. 하지만 이런 장애물들은 근본적인 문제에 비하면 사소한 것이었는데, 근본적인 문제란 당이 우리 몸과 뇌에 건 주문을 푸는 것이었다. 우리는 향미를 의식적으로 지각하는 것이 아주 중요하다고 생각하지만, 그것은 향미라는 전체 성당에서 하찮은 장식물에 지나지 않는다. 그 이면에는 전체 구조를 떠받치는 아치와 버팀벽이 있는데, 향미를 소화관과 우리 몸의 나머지 부분들과 연결시키는 생물학적 계들이 바로 이에 해당한다. 이러한 연결들은 향미에 즐거움을 가득 불어넣고, 갈망과 충동을 빚어내며, 어떤 사람들에게는 마약 중독과 비슷한 중독을 초래한다.

당이 어떻게 그리고 왜 많은 사람들을 유혹하게 되었는지 들려주는 이야기는 우리에게 중요한 교훈을 준다. 수천 년 동안 전 세계에서 정제 설탕의 주요 원천이었던 사탕수수는 풀의 한 종이다. 그 야생 종은 선사 시대의 인류에게 큰 좌절을 안겨주었을 것이다. 사탕수수는 매트리스에 현금을 감추는 구두쇠처럼 우리 몸에서 소화가 되지 않는 셀룰로오스 섬유에 당을 저장하며, 그것을 자신의 생장을 돕는 데 사용한다. 그 겉껍질을 벗겨내고 당분이 포함된 속을 씹거나 빨아먹을 수는 있지만, 이런 식으로 섭취할 수 있는 자양분은 얼마 되지 않는다. 적절한 도구를 사용해 사탕수수를 잘라 으깬 뒤에 삶으면 설탕 결정을 얻을 수 있지만, 그 양은 아주 적다. 하지만 사람들은 그런 수고를 들일 만한 가치가 있다고 생각했다. 사람들은 기원전 6000년 무렵부터 오늘날의 오스트레일리아, 태즈메이니아, 뉴기니에서 바나나와 빵열매, 얌과 함께 사탕수수를 재배하기 시작했다.

맥주를 양조하거나 치즈를 만드는 데에는 장인 한 사람만 있으면 충분하지만, 설탕을 대량으로 제조하려면 고도의 조직이 필요했다. 고대 세계에서는 설탕을 중심으로 기록된 지식 체계와 전문화된 일꾼, 방앗간, 끓이는 장치, 무역로, 대상隊商, 선박 등이 발전했다. 설탕은 맛있을 뿐만 아니라 상할 걱정 없이 쉽게 운송할 수 있어 이상적인 식료품이었다. 경제적 장점과 좋은 맛을 겸비한 설탕은 문화적 변화와 심지어 정신적 변화의 촉매가 되었다. 향미는 역사를 이끌어가는 하나의 힘이 되었다.

2500여 년 전의 한 이야기는 이러한 변화가 일어난 순간을 잘 표현한다. 두 형제가 인도 북동부의 부다가야에서 소달구지 대상을 이끌고 가다가 길가에 앉아 있는 남자를 보았다. 그 남자는 넝마를 걸치고 있었지만, 그 남자에게는 형제의 관심을 끄는 묘한 기운이 있었다. "정지!" 그들은 소달구지를 몰고 뒤따라오는 사람들에게 외쳤다. 형제는 한 소년에게 뒤쪽으로 달려가 먹을 것을 가져오라고 했다.

소년은 우유가 든 통과 약간의 음식을 가지고 왔다. 그 음식이 정확하게 무엇이었는지에 대해서는❺ 여러 가지 이야기가 있다. 그것은 이야기에 따라 껍질을 벗긴 사탕수수, 꿀, 푸짐한 혼합 식품, 떡, 우유와 꿀과 당밀로 만든 달달한 주먹밥 등으로 다양하다.

소년이 그 남자에게 음식을 내밀자, 형제는 "자, 어서 드세요!"라고 말했다. 그들은 지켜야 할 일정이 있었기 때문에, 낯선 남자에게 친절을 베푸느라 마냥 시간을 허비할 수는 없었다. 하지만 그 남자는 음식을 선뜻 먹지 않고 망설였다. 그러다가 마침내 떡을 한입 베어물고는 미소를 지었다.

그 남자는 싯다르타 고타마, 곧 석가모니였다. 이 사건은 석가모니가 깨달음을 얻고 나서 몇 주일 뒤에 일어났다. 불교 경전에 따르면, 왕자 출신인 석가모니는 오랜 고행 끝에 얻은 깨달음으로 마침내 인간의 번뇌와 욕망, 즉 온 세상 사람들에게 끝없는 문제를 일으키는 음식과 섹스, 돈, 성공에 대한 갈망에서 벗어났다고 한다. 불교는 모든 경험에는 갈망이 뒤섞여 있다고 말한다. 싯다르타는 잠깐 동안 그런 갈망을 잠재우기 위해 단식을 했지만, 그것은 오히려 음식을 더 갈망하게 만들었다. 하지만 이제 깨달음을 얻은 그는 그런 갈망이 전혀 없이 맛있는 음식을 그냥 즐겁게 먹을 수 있었다.

이 이야기는 이 강렬하고 새로운 향미에 맞닥뜨렸던 옛사람들의 느낌을 잘 묘사하는데, 순수한 맛과 알갱이 형태의 이 음식은 꿀보다 더 달았다. 석가모니는 사탕수수가 자라는 지역에서 살았는데, 그가 살았던 시절에 인도에서는 설탕 정제가 산업적 기술로 발전하기 시작했고, 세계 최초의 디저트 요리법이 만들어졌다.❻ 같은 무렵에 설탕에 대한 언급이 시와 의학적 조언, 공식 기록에 나타나기 시작했는데, 기원전 300년경에 카우틸랴kautilya라는 관료가 쓴 통치 지침서인 『아르타샤스트라Arthashastra』도 그중 하나이다. 카우틸랴는 여러 가지 형태의 설탕을 질이 높아지는 순서대로 구타guta, 사르카라sarkara, 칸다khanda라고 기록했다(사르카라와 칸다는 sugar와 candy의 어원이 되었다. 사르카라는 산스크리트어로 '자갈 같은'이란 뜻이다). 아무리 하찮은 생명이라도 살생을 금하는 자이나교도는 꿀을 먹을 수 없었는데, 거기에 벌의 배아가 섞여 있을지 모르기 때문이었다. 그래서 대신에 마츠얀디카matsyandika, 즉 사탕을 먹었다. 그들은 설탕이 몸속에서 마구 돌아다니는 힘들의 균형을 유지한다고 생각했다. 인도 의사들은 설탕을 먹으면 특별한 치유 능력이 생기고, 소화가 잘되며, 정액의 능력을 높인다고 믿었다. 기원전 2세기에 만들어진 치유에 관한 인도 책에는 이런 구절이 나온다. "그런 사람의 몸에는 독조차도 아무 해를 끼치지 않고, 팔다리가 돌처럼 단단하고 치밀해지며, 어떤 질병과 상처도 침범할 수 없다."❼ 또, 생강, 감초, 수지樹脂, 액체 버터, 꿀, 설탕으로 만든 묘약을 3년 동안 매일 마시면, 100년 동안 젊음을 유지할 수 있다고 생각했다.

앞의 이야기에 나온 두 상인 형제 타파수와 발리카는 석가모니의 첫번째 재가在家 신도●가 되었다. 그들은 여행을 하면서 불교를 전파했다. 이 이야기는 나중에 일어난 역사적 현실을 반영하고 있는데, 불교 승려들은 수입을 얻기 위해 사탕수수를 재배하고 정제했다. 수백 년이 넘게 상인과 불교 승려는 실크로드를 여행하면서 사탕수수와 정제 방법을 사방으로 전파했다.❽

하지만 설탕이 서쪽으로 전파되면서 그것은 전쟁의 목표가 되었다. 7세기 초에 예언자 무함마드는 신의 계시를 받고 나서 이슬람교를 창시했다. 그는 아랍의 경쟁 부족들과 영토를 통일해 아라비아 반도와 그 너머까지 뻗친 제국을 건설했다. 이전의 로마인과 마찬가지로 중세 시대의 이슬람교도는 다른 민족의 관습이나 기술을 받아들이지 않고 그들을 동화시켰다. 그 무렵에 페르시아에서는 사산 왕조의 제분업자들이 순수한 알갱이 형태의 설탕을 만드는 방법을 알아냈다. 오늘날 이란의 후제스탄Khūzestān 주는 지금도 주요 사탕수수 재배 지역인데, 그 이름은 사탕수수를 뜻하는 쿠즈kuz와 사탕수수 농부들을 뜻하는 후지스khuzis와 관련이 있는 것으로 보인다. 12세기의 시인 니자미 간자비Nezāmī Ganjavi가 쓴 시는 "그녀의 입술에는 달콤한 설탕이 흐르네. 후제스탄에 흐르는 감미로운 설탕이"라고 읊었다. 하지만 북쪽으로 뻗어 있는 페르시아는 그 지리적 조건 때문에 사탕수수 경작에 제약이 따랐다. 사탕수수도 섭씨 15도 이상의 기온에서 가장 잘 자란다.

●출가하지 않고 사회생활을 하면서 불교를 믿는 신도.

이슬람교도에게는 사탕수수를 재배할 수 있는 기후와 관개 기술, 그리고 정복의 전리품으로 얻은 무역로가 있었다. 무함마드가 죽은 지 겨우 10년 뒤인 642년에 그들은 페르시아를 정복하고 그곳의 사탕수수와 설탕 정제 기술을 손에 넣었다.

『코란』에서는 "단것을 즐기는 것은 믿음의 징후이다"라고 선언한다. 『코란』에서는 천국을 단물과 젖, 포도주, 꿀—모두 신체의 체액을 반영한—의 강이 흐르는 정원으로 묘사한다.❾ 9세기의 바그다드—'알라딘과 마법의 램프'를 비롯해 『천일 야화』의 이야기들이 지어진 시대—에서 300가지 이상의 레시피를 모아놓은 책인 『키타브 알타비크Kitab al-Tabikh』('요리책'이란 뜻)에 실린 요리 중 3분의 1은 디저트이다. 바그다드의 엘리트 계층은 아이스크림과 도넛, 튀김, 설탕을 뿌리거나 시럽에 적신 팬케이크를 포함해 훌륭한 현대 요리 중 많은 것의 전신에 해당하는 요리를 즐겼다.

설탕으로 포화된 현대 세계의 씨앗은 중세에 동양과 서양 문화가 충돌하면서 잉태되었다. 12세기 말(석가모니 시대로부터 약 1700년이 지난 시점)에 일어난 제3차 십자군 전쟁 때 사탕수수는 중국에서부터 지중해 남부와 모로코에 이르는 지역에서 재배되고 있었지만, 서유럽 사람들은 대부분 설탕을 본 적이 없었다. 하지만 십자군 전쟁에 참전한 프랑스와 영국의 귀족과 군인은 여행을 하면서 설탕을 맛보았다. 사자심왕 리처드는 1190년부터 1191년까지 시칠리아에서 몇 달을 보냈는데, 메시나와 팔레르모의 외국군 주둔지에서 멀지 않은 산비탈의 넓은 땅에 삐죽삐죽한 사탕수수 대들이 자라고 있었고, 근처의 설탕 정제 공장들은 증기를 내뿜었다. 정제 공장들은 200여 년 전에 이슬람교도들이 그곳에 세운 것이었다. 시칠리아의 설탕 제조업자들은 사탕수수를 대량으로 처리하는 방법을 알았고, 그들이 생산한 설탕은 시칠리아 귀족의 주방에서 많이 사용되었을 뿐만 아니라, 이슬람 세계 전역으로 실려갔다. 리처드 왕의 군대는 고국으로 돌아갈 때—예루살렘 탈환에 실패한 뒤—설탕 견본을 함께 가져갔다.

설탕을 뜻하는 영어 단어 'sugar'(같은 시대의 고대 프랑스어 쉬크르 çucre에서 유래한)가 최초로 기록된 문서는 영국 북동부에 위치한 더럼의 베네딕트회 수도원에서 1299년부터 작성한 회계 두루마리였다.❿ 이곳 수도사들은 자신들이 취급한 다양한 물건들을 기록했는데, 그중에 'Zuker Roch'(암석 설탕)와 'Zuker Marrokes'(모로코 설탕)도 있었다. 설탕은 식품으로 간주되지 않고, 의약품과 향료와 보존제로 간주되었다. 12세기의 신학자 토마스 아퀴나스는 설탕은 소화를 돕기 위한 의약품이기 때문에, 설탕을 먹는 것은 종교적 금식을 어기는 것이 아니라고 썼다. 13세기 후반에 에드워드 1세 왕실은 1년 동안 장미 꽃잎 향을 첨가한 설탕을 다양한 질병에 대한 보편적인 치료약으로 약 1톤이나 사용했다. 이것은 식품으로 사용한 307킬로그램보다 훨씬 많은 양이었다.⓫ 18세기에 스웨덴의 식물학자이자 분류학의 대가였던 칼 폰 린네는 가장 흔한 사탕수수 종에 사카룸 오피키나룸 _Saccharum_ _officinarum_이란 이름을 붙였는데, 이 이름은 '약제사의 설탕'이란 뜻이다. 중세 유럽의 의사들은 아랍인과 비잔틴 제국의 그리스인이 칭송한 설탕 치료법을 받아들였다. 아랍인 사이에서 널리 유행한 감기 치료약은 알 파나드 _al fanad, 혹은 al panad_였는데, 응고한 시럽으로 만든 작은 설탕 꽈배기였다. 이것은 영어로는 알페닉 _alphenic_ 또는 페나이드 _penide_ 로 알려졌다. 『옥스퍼드 영어 사전』에는 1390년에 더비 백작이 "페나이드 2파운드에 2실링"을 지불했다고 기술돼 있는데, 이것은 최초의 기침약 드롭스였다.**⓬**

　사탕수수의 생태적 지위는 지리적 요인 때문에 비교적 좁은 범위에 한정되었다. 서유럽 지역은 대부분 기온이 너무 낮아 사탕수수 재배에 적합하지 않았고, 무역으로 들여올 수 있는 물량에는 한계가 있었다. 유럽인은 전통적인 방식으로 이 문제를 해결했는데, 그 방법은 바로 정복이었다. 하지만 시간이 지나면서 그들은 거기다 새로운 요소를 추가했는데, 바로 자본주의와 산업 혁명이었다.

　1493년에 두번째 신세계 항해에 나선 크리스토퍼 콜럼버스는 카나리아 제도—발견 당시 유럽인에게는 세상에서 가장 서쪽에 위치한 땅—에서 사탕수수를 가져와 히스파니올라 섬에 그것을 심었다. 그것은 선견지명이 있는 결정이었다. 히스파니올라 섬에 금과 은이 넘친다는 소문은 크게 부풀린 이야기로 드러났다. 대신에 설탕을 만드는 것이 유일하게 믿을 수 있는 부의 원천이었다. 히스파니올라 섬의 따뜻한 기후는 사탕수수의 원시적 산지인 뉴기니 부근과 비슷해 아주 이상적이었고, 게다가 사탕수수를 재배할 수 있는 땅도 무진장 널려 있었다. 원주민인 타이노족도 설탕에 큰 관심을 보여 스스로 사탕수수를 재배하기 시작했다.❸

　에스파냐 식민지들은 사탕수수를 재배하거나 죽거나 양자택일해야 했다. 외과의로 교육받은 식민지 주민 곤살로 데 벨로사Gonzalo de Velosa는 설탕 생산이 아마추어에게 적합한 일이 아니란 걸 재빨리 간파했다. 설탕은 이제 세계 시장에서 거래되고 있었고, 유럽에서는 그 가격이 날로 상승하고 있었으므로, 제대로 투자하면 수익이 꽤 짭짤할 것 같았다. 그래서 1515년에 벨로사는 거금을 들여 카나리아 제도의 사탕수수 농장에서 전문가들을 히스파니올라 섬으로 데려왔다. 그들은 말이나 소 또는 수차水車로 돌아가는 공장을 지었는데❹, 이 공장은 사람들이 작업하는 공장보다 설탕을 훨씬 많이 생산했다. 1520년에는 설탕 공장이 여섯 군데 가동되고 있었고, 40여 개가 더 건설되고 있었다. 그런데 그때 막 부상하던 이들 설탕 사업가들은 노동자들이 죽어가는 상황에 맞닥뜨리게 되었다. 많은 타이노족 원주민은 유럽인에게서 감염된 전염병에 쓰러졌고, 더 많은 사람들이 강제 노동으로 죽어갔다. 이 공백을 메우기 위해 에스파냐인은 아프리카에서 노예를 수입하기 시작했다.

1660년, 토머스 트라이언Thomas Tryon이라는 젊은이는 런던에서 배를 타고 영국 식민지이던 바베이도스로 향했는데, 부자가 되려는 일념으로 온갖 위험을 무릅쓰고 바다를 건너던 수천 명의 영국인 중 한 명이었다. 서인도 제도에 있는 바베이도스는 그 당시 신세계에서 설탕 산업의 중심지로 떠오르고 있었다. 트라이언은 사업가가 아니었고, 17세기의 히피족이라 부를 만한 젊은이였다. 그는 도가 지나친 근대 세계의 과잉을 싫어했고, 갈망과 폭식을 억누르고 추종자들에게 하느님의 뜻을 따르게 하려는 평화로운 혁명을 위해 나선 식품 철학자를 자처했다. 그는 젊은 시절에 런던의 한 모자 제조인 밑에서 도제로 일하면서 약초와 마술과 연금술에도 조금씩 손을 댔다. 침묵과 금욕주의도 실천에 옮기려고 노력했고, 신체 반응을 관찰하기 위해 단식도 했다.

　신세계는 트라이언의 상상력을 사로잡았다. 대부분의 사람들은 신세계를 에덴동산 같은 낙원을 상징하는 곳으로, 즉 순수한 야생 자연이 펼쳐진 곳으로 보았다. 하지만 트라이언은 다르게 보았는데, 원주민이 자연과 완벽한 조화를 이루어 살아가는 곳이라고 생각했다. 하지만 그는 현실을 보고 나서 큰 충격을 받았다. 바베이도스의 산기슭들에서는 나무와 관목과 덤불이 모두 베여나가고, 대신에 사탕수수가 자라고 있었다. 2만 5000여 명의 아프리카인 노예들이 이 거대한 설탕 기계를 돌아가게 했다. 수확기에는 이들이 마체테machete●를 들고

●날이 넓고 무거운 칼.

사탕수수밭을 돌아다니면서 사탕수수 대를 자르고, 거대한 사탕수수 더미를 쌓아서 끌고 갔다. 임시 창고에는 수력으로 돌아가는 방앗간 이 있었고, 모로 세운 거대한 롤러 3개가 돌아가면서 일꾼들이 그 사이로 밀어넣는 사탕수수 대를 으깼다. 그것은 무척 힘든 작업이었다. 자칫 실수라도 하면 손가락이나 팔다리, 그리고 때로는 몸 전체가 롤러 사이로 끼여 들어가 으깨질 수 있었다. 그 옆에는 긴급 절단을 위한 도끼가 늘 놓여 있었다.[15] 일꾼들은 롤러에서 흘러나오는 즙을 물통에 담아 그것을 끓이는 집으로 날랐다. 그곳에서는 말린 사탕수수 대와 그 밖의 쓰레기가 구리 솥 밑에서 24시간 내내 타고 있었다. 우두머리 정제 기술자가 솥들이 끓는 모습을 계속 지켜보다가 걸쭉한 갈색 시럽을 걸러 더 작은 솥으로 옮겼다. 불이 옮겨붙어 창고가 불타는 것을 막기 위해 정기적으로 지붕에 물을 뿌렸다. 마침내 마른 설탕 결정을 약 680킬로그램 용량의 통에 담은 뒤에 당나귀가 끄는 수레에 실어 브리지타운 항구로 옮겼다. 이곳에서는 설탕 백작과 상인과 하인 들이 부랑자, 전과자, 럼주를 벌컥벌컥 마시는 하층민과 함께 어울려 지냈다. 정기적으로 황열병이 발병해 수백 명의 목숨을 앗아갔다. 시체는 도시 가장자리에 위치한 늪지에 갖다 버렸는데, 여기서 뿜어져 나온 끔찍한 악취가 공기 중에 떠돌았다.

트라이언은 바베이도스에서 여성 모자를 제작해 판매하는 일을 하면서 5년 동안 머물다가 런던으로 돌아갔다. 하지만 런던으로 돌아오고 나서도 바베이도스에서의 경험이 뇌리에서 떠나지 않았다. 약 20년이 지난 뒤, 트라이언은 엄격한 채식주의 철학을 열정적으로 옹호하는 팸플릿을 쓰기 시작했다. 그는 사탕수수 재식 농업●을 탐욕과 폭식의 기념비로, 단것을 소화관을 막는 유혹이라고 비난했다.[16] 고대 그리스인과 마찬가지로 그는 짠맛, 단맛, 신맛, 쓴맛의 기본적인 네 가지 맛이 인간의 성격을 정의한다고 믿었다. 나중에 그는 맛은 "자연의 캐비닛에 달린 모든 문과 비밀 출입구를 쉽게 열 수 있다"라고 썼다. 미각은 "왕자나 왕 또는 삶과 죽음을 좌우하는 완전한 재판관"이었다. 식욕에 탐닉하면 결국은 천벌을 받게 된다. 트라이언이 사용한 단어와 논리는 노예 제도 폐지론자들에게 큰 영향을 주었다(비록 트라이언 자신은 뼛속까지 전통주의자여서 노예 제도 폐지를 주장하진 않았지만). 그의 견해는 채식주의 운동을 구체화시키는 계기가 되었다. 벤저민 프랭클린도 어린 시절에 트라이언의 글을 읽고서 육식을 포기했다.[17]

하지만 트라이언은 무자비한 힘들과 맞서 싸웠다. 세계적인 거대 설탕 기업의 탄생을 위한 기반이 이미 착착 놓이고 있었다. 17세기부터 가루 설탕의 강은 카리브 해와 남아메리카의 유럽 식민지들로부터 왕들의 식품 저장실로, 그리고 처음으로 중산층과 하류층의 가정

●열대 또는 아열대 지방에서 자본과 기술을 지닌 구미인이 현지인의 값싼 노동력을 이용하여, 쌀·고무·솜·담배 따위의 특정 농산물을 대량으로 생산하는 경영 형태. 플랜테이션plantation이라고도 함.

으로 흘러갔다. 식품은 점점 더 달아졌다. 프랑스 요리사들은 파이, 무스, 페이스트리, 푸딩 같은 달콤한 음식을 발명하기 시작했는데, 이것들은 이제 메인 요리와 분리되어 식사의 피날레로 제공되었다. '디저트dessert'란 단어는 17세기에 처음 사용되었는데, 식사가 끝난 후 '테이블을 치운다'는 뜻의 프랑스어 데세르비르desservir에서 유래했다. 트라이언이 살던 시절의 영국에서는 디저트는 여전히 프랑스적인 혐오스러운 것으로 간주되었지만, 수십 년 뒤에는 표준적인 음식이 되었다. 그리고 신세계에서 온 코코아, 아프리카에서 온 커피, 중국에서 온 차 등 이전에는 그냥 마시던 수입 음료에 설탕을 넣어 달게 만들기 시작했다. 영국에서는 1인당 연간 설탕 소비량이 1700년에 1.8킬로그램이던 것이 1800년에는 약 8킬로그램으로 늘어났고, 1900년에는 약 40킬로그램으로 늘어났다.[18]

거대 설탕 제조업체는 빵집과 럼주 증류소의 주요 고용주가 되었고, 곧 영국 문화를 떠받치는 기반 중 일부가 되었다. 토머스 트라이언은 말년에 마침내 유혹에 넘어가고 말았다. 그는 설탕과 자신이 한때 비난했던 사탕수수 재식 농업을 지지했다. 그는 "설탕은 관대하고 달콤한 영향력을 나라 전체에 퍼뜨린다. 그리고 설탕과 친구가 아니거나 연합하지 못할 음식이나 음료는 거의 없다. 전체적으로 볼 때 이 단것의 왕만큼 항해를 촉진하고, 국왕의 세관과 우리의 땅을 개선하고, 그와 동시에 이토록 거대하고 보편적인 용도와 미덕과 이점을 지닌 상품은 없다"[19]라고 썼다.

　석가모니의 보잘것없는 간식은 유혹이 점점 커져가는 세계에서 절제와 균형을 상징했다. 하지만 트라이언의 전향과 함께 과잉이 승리를 거두었다. 그후 300년 동안 설탕 시스템은 가차없이 확대되었다. 1806년에 영국이 프랑스를 봉쇄하면서 설탕 수입이 막히자, 나폴레옹은 잘 알려지지 않은 흰색 뿌리를 중앙 유럽 일부 지역에서 재배하고 정제하게 했다. 사탕무에도 사탕수수처럼 과당이 들어 있는데, 사탕무는 사탕수수와 달리 추운 기후에서도 잘 자랐다. 나폴레옹은 농부와 정제 기술자를 훈련시키는 데 100만 프랑을 투입했고, 그렇게 하여 또 하나의 세계적인 설탕 산업이 태어났다. 그로부터 100년 이상이 지난 1957년에 일리노이 주 아고에 있는 옥수수산물정제회사에서 일하던 두 과학자가 옥수수 녹말에 들어 있는 포도당을 훨씬 단 과당으로 바꿔 고과당 옥수수 시럽을 만드는 방법을 발견했다. 미국은 세계 최대의 옥수수 생산국이며, 옥수수 시럽을 관을 통해 직접 식품 공장으로 보낼 수도 있다. 1970년대에 옥수수 시럽은 표준적인 식품 첨가제가 되었다.[20]

　세계는 이제 거대한 규모의 단맛 실험을 벌이고 있다. 살아 있는 수십억 명의 몸에 설탕을 채워넣는 데 매년 막대한 자원이 투입되고 있으며, 과학자들은 이제 겨우 인간의 생물학과 공중 보건에 미치는 그 효과를 평가하는 데 착수했다. 설탕의 거부할 수 없는 매력의 비밀은 무엇일까? 질문을 좀더 광범위하게 바꾸면, 어떤 음식을 맛있게 만드는 요소는 무엇이며, 왜 그럴까? 그러한 즐거움은 생물학적으로 어떤 목적이 있으며, 그러한 즐거움은 어떻게 그토록 쉽게 탐닉으로 이어질까?

단맛은 가장 기본적인 형태의 좋은 맛과 즐거움 자체라고 할 수 있다. 이것은 아주 오래된 현상이다. 진화의 관점에서 볼 때, 단맛은 심지어 섹스보다 먼저 존재한 힘처럼 보인다. 아주 먼 옛날에 단세포 생물들이 더 많은 당을 더 빨리 섭취하기 위해 서로 합쳐졌을지 모르는데, 이것은 아마도 복잡한 생물의 진화를 낳은 최초의 사건이었을 것이다.㉑ 5억 년도 더 전에 일어난 캄브리아기 폭발 때 그 조상이 인간 계통에서 따로 갈라져나간 초파리는 당에 대한 취향이 우리와 비슷하며, 실수 없이 당으로 안내하는 행동 프로그래밍 역시 비슷하다. 이러한 원시적 충동은 호모 사피엔스가 단맛과 맛있는 것에서 즐거움을 느낄 때 여전히 나타난다. 그러한 즐거움을 느끼지 못한다면, 음식은 생기 없는 느낌들을 단순히 모아놓은 것에 지나지 않을 것이다.

현대 과학자들은 고대 그리스인과 마찬가지로 흔히 음식의 즐거움과 일반적인 즐거움을 무시한다. 20세기 초에 대부분의 과학자들은 정말로 중요한 것은 불편한 느낌이라고 믿었다. 사람들에게 행동을 하게 만드는 것이 바로 그것이라고 생각했다. 배고픔은 사람들에게 음식을 먹게 하고, 갈증은 물을 마시게 하며, 욕정은 섹스를 하게 한다. 끓는 물에 손을 갖다대면, 우리는 저도 모르게 재빨리 손을 움츠린다. 심리학자이자 철학자인 윌리엄 제임스William James는 1901년에 친구에게 보낸 편지에서 이러한 생각을 간결하게 정리했다. "나는 최근에 행복이 긍정적 느낌이 아니라, 부정적 조건이라는 사실을 발견했네. 그 부정적 조건이란 많은 제한적 감각으로부터의 자유인데, 제한적 감각이 일어나는 장소는 대개 우리 몸이지. 그런 감각을 싹 제거했을 때, 그것과 대조적인 선명함과 깨끗함이 바로 행복이라네. 마취제가 우리를 행복하게 만드는 이유는 이 때문이지. 하지만 그 때문에 술을 마시진 말게나."❷❷ 다시 말해서, 불편함이 없는 상태가 유일하게 진정한 즐거움이다.

1920년대에 지크문트 프로이트도 비슷한 개념을 주장했는데, 원초적 추동이 인간에게 성적 해방을 추구하게 만든다고 했다. 20년 뒤에 행동심리학자 클라크 헐Clark Hull은 추동 감소 이론drive-reduction theory을 만들었다. 즉, 스트레스를 받거나 좌절을 겪을 때, 인간이나 동물은 나쁜 느낌을 멈추게 하는 행동을 취하고, 장래에 그것을 피하려고 노력한다는 것이다.

이러한 추정들은 모두 인간의 조건에 대해 다소 암울한 견해를 공유하고 있다. 이 추정들은 곧 도전에 직면하게 되었다. 1950년, 몬트리올의 맥길 대학교 심리학과에서 박사 후 연구원으로 일하던 서른

한 살의 제임스 올즈James Olds는 이 추정들이 일상 경험과 어긋난다고 판단했다. 만약 만성적인 불편이나 고통이 모든 행동의 열쇠라면, 인생에서 가장 좋은 일들은 아무 의미가 없는 것이라는 이야기가 되기 때문이다. 그는 즐거움과 행복은 그 자체로 충분히 의미가 있다고 믿었다.

올즈는 "새로운 것과 아이디어, 신나는 일, 맛 좋은 음식을 추구하는 생물에게 추동 감소 이론은 프로크루테스의 침대와 같다"❷라고 썼다. 프로크루테스는 그리스 신화에서 포세이돈의 아들이자 강도로 나오는데, 지나가는 행인을 붙잡아 자신의 침대에 누이고는 행인의 키가 침대보다 크면 그만큼 잘라내고, 행인의 키가 침대보다 작으면 억지로 침대 길이에 맞추어 잡아늘여서 죽였다. "침대에 맞지 않는 것은 무엇이건 우리가 생각하는 인간과 쥐 이미지에서 잘라냈다. 마약과 맛있는 음식과 섹스는 부족이라는 측면에서 생각했다. 즉, 충족시키지 않을 때 생기는 아픔이라는 측면에서 생각했다."

그 당시에는 뇌가 맛이나 만족 느낌을 어떻게 또는 왜 만들어내는지 확실히 아는 사람이 아무도 없었다. 올즈는 즐거움(쾌락)의 과학을 만드는 일에 착수했다. 그는 실험실의 흰쥐를 대상으로 실험을 하다가 최초의 통찰을 얻었다. 그 쥐는 특별히 설계한 가로, 세로 90센티미터, 높이 30센티미터의 상자 속에 들어 있었다. 그 상자는 조작적 조건 형성 방 또는 발명자인 스키너B. F. Skinner —20세기 초에 행동주의 학파를 창시한 심리학자―의 이름을 따 '스키너 상자'라고 불렀다. 행동주의는 프로이트 심리학의 대안으로 나왔는데, 숨어 있는 동기에 초점을 맞추었다. 스키너는 거기서 마음을 제외하는 것이 과학적으로 더 엄밀하다고 믿었다. 스키너 상자는 행동을 그 본질로 환원했다. 동물을 상자 속에 가둬놓고 자극을 주면서 그 반응을 관찰했다. 전형적인 자극은 약한 전기 충격 같은 처벌 또는 설탕물 같은 보상이었다. 하지만 올즈는 이것들을 모두 생략하고 뇌에서 즐거움과 고통이 생겨나는 것으로 보이는 장소로 곧장 가는 방법을 발견했다.

올즈는 동료인 피터 밀너Peter Milner와 함께 쥐의 뇌에서 시상하부 근처에 있는 한 지역에 외과적 방법으로 전극을 집어넣었다. 전선은 천장으로 뻗어 있었고, 그곳에서는 단추를 눌러 작동하는 자극 장치에 연결돼 있었다. 단추를 누름으로써 즉각 뇌에 어떤 종류의 반응을 촉발할 수 있었다. 그것이 즐거움인지 통증인지 아니면 다른 종류의 느낌이나 감정인지는 올즈로서는 알 수 없었다.

올즈는 쥐가 한쪽 구석으로 들어갈 때마다 쥐에게 자극을 가하고 반응을 살폈다. 처음에는 쥐가 같은 구석으로 되돌아갔다. 쥐는 그 자극을 좋아하는 것처럼 보였다. 올즈가 단추를 다시 누르자, 쥐는 같은 구석으로 더 빨리 돌아갔다. 세번째에는 쥐가 그 자리에 가만히 멈춰서서 뭔가를 기대하듯이 기다리고 있었다.

처음에 올즈는 자신이 호기심의 원천을 발견한 것이 아닐까 하고 생각했다. 쥐가 구석으로 돌아간 것은 호기심을 느꼈기 때문이라고 생각했다. 하지만 쥐가 스스로 레버를 눌러 자극을 느낄 수 있도록 상자 구조를 바꾸자, 쥐는 더이상 모험적인 행동을 하지 않았다. 쥐는 가만히 앉아서 단추만 반복적으로 눌렀다. 전극이 주는 자극은 쥐의 기분을 좋게 하는 것처럼 보였다. 이 효과는 아주 강력한 것으로 드러났다. 올즈의 실험에서 쥐들은 레버를 누르기 위해 설탕물, 먹이, 물, 짝짓기 기회 등을 모두 무시했다. 한 실험에서는 굶고 목이 말라 거의 죽을 지경이 될 때까지 계속 레버를 눌렀다. 또다른 실험에서는 쥐들은 오로지 스위치를 누르려는 일념으로 발에 전기 충격을 가하는 장치가 설치된 상자 바닥도 가로질러 달려갔다. 올즈는 뇌에서 즐거움과 관련된 지역들의 지도를 작성하기 위해 전극들의 위치를 조금 바꾸어보았다. 한 지역을 자극했더니 쥐들이 걸신들린 듯이 먹이를 먹었고, 다른 지역을 자극하자 먹이에 대한 흥미를 싹 잃었다.

먹고 마시는 것은 조작하기가 가장 쉬운 행동으로 드러났다. 올즈는 "뇌의 '보상' 부위들은 모두 후각 메커니즘과 화학적 감지기와 관련이 있었다"[24]라고 썼다. 향미와 즐거움은 어느 수준에서는 하나가 되었다.

올즈가 발견한 곳은 '쾌락 중추pleasure center'라 불리게 되었다. 이것은 놀라운 진전이었는데, 과학자들은 설탕에서 즐거움을 느끼는 뇌 구조는 즐거운 대화를 나누거나 좋은 책을 다 읽고 나서 느끼는 만족이나 성적 만족의 원천이기도 한 것이 아닐까 하는 의심이 들었다. 언론 매체들은 이 통찰의 잠재적 이점을 놓고 토론을 벌였다. 어쩌면 인간의 조건을 정의하는 고통은 말할 것도 없고, 불행과 우울증 같은 개인적 또는 사회적 재앙은 그저 스위치를 누르는 것만으로 치유할 수 있을지도 몰랐다.[25]

하지만 실제 상황은 그렇게 간단한 것이 아니었다. 1987년, 미시간 대학교에서 서른 살의 조교수이던 켄트 베리지Kent Berridge는 쥐를 대상으로 실험을 하다가 한 가지 이상한 현상에 주목했다. 설치류는 단것을 맛볼 때 얼굴과 입이 특유의 방식으로 반응하는데, 입을 크게 벌리고 마치 입술을 핥듯이 혀를 좌우로 움직인다.[26] 이것은 미소에 해당하는 반응으로, 맛있는 것을 먹을 때 느끼는 내적 경험을 겉으로 명확하게 표시하는 신호이다. 이 쥐들은 사전에 쾌락 중추를 차단하는 약물을 투여했기 때문에 예상대로 동작이 둔하고 무관심한 태도를 보였다. 하지만 그래도 이 쥐들은 설탕 맛에 입술을 핥았는데, 그러는 것이 불가능하다고 생각되는데도 불구하고, 분명히 단맛을 즐기고 있었다. 처음에 베리지는 이것을 사소한 것으로 여기고 무시했다.

베리지의 미소 짓는 쥐들에게는 뇌에서 분비되는 강력한 호르몬인 도파민을 차단하기 위해 약물을 투여했다. 올즈의 실험이 있고 나서 몇 년 사이에 도파민은 쾌락 중추를 작동시키는 물질로 확인되었다. 도파민은 신경 전달 물질의 일종으로, 뇌가 신호를 발사하는 신경 세포들과 협력하여 메시지를 보내기 위해 사용하는 호르몬이다. 신경 전달 물질은 움직임에서부터 감정에 이르기까지 모든 것을 촉진한다. 올즈가 활동하던 시대만 해도 도파민은 잘 알려지지 않은 뇌 속의 물질이었는데, 아드레날린과 노르아드레날린이라는 더 중요한 호르몬들의 기본 성분이며, 그 자체로는 눈에 띄는 기능을 하지 않는다고 생각되었다. 과학자들이 도파민의 중요성을 처음 파악한 것은 1960년대였다. 그때 과학자들은 도파민이 수의 운동隨意運動에 꼭 필요한 물질이란 사실을 발견했다. 사실, 파킨슨병에 걸렸을 때 떨림과 마비 증상이 나타나는 이유는 도파민을 생산하는 신경세포들이 죽기 때문이다. 나중에 생물학자 로이 와이즈Roy Wise는 도파민 차단제를 투여한 쥐들에게서 즐거움을 유발하는 전극에 자극을 주는 것과 정반대 효과가 나타난다는 사실을 발견했다. 쥐들은 완전한 무관심 상태로 빠져들었다. 먹고 마시는 것도 멈췄고, 단것을 포함해 그 어떤 즐거움에도 관심을 보이지 않았다.

와이즈는 도파민이 쾌락 물질이라고 선언했고, 과학계도 그 뒤를 따랐다. 와이즈는 1980년에 "도파민 접합점은 시냅스의 중간역에 해당하며…… 여기서 감각 입력은 우리가 즐거움, 행복감, '맛있는 느낌' 등으로 경험하는 쾌락의 메시지로 번역된다"[27]라고 썼다.

베리지는 쥐 실험을 다시 했다. 결과는 전과 동일했다. 그래서 왜 도파민이 분비되지 않는 동물이 여전히 설탕 맛을 느끼는지 설명을 찾으려고 했다. 그는 혹시 와이즈가 틀린 게 아닐까 하고 의심했다(두 사람은 그 당시 협력 관계에 있었기 때문에, 이런 의심은 약간 어색했다).

베리지가 맞닥뜨린 한 가지 난관은 얼굴 표정과 행동 외에는 쥐가 어떻게 느끼는지 설명할 수 없다는 점이었다. 전극으로 즐거움을 촉발한 이전의 실험을 검토한 그는 이 문제를 우회할 수 있는 방법을 발견했다. 뉴올리언스에 있는 툴레인 대학교의 의사들은 1950년대부터 1970년대까지 인간 자원자들의 뇌에 전극을 집어넣었다. 대부분의 자원자는 심각한 정신 질환을 앓고 있었다. 연구자들은 그렇게 뇌를 자극하면 증상 완화에 도움이 되리라고 기대했다.[28] (오늘날 이 기술을 조금 더 정밀하게 변형시킨 뇌 심부 자극술은 중증 우울증 치료에 사용되고 있다.)

이 실험은 흥미로운 통찰을 제공했는데, 심리학자들이 뇌의 해부학적 구조에서 행동과 감정의 원천을 지도로 작성하는 데 도움을 주었다. 하지만 그들은 때로는 완전히 잘못된 판단을 하기도 했다. 한 실험에서 심리학자 로버트 히스Robert Heath는 B-19라는 별명으로 불린 젊은 남자의 뇌에 전극 9개를 집어넣었다.[29] B-19는 심한 우울증을 앓고 있었는데, 약이나 대화 요법에 아무 반응도 보이지 않았다. 그는 동성애자이기도 했는데, 그래서 그 치료의 한 가지 목표는 동성애 성향을 '치료'하는 것이었다. 시도한 치료법 중에는 남성용 포르노 영화를 보는 것과 창녀를 두 시간 동안 만나는 것도 포함돼 있었다.

머리에 구불구불한 전선을 치렁치렁 달고 있는 B-19는 사이보그처럼 보였는데, 어떤 의미에서 그는 실제로 사이보그였다. 그는 자신의 몸에 매단 줄을 당기는 일종의 전자 꼭두각시가 되었다. 히스는 B-19에게 전극을 작동시키는 단추를 주었다. 전극 중 하나는 쾌락 중추에 삽입돼 있었다. 그리고 예상대로 그곳에 작은 충격을 주자, B-19는 쥐들과 똑같은 행동을 보였다. 그는 계속 단추를 눌렀다. 45분 동안 850번이나 단추를 눌렀다. 그리고 자신감과 이완과 성적 흥분 등 여러 가지 감정이 기묘하게 섞인 상태를 경험했다고 보고했다. 실험자가 연결을 끊으려고 시도하자, 그는 제발 그러지 말라고 애원했다. 전극으로 자극을 받은 B-19는 또한 남자와 여자 모두와 섹스를 하고 싶은 충동이 생겼는데[30], 이에 히스는 동성애를 치료할 수 있는 방법을 찾았다고 생각했다. 몇 주일간의 실험 끝에 B-19는 마침내 전극들을 떼어내고 병원에서 풀려났다. 그리고 나서 히스는 11개월 동안 B-19의 경과를 추적했다. 히스는 "전보다 더 나아 보이고 분명히 기능도 더 좋아졌지만, 불만스러워하는 기질은 여전히 남아 있어 자신의 개선을 좀체 인정하려 하지 않는다"라고 썼다. 퇴원한 뒤에 B-19는 파트타임 일자리를 여러 군데 전전했고, 10개월 동안 한 기혼 여성과 성관계를 가졌으며, 돈을 벌기 위해 남성과 두 차례 성매매를 했다고 히스에게 털어놓았다.

이러한 기술을 읽다가 베리지는 한 가지 사실에 주목했다. 전극들은 B-19의 뇌에서 도파민 분출을 자극한다고 생각되었지만, B-19는 혼자서 즐거움을 얻진 못한 것으로 보였다. 그는 성적 흥분을 느꼈지만, 오르가슴에는 결코 이르지 못했다. "오! 정말 좋아!"라는 말을 한 적도 전혀 없었다. 단추를 누르는 것은 단지 더 많은 기대를 품게 했을 뿐이었다. 어쩌면 도파민은 즐거움을 전혀 만들어내지 않았으며, 대신에 즐거움에 대한 갈망을 만들어냈을지 모른다고 베리지는 생각했다. 이전에 과학자들은 즐거움의 중요성을 일축한 적이 있었다. 이제 그들은 즐거움을 만들어내는 것이 무엇인지에 대해 혼란스러운 상태에 빠졌다.❸¹

대체 쾌락 물질을 찾던 베리지는 중독성 약물로 눈길을 돌렸다. 모르핀과 헤로인 같은 아편 유사제는 이상 황홀감을 유발한다. 어쩌면 그 답은 엔도르핀으로 알려진 뇌 자체의 천연 아편 유사제에 있는지도 모른다. 베리지는 최초의 발견을 한 지 거의 20년이 지난 2000년대 초에 쥐의 뇌 중 중격의지핵과 배쪽 창백이라는 두 지역에서 엔도르핀에 대한 강렬한 즐거움 반응을 추적했다. 그는 이곳들을 '쾌락 열점hedonic hotspots'이라고 불렀다. 지금까지 뇌에서 즐거움을 직접 유발하는 것으로 알려진 구조는 핀 대가리만한 크기의 이 작은 신경세포 덩

어리들뿐이다.❷

쾌락 열점에 있는 신경세포들은 여러 종류의 엔도르핀에 반응한다. 이것은 즐거움이 그만큼 복잡함을 시사하는데, 뇌의 많은 계들이 동시에 상호작용한 결과로 나타나기 때문이다. 그러한 엔도르핀 중 하나는 오렉신orexin으로, 비교적 희귀한 이 물질은 식욕과 성적 흥분과 각성하고도 연관이 있다. 또 하나는 아난다마이드anandamide인데, 산스크리트어로 '축복'이나 '행복' '기쁨'을 뜻하는 단어 '아난다ananda'에서 딴 이름이다. 아난다마이드는 즐거움뿐만 아니라 통증과 기억 그리고 더 높은 사고 과정에도 어떤 역할을 한다. 오렉신과 아난다마이드는 각각 아편 유사제와 대마초 제제 수용체를 활성화시키는데, 이 수용체들은 헤로인과 마리화나에도 반응한다.

즐거움의 해부학적 구조는 내장과 뇌의 더 고등한 기능들을 연결하는데, 쾌락 열점들이 정확하게 그 중간에 위치함으로써 이것을 가능하게 한다. 이것은 회로판과 비슷한 방식으로 작동한다. 여기에는 열점이 두 군데 있을 뿐만 아니라, 혐오감을 촉발하는 '냉점'도 근처에 하나 있다. 냉점은 강렬한 욕구를 불러일으키는 도파민 신경세포들이 많이 있는 지역에 자리잡고 있다. 베리지는 열점과 냉점을 함께 자극함으로써 쥐에게 끔찍한 맛이 나는 것을 강렬하게 원하게 만들었다. 열점 하나를 제거하자 즐거움이 감소했지만 사라지지는 않았다. 하지만 다른 열점마저 제거하자, 단맛을 끔찍하게 여겼다. 이 결과는 이 열점이 혐오감을 억제하는 동시에 쾌감을 증진하는 역할을 한다는 것을 의미한다.

혀 위에서 설탕이 녹는 것이 주는 즐거움은 뇌 깊숙이 자리잡고 있는 구조들에 모여 있는 특정 신경세포들이 체내에서 가장 중독성이 강한 호르몬들의 영향으로 활성화되면서 생긴 결과로 보였다. 하지만 즐거움의 기원에 관한 이 해부학적 지도를 아무리 자세하게 작성하더라도, 이걸로는 그 목적을 설명할 수 없었다. 도파민이 유발하는 갈망의 역할 역시 정확하게 밝혀지지 않았다. 더 많은 것을 알게 된 베리지는 이 빈틈을 채울 수 있는 이론을 만들었다. 많은 행동학적 모형과 마찬가지로 이 모형 역시 정교함이 부족한데, 인간의 결정과 행동의 방대한 다양성을 삼각형 형태로 축소시켜놓은 것이었다.

삼각형의 세 변에는 '욕구wanting' '애호 liking' '학습learning'이란 이름이 붙어 있었다. 이 삼각형은 모든 행동을 기술할 수 있는데, 특히 맛과 향미에 잘 적용된다. 욕구는 음식을 먹기 전에 그것을 바라고 관심이 고조된 상태를 말한다. 애호는 좋은 맛에서 얻는 즐거움으로, 음식을 획득한 일에 따르는 보상이다. 욕구와 애호는 함께 협력하여 학습을 만들어낸다. 인간의 뇌는 가장 맛있는 음식이 어디에 있는지 그리고 그것을 어떻게 획득하는지 배움으로써 만족을 얻는 방법을 아주 빨리 터득한다.

1990년대에 케임브리지 대학교의 신경과학자 볼프람 슐츠Wolfram

Schultz는 일련의 획기적인 실험을 통해 이 동역학을 극적으로 보여주었다. 슐츠는 또한 도파민이 갈망 뒤에서 보이지 않는 손으로 작용한다는 것을 보여주었다. '욕구'를 야기하는 것은 바로 도파민이다. 한 실험에서는 원숭이들을 기하학적 패턴들이 나타나는 컴퓨터 화면 앞에 앉혔다. 한 패턴이 나타나면 반드시 2초 뒤에 병에서 설탕 시럽이 나왔고, 다른 패턴은 설탕 시럽과 상관없이 무작위적으로 나타났다. 그리고 전극을 통해 원숭이 뇌에서 한 도파민 신경세포의 활동을 측정했다. 처음에 이 신경세포는 원숭이가 설탕 시럽을 먹을 때 신호를 발사했다. 하지만 동일한 사이클이 반복되자, 원숭이는 신호를 알아차렸고, 신경세포가 상황에 적응했다. 신경세포는 설탕 시럽이 나오기도 '전에' 신호를 발사하기 시작했다. 즉, 맛있는 것이 곧 나오리라고 예상하고서 기대와 갈망이 커진 것이다. 부엌에서 풍겨오는 냄새만 맡고도 침이 고이는 것은 도파민이 감각 식탁을 차리기 때문이다. 하나의 신경세포에서 일어나는 학습을 이렇게 추적할 수 있다고 할 때, 인간의 뇌에 있는 수십억 개의 신경세포가 같은 일을 평생 동안 하면 어떤 일이 일어날지 상상해보라.❸❸

즐거움의 기본 구성 요소를 확인한 베리지는 단맛이 잠깐 동안 제공하는 '좋은 느낌'이 실제로 무엇일까 곰곰이 생각했다. 그것은 좋아하는 노래를 듣거나 옛 친구를 만날 때 생기는 느낌과는 분명히 달랐다. 하지만 더 깊이 들어가면, 이 상태들은 동일한 것일지도 몰랐다.

즉, 뇌의 동일한 지역들에서 생겨나고, 동일한 쾌락 열점의 신호 발사와 호르몬 분비 패턴에 의존하는지도 몰랐다. fMRI 스캔에서 얻은 증거는 이 개념이 일리가 있다고 시사한다. 즐거움의 형태는 서로 달라도 뇌 활동 패턴은 서로 비슷하게 겹쳤다. 인간이 진화하고, 문화가 인간의 뇌에 그 영향을 새김에 따라 아마도 단맛을 담당하는 오래된 신경 회로는 더 고상한 즐거움을 위한, 그리고 심지어는 행복 자체를 위한 주형으로 변했을 것이다.[34] 베리지는 "궁극적인 행복은 욕구 없이 애호하는 상태일지도 모른다. 그것은 불교에서 말하는 행복의 느낌일지도 모른다"라고 말했다.

당에 탐닉하면 욕구와 애호와 학습의 정상적인 리듬이 깨진다. 인간은 큰 뇌와 유연하고 활동적인 신체를 유지하는 데 딱 필요한 만큼만 먹도록 진화했다. 위는 담을 수 있는 양이 제한돼 있고, 내장과 뇌는 균형을 맞추기 위해 끊임없이 대화를 나눈다. 강력한 호르몬들은 도파민에 민감한 부위들을 흥분시켜 배고픔을 느낄 때 음식을 찾도록 자극한다. 즐거움은 배고픔이 절정에 달한 시점인 식사를 시작할 때 피크에 이르렀다가 감소한다―이것은 설탕 그릇에 담긴 설탕을 다 먹어치우는 사람이 아무도 없는 한 가지 이유이다. 하지만 이 계에 지속적으로 과다한 양을 투여하면, 신호가 변질되기 시작한다. 예를 들면, 과당은 배고픔을 자극하는 그렐린ghrelin이라는 호르몬 수치를 높인다. 그래서 당을 먹으면 만족감을 느끼는 대신에 더 많이 먹고 싶은 욕구가 생긴다.

과학은 몸과 뇌 사이를 달리면서 쉽게 변질할 수 있는 이 경로들을 이제야 겨우 추적하기 시작했다. 맛 유전자에 대한 지식이 점점 늘어난 덕분에 실험실의 쥐와 생쥐를 실험을 위해 특별한 유전 형질을 가지도록 유전공학으로 만들 수 있다. 예일 대학교의 신경과학자 이방지 아라우주Ivan de Araújo는 유전공학으로 단맛을 전혀 느끼지 못하도록 만든 쥐들에게 맹물과 설탕물을 먹였다. 이 쥐들은 그 차이를 느끼지 못해야 했지만, 설탕물을 훨씬 더 선호했다.

정상적으로는 혀의 단맛 수용기는 맛있는 보상이 들어오고 있다는 신호를 뇌로 보낸다. 지 아라우주는 이 신호가 없는 상태에서도 설탕이 여전히 미지의 비밀 경로를 통해 자신의 존재를 알림으로써 쥐가 의식적으로 그것을 인식하지 못하면서도 설탕을 원하는 게 아닐까 하고 의심했다. 이 가설을 검증하기 위해 쥐의 뇌에 도파민 수치를 측정하는 탐침을 이식했다. 그러자 설탕물은 도파민 분비를 급증시켰다. 지 아라우주는 몸이 설탕을 감지하여—아마도 내장 벽에 늘어서 있는 미각 수용기를 통해—뇌에 설탕이 있음을 알림으로써 더 많은 설탕을 원하는 갈망을 촉발시켰다고 생각했다. 사람을 대상으로 같은 실험을 반복하자—약물로 단맛을 느끼는 능력을 차단한 상태에서—, 실험 대상자들은 설탕물을 마신 뒤에 모호한 만족감을 표시했

다.[35]

그 충동은 의지력과 약물을 모두 이겨냈다. 식욕 억제제는 배고픔을 감소시키지만, 갈망과 즐거움은 더 복잡한 현상이다. 도파민 차단제는 당에 대한 갈망을 차단하지만, 그와 동시에 모든 동기도 억압한다. 음식의 즐거움을 억제하는 약물은 그와 함께 모든 즐거움도 사라지게 할 수 있다.

당의 은밀한 효과가 더 많이 발견됨에 따라 사람들도 그 교훈을 알게 되었다. 2010년대의 처음 몇 년 동안 청량음료―미국인이 음식물을 통해 섭취하는 당의 원천 중에서 단일 품목으로는 가장 큰 비율을 차지하는―의 매출액이 수평선을 달리다가 100여 년간의 역사에서 처음으로 감소했다. 고과당 옥수수 시럽의 소비도 전반적으로 감소했다. 비만율도 비록 여전히 영양학자들은 우려를 금치 못하는 높은 수준이긴 했지만, 증가하지 않고 현상을 유지했다. 하지만 당뇨병 환자 비율은 계속 증가했다. 공중 보건에 미친 영향을 제대로 평가하는 데에는 몇 년이 더 걸릴 것이다.

이상적인 해결책은 그 맛을 완벽하게 흉내내면서도 건강 문제가 전혀 없는 설탕 대체물을 개발하는 것이다. 하지만 이것은 온 세계 사람들이 직면한 맛 문제 중에서 가장 오랫동안 해결하지 못한 문제이다. 고대 로마인은 으깬 포도를 납 용기에 넣고 끓여서 만든 사파^{sapa}

라는 시럽을 와인과 스튜, 그 밖의 음식에 단맛을 첨가하는 용도로 사용했다. 활성 성분은 연당鉛糖이라고도 부르는 아세트산납이었는데, 포도즙과 납 용기 사이에서 일어난 화학 반응의 결과로 만들어진 것이었다. 아세트산납은 독성이 있었다. 전체 지배층이 사파로 인한 납 중독에 시달리는 바람에 로마가 멸망했다고 주장하는 사람들도 있다 (역사학자들은 이 설명을 의심하지만). 아세트산납은 그후로도 수백 년 동안 와인에 감미료로 첨가되었다. 이로 인한 희생자로 의심되는 사람 중에는 와인을 즐기던 교황 클레멘스 2세와 루트비히 판 베토벤이 있는데, 클레멘스 2세는 1047년에 불가사의하게 죽음을 맞이했고, 베토벤은 그로부터 800년 뒤에 죽었다.

사카린, 분홍색 포장지에 든 스위튼로Sweet'N Low의 활성 성분, 다이어트 탄산음료에 쓰이는 아스파르탐 같은 현대의 설탕 대체물도 각각 나름의 문제점이 있다. 이것들은 설탕과 똑같은 맛이 나지 않는다. 사탕수수나 사탕무로 만든 설탕은 자당으로 이루어져 있는데, 자당은 다시 과당과 포도당이라는 두 종류의 당으로 이루어져 있다. 고과당 옥수수 시럽은 이 두 가지가 물리적으로 혼합된 것인데, 과당이 조금 더 많이 들어 있다. 모든 당 중에서 과당이 가장 달다. 단맛 수용기와 과당 분자 사이에 신비할 정도로 정확한 결합이 일어나기 때문에, 그 맛을 정확하게 흉내낼 수 있는 물질은 존재하기 어렵다.

대체물 분자들은 단맛 수용기와 결합하긴 하지만, 정확하게 딱 들어맞진 않는다. 자물쇠에 들어가긴 하지만 자물쇠를 단번에 열리게 하진 못하는 열쇠처럼 말이다. 이 분자들은 또한 얼얼한 맛과 쓴맛을 포함해 다른 종류의 미각 수용기하고도 결합한다. 그 결과는 아스파르탐의 희미한 금속성 뒷맛처럼 향미가 없는 기묘한 맛인데, 이것은 뇌의 쾌락 회로를 완전히 점화하지 못한다. 대부분의 설탕 대체물은 물에 잘 녹지도 않으며, 용액 속에 머물러 있지 않고 혀에 들러붙는다. 그래서 감각적으로 강렬한 효과를 내지만—아스파르탐은 설탕보다 약 200배나 달다—, 그 맛이 너무 오래 남는 경향도 있다. 또, 화학적 구조의 차이 때문에 빵을 만드는 성분으로 적합하지 않다. 당은 단지 달기만 한 게 아니라, 다양한 용도가 있다. 당은 가열하면 미세한 신맛과 쓴맛과 함께 복잡한 향미가 나타난다. 당은 결정에서부터 캐러멜에 이르기까지 다양한 형태와 밀도를 취할 수 있는데, 이런 성질은 대체물이 감히 흉내내기 어렵다.

또한, 오늘날 사용되는 주요 인공 감미료들은 모두 실험실에서 만들어낸 산업적 화학 물질이다. 사카린은 1878년에 존스홉킨스 대학교에서 우연히 발견된 콜타르 유도체이다. 아스파르탐은 1965년에 설 제약회사 실험실에서 한 과학자가 아무 생각 없이 궤양 치료제 성분이 묻은 집게손가락을 핥다가 발견했다. 스플렌다Splenda의 활성 성분인 수크랄로스sucralose는 거대 제당 회사인 테이트앤드라일의 연구자들이 자당 유도체를 살충제로 바꾸는 방법을 연구하다가 발견했다.[36]

감미료를 둘러싼 건강 문제는 설탕을 둘러싼 문제보다 더 애매모호하다. 아스파르탐은 창자에 메탄올을 극소량 만드는데, 메탄올은 우리 몸에서 분해되면서 포름알데히드—방부 처리 용액에 쓰이는 화학 물질로, 발암 물질이기도 한—로 변했다가 다시 분해된다. 하지만 오렌지와 토마토를 먹어도 같은 일이 일어난다. 미국의 식품의약국FDA은 1976년에 실험 동물에게 발생하는 암과 잠정적인 연관 관계가 있다는 이유로 사카린의 사용을 금지했지만, 나중에 증거가 빈약하다는 이유로 금지 조처를 해제했다. 수크랄로스는 체내에서 분해되지 않는다. 하지만 최근의 연구들에서 인공 감미료가 당뇨병과 관련이 있을지 모른다는 불길한 결과가 나왔다.❸

혼란에 빠진 소비자들은 일반적으로 인공 감미료를 무조건 배척한다. 2013년 한 해 동안에만 다이어트 코크와 다이어트 펩시의 판매량은 각각 7퍼센트씩 떨어졌다. 2000년대 초부터 식품 및 청량음료 제조업체들은 천연 설탕 대체물을 찾는 경쟁에 수천만 달러를 쏟아부었다. 많은 식물은 달콤한 물질을 만든다. 하지만 이것들은 설탕과 정확하게 똑같은 맛이 나지 않는다. 서아프리카의 우림에서 자라는 식물인 타우마토코쿠스 다니엘리*Thaumatococcus daniellii*에서 발견된 단백질 타우마틴thaumatin은 지금까지 알려진 것 중 가장 단 물질이다—설탕보다 무려 3000배나 달다. 그 맛은 혀에 몇 분 동안 머물면서 감초 같은 뒷맛을 남긴다. 남아프리카에 서식하는 식물인 스테비아 레바우디

아나*Stevia rebaudiana*의 잎에서 추출한 물질로 만든 스테비아는 쓴맛이 살짝 난다.❸

호마로 칸투는 거대 식품 회사들이 겪은 좌절이 미러클 베리에 기회를 주었다고 믿었지만, 그 역시 나름의 장애물에 맞닥뜨렸다. 1974년, FDA는 미라쿨린을 식품 첨가제로 분류했는데, 이것은 식품에 첨가하는 성분으로 승인을 얻으려면 광범위한 시험을 거쳐야 한다는 것을 의미한다. 미라쿨린을 옹호하는 사람들은 워싱턴에서 막강한 영향력을 행사하는 미국의 설탕 산업계가 막후에서 로비를 한 결과라고 주장했다. 미라쿨린은 현재 건강 보조 식품으로 분류돼 있다. 칸투가 미라쿨린을 발견할 무렵에 미러클 베리 추출물을 출시해 판매하려는 회사가 여러 군데 생겨났다. 그 가격은 여전히 높았지만 — 한 알에 1.50달러 —, 연구자들은 미러클 베리의 유전자를 토마토와 상추에 집어넣는 방법을 발견했다. 그러면 미러클 베리보다 미라쿨린을 훨씬 많이 생산할 수 있다. 화학적으로 미라쿨린은 감미료도 아니다. 그 향미는 약한 편이다. 대신에 미라쿨린은 다른 향미를 변화시키는데, 때로는 예측할 수 없게 변화시킨다. 이것은 식품 혁명을 일으키기에 충분하지 못할 수도 있다. 하지만 이것은 단맛에는 아직도 완전히 탐사되지 않은 미지의 영역들이 있음을 보여준다.

6장

열정과
혐오감

1833년, 비글호가 남아메리카 해안을 따라 티에라델푸에고 제도를 향해 나아가는 동안 찰스 다윈은 일련의 과학적 모험을 경험했다. 비글호 함장이던 로버트 피츠로이^{Robert FitzRoy}는 다윈을 지질학자의 자격으로 탐험에 동행하게 했다. 비글호의 주 임무는 남아메리카의 해안선과 해저 지도를 작성하는 것이었다. 몇 달 뒤에는 페루 앞바다에 있는 갈라파고스 제도에 이르렀는데, 거기서 목격한 기묘한 동물상과 식물상은 훗날 다윈이 진화론을 구상하는 데 중요한 기반이 되었다. 비글호가 남아메리카 해안을 따라 남쪽으로 내려갈 때 다윈은 기회만 있으면 육지에 상륙해 지질학적 표본을 관찰하고 수집했다. 아르헨티나의 바이아블랑카●에서는 가우초^{gaucho}●●들과 함께 말을 타고 팜파스를 여행했고, 구운 아르마딜로 고기를 먹었다. 우루과이에서는 한 농부에게 18펜스를 주고 멸종한 설치류의 머리뼈를 샀는데, 그 동물의 크기는 하마만했다. 파타고니아 해안에 위치한 푼타알타에서는 멸종한 거대한 땅늘보인 메가테리움의 뼈를 발견했다.

다윈은 대륙 남단에 사는 원주민에게 흥미를 느끼는 한편으로 혐오감도 느꼈다. 그는 불과 스물셋의 나이에 첫 항해에 나섰는데, 그 앞에는 기묘한 것들이 도처에 널린 이질적인 세계가 펼쳐졌다. 그가 만난 사람들은 이 세상의 그 어떤 사람들보다도 기이했다. 야간족은 통나무배를 타고 혼 곶 부근의 군도들을 돌아다니면서 수렵 및 채집 생활을 하며 한계선상에서 간신히 살아갔다. 대부분의 사람들은 머리를 길게 기르고, 심지어 추운 날씨에도 옷을 거의 입지 않고 살았다. 비글호가 혼 곶을 돌아갈 때, 다윈은 통나무배를 타고 노를 저으며 가는 사람들을 관찰했다. 그들은 기묘하고 퇴화한 인간의 표본이라는 느낌을 주었다. "이 불쌍한 사람들은 성장이 위축되었고, 흉측한 얼굴은 하얀 물감이 더덕더덕 칠해져 있었으며, 피부는 때와 기름으로 뒤덮였고, 머리카락은 마구 헝클어졌으며, 목소리는 귀에 거슬렸고, 제스처는 난폭했다. 막상 그런 사람들을 보면, 그들이 같은 세상에 살고 있는 동료 인간이자 거주자라고 믿기가 어렵다."

● 부에노스아이레스 주 최남단에 위치한 항구 도시.
● ● 남아메리카의 카우보이.

먹는 음식도 아주 끔찍했다. 다윈은 일기에 "물범을 잡아 죽이거나 부패하여 떠다니는 고래 시체를 발견하면, 동네잔치가 벌어진다. 그렇게 형편없는 음식에 맛도 없는 장과와 버섯 몇 가지를 곁들여 먹는다"라고 기록했다. 야간족은 해변에 떠밀려온 고래 시체를 토막내 고기와 지방을 모래 속에 파묻었다. 산소가 없는 상태에서 고기와 지방은 부패하는 대신에 발효했다. 그랬다가 몇 달 뒤에 그것을 파내 잔치를 벌였다. 그 지역에서 한동안 지낸 적이 있는 선원이 다윈에게 더 섬뜩한 이야기를 들려주었는데, 원주민이 사람도 잡아먹는다는 것이었다. 기근이 닥치면, 야간족은 개를 잡아먹기 전에 늙은 여자부터 잡아먹었다. 한 원주민 소년은 그 이유를 다음과 같이 설명했다. "개는 수달을 잡지만, 늙은 여자는 수달을 못 잡잖아요." 불쌍한 할머니들은 가끔 산으로 피신했지만, 곧 사람들에게 붙잡혀 화덕으로 끌려가 연기에 질식사한 뒤 선호하는 부위를 서로 가져가려는 사람들에게 난도질되었다.❶ (이것은 근거 없는 소문임이 거의 확실하다. 인류학자들은 야간족이 식인 행위를 했다는 증거를 전혀 발견하지 못했다.❷)

1834년 1월 19일, 비글호는 혼 곶 북쪽에 위치한 길이 약 160킬로미터의 비글 해협—6년 전에 비글호가 이곳을 탐사하여 붙은 이름—중간에 닻을 내렸다. 피츠로이와 다윈, 그리고 야간족 세 명—전번 항해 때 영국으로 붙잡혀가 3년간의 교화를 거친 뒤에 고향으로 다시 돌아온—을 포함해 모두 스물여덟 명의 일행이 배에서 내려 육지로 출발했다. 보트 네 척에 나눠 탄 그들은 노를 저어 동쪽 둑을 따라 나아갔다. 다음 날, 그들은 사람들이 거주하는 지역에 도착했다. 깜짝 놀란 원주민은 해안을 따라 불빛 신호를 보냈고, 일부는 보트를 따라왔다. 비글호 일행은 야간족의 한 야영지 근처에 상륙했고, 시험적인 만남이 일어났다. 처음에는 적대적이던 야간족은 비글호 일행이 목공용 송곳과 빨간 리본―그들은 그것을 머리에 맸다―을 건네주자 태도가 누그러졌다. 고향으로 돌아온 세 야간족 중 한 명인 제미 버턴^{Jemmy Button}은 "자신의 동포들을 매우 부끄러워했으며, 자기 부족은 저들과 아주 다르다고 말했지만, 그의 생각은 완전히 틀린 것이었다"라고 다윈은 기록했다.

원주민과 함께 모닥불 주위에 둘러앉았을 때, 다윈은 소고기 통조림을 따서 먹기 시작했다. 통조림은 발명된 지 20년밖에 안 됐고, 대영 제국에서 고기 통조림이 선상 식량으로 사용되기 시작한 것은 불과 얼마 전이었다. 그 맛은 오늘날 판매되는 소금에 절인 소고기 통조림과 비슷하게 기껏해야 그럭저럭 먹을 만한 정도에 불과했지만, 10여 년 전의 소금에 절여 훈제한 고기―어떤 기간의 항해에서도 상해버렸던―보다는 훨씬 나았다.

다윈은 "그들은 우리의 비스킷을 좋아했다. 하지만 한 야만인은 내가 먹고 있던 통조림에 든 고기를 손가락으로 만져보고는 그것이 물렁하고 차갑다는 걸 알고는 극도의 혐오감을 드러냈는데, 그것은 마치 내가 썩은 지방을 보았을 때 나타냈을 혐오감과 비슷한 것이었다"
라고 썼다.

다음 날, 비글호 일행은 노를 저어 울라이아 만으로 가 '문명화된'
야간족을 그곳에 내려놓고, 그 지역을 탐험하다가 1주일 뒤에 배로
돌아왔다.

하지만 고기 통조림 사건은 다윈의 뇌리에서 떠나지 않았다. 그가
관찰한 야간족은 자신의 편견에 의문을 던졌다. 그 당시 교양 있는 많
은 유럽인과 달리 다윈은 원주민의 기이한 취향과 비참한 환경의 이
유는 야만적인 본성 때문이 아니라 문명이 발달하지 않았기 때문이
라고 믿었다. 만약 이 생각이 옳다면, 자신이 관찰한 극단적 상황은
인간의 행동과 감수성이 자신이 상상한 것보다 변화 가능성이 훨씬
더 크다는 것을 의미했다.

그로부터 약 40년 뒤,『종의 기원』으로 역사에서 자신의 위치를 다
진 다윈은 새로 쓴 책『인간과 동물의 감정 표현The Expression of the Emotions in Man
and Animals』에서 이 만남에 대해 기술했다. 이 책의 주요 논지는 자연 선
택설을 비록 논리적이긴 하지만 논란이 되는 방식으로 확대한 것이
었다. 즉, 영혼의 반영으로 생각되는 인류의 무한히 미묘한 감정 표현
은 바로 동물의 감정 표현에서 진화했다고 주장했다. 고기 통조림에
대한 야간족 남자의 반응과 다윈 자신의 반응은 모두 혐오감을 드러
낸 예였는데, 혐오감은 원래 유해한 음식물에 대한 반응으로 생겨난

감정이지만, 훨씬 복잡한 것으로 진화했다.

'혐오감'이란 용어는 가장 단순한 의미로는 비위에 거슬리는 것을 뜻한다. 음식의 생김새나 냄새 또는 성격에 어떤 특이한 점이 있으면 이 느낌이 아주 쉽게 일어난다는 점이 흥미롭다. 티에라델푸에고에서 한 원주민은 우리의 야영지에서 내가 먹고 있던 차가운 통조림 고기를 손가락으로 만져보고는, 그 물렁물렁한 촉감에 극도의 혐오감을 표시했다. 한편, 나는 비록 그 손은 더러워 보이진 않았지만, 벌거벗은 야만인이 만진 내 음식에 극도의 혐오감을 느꼈다.

두 사람은 각자 고기의 상태나 냄새 때문이 아니라, 촉감과 상상력의 결합에서 생겨난 순간적인 속성 때문에 혐오감을 느꼈다. 야간족의 경우, 손가락 끝에 닿은 음식물의 기묘한 촉감과 그것이 혀 위에 있다는 생각이 결합해 그런 느낌을 받았다. 다윈의 경우, 어쩌면 인간의 살을 먹었을지도 모르고, 퇴화한 인간의 표본으로 간주되는 사람이 만진 음식을 먹는다는 생각에 혐오감을 느꼈다.

혐오감 또는 역겨움을 뜻하는 영어 단어 'disgust'는 '맛보다' 또는 '즐기다'라는 뜻의 라틴어 gustare에 부정을 나타내는 접두사 dis가 붙은 단어에서 유래했다. 따라서 문자 그대로의 뜻은 맛있는 것의 부정이다. 혐오감은 쓴맛과 신맛, 지나친 짠맛에 대한 오래된 반감을 바탕으로 결국에는 역겨운 냄새까지 포함하게끔 확대된 인간 특유의 반응이다. 하지만 혐오감은 탄력적이다. 다윈은 혐오감을 "1차적으로는 맛 감각과 관련해 실제적인 지각이나 생생한 상상을 통해 나타나는 혐오스러운 것이고, 2차적으로는 냄새와 촉각, 심지어는 시각을 통해 비슷한 느낌을 야기하는 모든 것"이라고 묘사했다. 혐오감은 촉감, 병든 사람을 보는 것, 피, 폭력, 개인적 배신, 성적 이상 행동, 특정 계층의 사람 등 거의 어떤 것이라도 그 원인이 될 수 있는 것처럼 보인다. 미각과 후각은 겉으로 서로 관련이 없어 보이는 이 다양한 종류의 반응들과 무슨 관계가 있을까?

기본적인 맛들은 욕망과 만족을 자극한다. 향기는 기억과 느낌을 환기시킨다. 뇌는 저절로 이것들을 합쳐 감각으로 만든다. 향미는 머릿속에 존재하는 것으로, 순전히 내면적인 경험이다. 하지만 호모 사피엔스는 본질적으로 함께 모여서 음식을 먹고, 위험에 대처하기 위해 서로 협력하면서 무리를 지어 살아가도록 진화한 종이다. 인간의 감각은 세계와—그리고 다른 사람들과— 접촉하면서 반응한다. 다시 말해서, 혐오감은 커뮤니케이션의 한 매개체이다. 혐오감을 느낄 때 나타나는 특유의 찡그림은 태어날 때부터 존재한다. 다윈은 "나는 태어난 지 5개월이 지난 내 아이의 입속에 처음으로 찬물이 들어갔을 때, 그리고 그로부터 한 달 뒤에 잘 익은 체리 조각이 들어갔을 때, 그 얼굴에 나타난 것만큼 혐오감의 표정이 노골적으로 나타난 것을 본 적이 없다"라고 썼다. "이것은 입술과 입 전체에서 나타났는데, 내용물을 얼른 밖으로 흘러나가게 하거나 밀어내려는 모양을 했고, 혀도 마찬가지로 쑥 내밀었다. 이러한 동작들과 함께 진저리도 약간 쳤다." 이것은 단지 얼굴 근육들을 특정 방식으로 배열하는 것에 그치는 것이 아니다. 이것은 어떤 사람의 개인적 감각 세계와 집단의 삶을 매개하는 작용인데, 개인과 집단의 생사는 느낌과 정보를 의사소통하는 기술에 달려 있다.

다윈은 얼굴을 열정적이고 창의적으로 연구했다. 그는 세계 각지의 과학자와 선교사에게 원주민의 감정적 반응에 관한 증거를 수집해달라고 부탁했다. 그리고 개인적으로 아는 젊은 어머니들에게 아이의 얼굴에 대한 일화를 들려달라고 했다. 또, 친구들이 개를 관찰한 이야기도 모았다. 그림과 사진도 수십 점 의뢰하거나 수집했다. 이런 조사에는 어려움도 있었다. 얼굴 표정은 얼굴이 표현하는 느낌과 마찬가지로 잠깐 동안만 나타났다가 사라지는데, 그 당시의 사진 기술은 긴 노출 시간이 필요했다. 사진을 찍으려면 1분 이상 굳은 표정으로 꼼짝도 않고 정지해 있어야 했다. 대신에 다윈은 한 프랑스인 의사가 한 실험 사진들을 구했다. 그 의사는 얼굴의 감각을 모두 잃은 환자에게 전기를 가하는 실험을 했다. 이를 통해 고정된 표정을 필요한 만큼 충분히 오랫동안 얻을 수 있었지만, 그 사진들은 매우 불안한 표정을 보여주었다.

『인간과 동물의 감정 표현』에는 틀린 사실도 일부 있었다. 이 책은 동물이 부모가 학습을 통해 얻은 새로운 얼굴 표정을 물려받을 수 있다고 주장했지만, 이 개념은 훗날 틀린 것으로 드러났다. 하지만 지난 40년 사이에 과학은 이 책의 기본적인 통찰 중 하나가 옳음을 보여주었는데, 바로 얼굴 표정에 생물학적·진화적 뿌리가 있다는 것이다.

1960년대 후반에 미국 심리학자 폴 에크먼Paul Ekman은 뉴기니 섬 남동부 고원 지역의 외딴곳에 사는 포레족을 방문했다. 그는 다윈의 책에 나오는 핵심 개념을 검증해보려고 했다. 인간의 얼굴 표정이 동물의 얼굴 표정에서 진화한 것이라면, 그것은 문화와 조건 형성을 초월하여 지구상의 어느 곳에서도 인식할 수 있어야 할 것이다. 큰 영향력을 떨친 인류학자 마거릿 미드Margaret Mead는 문화가 인간의 감정과 행동을 형성한 힘이라고 주장했다. 제2차 세계대전 이후 한 세대 동안 인간의 행동이 생물학이나 유전학의 지배를 받는다는 주장은 가끔 우생학에, 심지어는 나치즘에 비교되었다. 다윈의 책은 수십 년 동안 절판되어 거의 잊혔으며, 거기에 실린 개념들은 오명을 뒤집어썼다.

다윈은 보편적인 얼굴 표정은 행복, 슬픔, 분노, 두려움, 놀라움, 혐오감을 나타내는 여섯 가지가 있다는 가설을 세웠다. 다윈은 혐오감, 그리고 아마도 행복은 음식과 맛과 연관이 있다고 믿었다. 에크먼은 얼굴 표정 연구를 위해 국방부로부터 100만 달러의 연구 기금을 지원받았다. 그리고 바깥세상과 고립된 채 살아가는 석기 시대 부족들을 대상으로 연구를 시작했다. 만약 이들의 정동情動●이 현대 사회에서 살아가는 사람들의 정동과 일치한다면, 그 결과는 문화의 영향이 과대평가되었으며, 더 기본적인 요소가 작용함을 입증할 것이다.

포레족은 그전에 이미 죽은 사람의 뇌를 먹는 식인 풍습 때문에 과학계의 관심을 끈 적이 있었다. 이 풍습 때문에 1960년대 전반에 포레족 사이에 쿠루병이 크게 번졌다. 쿠루병에 걸리면 뇌 조직이 파괴되어 환자는 떨림과 발작, 치매 등의 증상이 나타나다가 결국 사망한다. 쿠루병과 광우병은 모두 뇌 조직에 프리온prion이라는 잘못 접힌 단백질이 생겨 발병한다. 에크먼은 미국국립보건원 연구자들이 쿠루병을 연구하면서 포레족을 촬영한 필름을 우연히 발견했다.

에크먼은 영화에 나오는 얼굴들을 몇 달 동안 조사했다. 그는 포레족이 나쁜 음식과 통증 그리고 서로에게 어떻게 반응하는지 관찰했다. 그는 "나는 다윈의 주장이 옳다는 사실을 발견했습니다. 지금까지 우리가 본 모든 표정이 그 문화에 있었기 때문이지요. 하지만 문제는 이것을 과학적으로 어떻게 증명하느냐 하는 것이었어요"라고 말했다.

에크먼은 전 세계를 여행하면서 미국과 일본, 브라질, 아르헨티나, 칠레에서 대학생 나이의 사람들을 대상으로 반응을 조사했다. 그리고 이들의 동일한 기본 표정들을 일관되게 확인할 수 있다는 사실을 발

● 희로애락과 같이 일시적으로 급격히 일어나는 감정.

견했다. 하지만 포레족과 또다른 부족인 보르네오 섬의 사동족을 조사하자, 일부 표현을 해석한 것이 대학생 나이의 사람들의 그것과 일치하지 않는다는 결과가 나왔다. 필름에서 관찰한 표정이 잘못된 것이 아닐까 하는 의심이 들었다. 하지만 다른 요인들이 결과에 영향을 미칠 수도 있었다. 석기 시대 부족을 대상으로 연구를 할 때에는 특별한 난관이 따른다. 테스트를 하려면, 자원자가 기본 지시 사항과 함께 얼굴 사진을 볼 때 그 반응으로 느끼는 감정들의 명단을 읽는 게 필요하다. 하지만 포레족은 글을 읽지 못하기 때문에, 조사자가 지시 사항을 읽어주어야 했다. 특정 감정을 나타내는 단어를 그들의 언어로 번역하는 데에도 어려움이 따랐다. 에크먼은 외부 세계로부터 얻은 지식이 포레족의 답변에 영향을 미치지 않았는지도 확실히 알 수 없었다. 결국 에크먼은 방법을 약간 바꾸어 조사를 다시 했다. 그는 선교사나 다른 외부인과의 접촉이 최소한으로 일어난 어린이들을 모집했다. 그리고 감정들의 명단 대신에 포레족 문화에 맞춘 아주 짧은 '이야기'들을 사용했다. 각각의 이야기는 특정 감정을 잘 구현한 것이었다. 혐오감을 나타내는 이야기는 "그 사람은 자신이 싫어하는 것을 보고 있다"라거나 "그 사람은 메스꺼운 냄새가 나는 것을 보고 있다"라는 식이었다.❸

이 조사 결과는 포레족의 얼굴 표정이 미국이나 일본 같은 선진국 사람들의 그것과 거의 동일하다는 것을 보여주었다. 미묘한 차이도 있었는데, 이것은 이런 반응을 만들어내는 데 문화적 힘이 어떤 역할을 한다는 것을 시사했다. 다른 문화의 사람들과 달리 포레족은 두려움과 놀라움의 차이를 구별하지 못했다. 포레족은 다른 사람에게서 그것이 나타나는 것을 보았을 때 혐오감을 인식한 반면, 혐오감을 느끼는 대상은 다양했다. 하지만 또다른 점에서도 다윈의 주장이 옳은 것으로 드러났다. 기본적으로 대영 제국 시민과 티에라델푸에고 원주민 사이의 차이는 그렇게 크지 않았다.

기본적인 형태의 '윽!' 하는 얼굴 표정은 다른 사람들에게 "얼른 그것 뱉어!"라는 분명하고 아주 유용한 경고를 전달한다. 그런 표정을 보면 그것에 공감하여 찡그리는 표정이 저절로 나타난다. 이런 형태의 메시지 전달은 실제로 인간 진화의 유산이다. 우리는 지적 능력 중 상당히 많은 부분을 얼굴 표정을 짓고 이해하는 데 쏟아붓는다. 사람과 유인원, 그리고 일부 원숭이는 다른 포유류보다 1차 시각 피질―뇌에서 맨 먼저 시각을 처리하는 지역―이 훨씬 크며, 얼굴 근육을 조절하는 신경세포 집단도 훨씬 많다. 이 종들은 다른 영장류보다 훨씬 큰 무리를 지어 살아가며❹, 사회적 위계도 훨씬 복잡하다. 초기의 호모 사피엔스 집단의 경우, 사냥과 채집, 음식 준비, 그리고 음식을 나누고 먹는 행위의 생활 리듬은 훨씬 미묘하고 정확한 형태의 의사소통을 장려했을 것이다.❺ 그리고 어느 순간부터 "얼른 그것 뱉어!"를 뜻하는 역겨운 표정의 찡그림—많은 포유류가 보여주는—이 새로운 목적에 사용되기 시작했다. 그중에서 가장 중요한 것은 질병에 대한 경고였다.

질병은 집단에 상시적으로 존재하는 위협이다. 음식에 포함된 독소와 달리 질병은 공격 경로가 아주 다양하다. 세균과 바이러스는 음식과 신체 접촉, 무는 곤충을 통해 보이지 않게 전파된다. 초기 인류는 상한 음식, 곪은 상처, 열, 발진, 구토와 같은 감염 가능성의 경고 징후를 알아차렸을 것이다. 이것들은 새롭고 더 광범위한 종류의 혐오감을 만들어냈을 것이다.

런던위생열대의학대학원의 생물학자 발레리 커티스Valerie Curtis는 오래전에 일어난 이 전환 사건의 메아리를 복잡한 현대 생활 속에서 탐지하는 방법을 고안했다. 2003년에 커티스는 BBC의 웹사이트에 무작위로 고른 사람과 물체 사진 20장을 게시했다. 방문자는 모든 사진에 대해 혐오감을 느끼는 정도를 0에서 5까지 점수를 매겼다. 사이사이에 서로 비슷한 이미지의 사진들을 쌍으로 배치했는데, 각 쌍 중 한 장은 질병을 암시하도록 변화를 주었다. 한 사진은 파란색 액체가 담긴 접시를 보여주었다. 그에 대응하는 사진에는 고름과 피처럼 보이는 것이 담겨 있었다. 또다른 사진은 건강한 남자의 얼굴을 보여주었다. 변화를 준 버전에서는 남자의 피부에 여드름이 많고, 또 얼굴에 열이 나는 것처럼 보였다. 감염을 암시하기 위해 커티스는 텅 빈 지하철 객차 사진과 사람들로 가득 찬 지하철 객차 사진을 포함시켰다. 전 세계에서 약 4만 명이 이 테스트에 참여했다. 당연히 대다수 사람들은 질병과 관련이 있는 이미지를 더 역겹게 느꼈는데, 남성보다 여성이 그런 경향이 더 강했다. 커티스는 이렇게 높은 감수성은 초기 인류 여성이 아기와 어린이를 질병에서 보호하는 데 도움을 주었을 것이라고 생각한다. UCLA의 인류학자 대니얼 페슬러^{Daniel Fessler}가 별도로 진행한 조사에서는 여성이 태아가 공격받는 것을 막기 위해 자신의 면역계가 약해지는 시기인 임신 후 처음 석 달 동안에 역겨움을 훨씬 쉽게 느끼는 것으로 나타났다. 질병 위험이 높아질 때, 뇌와 신체는 경계를 강화하는 반응을 보인다.❻

사람은 나이가 들면서 경계 태세가 줄어든다. 커티스의 연구에 참여한 사람들은 나이가 많을수록 질병을 암시하는 사진에 거부감을 덜 느꼈다. 커티스는 나이가 많은 사람은 생식을 할 가능성이 적으므로, 자연 선택과 집단의 생존이라는 관점에서 볼 때, 질병의 경고 신호에 주의를 기울여야 할 필요가 적어 이런 현상이 나타난다고 생각한다. 커티스는 또한 참여자들에게 '우편집배원' '직장 상사' '텔레비전 기상 캐스터' '형제' '절친' '배우자' 등이 포함된 명단에서 칫솔을 함께 사용하고 싶지 않은 사람의 순위를 매겨보라고 했다. 유대가 약한 사람일수록 칫솔을 함께 사용하는 것에서 느끼는 혐오감이 더 강했다. 낯선 사람은 친구나 친척보다도 질병의 위험에 면역계를 노출시킬 가능성이 더 크다.

커티스는 이러한 반응들을 '행동 면역계'라고 불렀다. 행동 면역계는 감각을 집단동역학과 혼합하는 신호들의 집합이다. 이러한 반응을 하는 습관들은 관찰과 인내, 그리고 궁극적으로는 성공을 바탕으로 쌓이게 된다. 오랜 세월이 흐르는 동안 행동 면역계는 끊임없이 변하는 위협에 대응하기 위해 늘 그 외형을 바꾸고 확대했을 것이다.❼ '욱!' 하는 얼굴 표정을 새로운 사물과 상황에 적용하면서 사람들은 그것을 언어, 몸짓과 결합하여 표정 목록을 점점 확대했을 것이다.

불쾌감과 '욱!' 하는 얼굴 표정은 신호를 발사하는 신경세포들과 혈류, 그리고 뇌섬엽과 안와전두피질을 포함한 뇌 속의 신경 전달 물질의 활동 등으로 이루어진 오래된 회로가 만들어낸 산물이다. 혐오감도 동일한 회로를 사용한다. 하지만 혐오감은 이 회로를 새로운 목적을 위해 변화시켰다. 과학자들이 환자 B.라는 별명으로 부른 유쾌하고 태평한 남자가 이 블랙박스의 내부를 밝히는 데 도움을 주었다.

1975년, 마흔여덟 살이던 환자 B.는 단순 헤르페스 바이러스 감염으로 뇌에 일어나는 염증인 심각한 종류의 뇌염에 걸렸다. 환자 B.는 사흘 동안 혼수상태에 빠졌다가 깨어난 뒤, 차차 건강을 회복해 한 달 뒤에 퇴원했다. 하지만 환자 B.의 뇌와 마음은 심각한 손상을 입었다. 바이러스 감염으로 소뇌 편도와 양 반구의 해마를 포함해 기억과 감정과 관련된 구조들이 파괴되었다. 그는 어린 시절의 사건과 날짜는 기억할 수 있었지만, 그 뒤에 일어난 일은 거의 아무것도 기억하지 못했다. 그는 새로운 사실을 겨우 40초 동안만 기억하면서 항상 현재에서만 살아갔다. 그가 아는 지식은 대부분 일반론적인 것에 그쳤다. 자신의 결혼식은 기억하지 못했지만, 결혼이 무엇인지는 알았다. 그럼에도 불구하고, 환자 B.를 처음 만난 사람들은 즉각 문제점을 알아채지 못했다. 그는 행복해 보였다. 자주 웃었고, 체커를 두는 것을 아주 좋아했고, 테스트를 하려고 계속 찾아오는 신경과학자들을 반갑게 맞이했다. 그는 신경과학자들이 던지는 정신적 도전 과제를 즐겼다.

가장 기묘한 행동은 향미에 관련된 것이었다. 뇌섬엽과 안와전두피질 일부는 파괴된 상태였다. 환자 B.는 소금물과 설탕물의 차이를 구별할 수 없었다. 그는 둘 다 미소를 지으며 마셨고, 더 맛있는 것이 어느 것이냐고 물으면 둘 중에서 무작위로 선택했다. 맛을 약간 지각하긴 했지만, 대개는 무의식적으로 지각했다. 2005년에 신경과학자 랠프 에이돌프스Ralph Adolphs와 안토니오 다마시오Antonio Damasio가 환자 B.에게 빨간색이나 초록색으로 표시한 소금물과 설탕물을 주었다. 그러자 상황이 확 달라졌다. 환자 B.는 두 용액을 맛보고 마음에 더 드는 것을 선택하라는 지시를 받았다. 그러자 19회의 시도 중 18회나 설탕물을 선택했다. 그리고 소금물을 마시라고 하자, 완강하게 거부했다. 단맛 자체에 대한 인식이나 평가가 전혀 없는 상태에서 색이 설탕물에 대한 선호를 만들어냈다—혹은 드러냈다. 에이돌프스와 다마시오는 환자 B.의 뇌에 짠맛과 단맛을 구별하는 부분이 손상되지 않은 채 남아 있지만, 손상된 의식적 부분과 차단되었다는 가설을 세웠다. 섬에 고립된 사람이 지나가는 배를 보고 신호탄을 쏘듯이, 색 덕분에 뇌의 이 부분은 바깥 세계에 자신의 진정한 느낌을 신호로 보낼 수 있었다.❽

환자 B.에게서 불쾌감을 느끼는 감각은 사실상 망가졌고, 따라서 당연히 혐오감을 느끼는 감가도 망가졌다. 그는 역겨움이 무엇인지, 그리고 심지어 그것이 존재했다는 사실조차 잊어버렸다. 그는 라임주스 원액을 한 컵 들이켜고는 "맛있군요"라고 말했다. 구토를 하는 사람 이야기를 읽었을 때, 환자 B.는 그 사람이 배가 고프거나 즐거워하는 것으로 상상했다고 말했다. 실험자들은 그를 위해 여러 가지 얼굴 표정을 지어 보였다. 환자 B.는 그중 일부를 알아보았지만, 혐오감의 표정을 "목마르고 배고픈" 것으로 인식했다. 한 연구자가 음식을 씹다가 뱉으면서 구역질하는 소리와 함께 '욱!' 하는 얼굴 표정을 짓자, 환자 B.는 또다시 그 음식을 '맛있는' 것으로 분류했다.❾

환자 B.의 뇌는 너무 심하게 손상되어 혐오감을 느끼고 상상하고 인식하는 각각의 기능이 어디서 그리고 어떻게 합쳐지는지 정확하게 집어낼 수 없었기 때문에, 신경과학자들은 조사에 나섰다. 그 결과, 그들은 익숙한 장소에 이르렀다. 프랑스국립과학연구센터에서 실시한 실험에서는 자원자 14명에게 역겹거나 맛있거나 중립적인 액체가 담긴 잔에 코를 갖다대고 쿵쿵댄 뒤에 반응을 보이는 사람들의 영화를 보여주면서 그 뇌를 촬영했다. 그러고 나서 이번에는 자원자 14명에게 직접 잔에 코를 쿵쿵대게 하면서 그 뇌를 촬영한 뒤, 그 결과를 비교했다. 그러자 관찰과 경험이 오직 한 장소에서만 겹치는 것으로 나타났는데, 그곳은 바로 맛을 처리하는 지역인 뇌섬엽 앞부분이었다. 뇌섬엽은 내부의 느낌과 외부로 향하는 공감 반응이 합쳐지는 장소이기도 하다.❿

혐오감을 느끼고 다른 사람의 혐오감 반응을 관찰하는 것은 서로 비슷한 뇌 활동 패턴과 비슷한 느낌을 만들어낸다. 이것은 공감의 기본적인 형태이다. 뇌 스캔은 그 사람의 공감 능력이 뛰어날수록 혐오감에 더 민감하고, 뇌섬엽이 더 밝게 빛난다는 것을 보여주었다.⓫ 뇌섬엽은 신체의 많은 내부 상태와 느낌의 중심지라는 사실을 명심하라. 그 신경세포들은 얼굴 근육을 움직이고, 표정을 인식하고, 기억을 환기하고, 말과 상상과 이야기를 가능케 하는 뇌 구조들에 맞춰 미각계를 조절한다. 기다란 방추처럼 생긴 폰 에코노모von Economo 신경세포들은 대부분 뇌섬엽에 모여 있다. 이 신경세포들은 보통 신경세포들보다 훨씬 먼 거리까지 메시지를 전달하는데, 아마도 뇌가 큰 동물들의 피질 주위에서 점점 넓어지는 간격을 연결하기 위해서 그럴 것이다. 방추신경세포는 감정 신호를 해석하고 거기에 반응하는 일을 돕는 것처럼 보이는데, 그럼으로써 우리의 대인 관계와 사회적 페르소

나를 형성한다.❶

  이것은 우리의 가장 정교한 행동의 기저에 본능적인 미각 반응이 자리잡고서 정치에서부터 돈에 이르기까지 모든 것에 대한 생각과 판단에 활기를 불어넣는다는 걸 의미한다. 토론토 대학교의 심리학자 해나 채프먼Hanah Chapman은 이 개념을 검증해보기로 했다. 채프먼은 2009년에 입과 윗입술 양쪽에 쌍으로 늘어선 근육들에 초점을 맞춰 실험을 진행했나. 윗입술올림근이라 부르는 이 근육들은 얼굴을 찡그릴 때 수축하면서 코에 주름을 만든다. 첫번째 단계에서는 쓴 음료를 마시거나 똥과 부상과 벌레 사진을 볼 때 이에 대한 반응으로 이 근육들이 수축하는 정도를 전극으로 측정했다. 그러고 나서 이번에는 자원자들에게 최후통첩 게임을 하게 하면서 실험을 다시 했다. 두 게임 참여자에게는 10달러의 돈이 있다. 한 사람이 그 돈을 둘이서 어떻게 나누어 가질지 제안하면, 상대방은 그 제안을 받아들이든가 거절하든가 양자택일한다. 만약 두번째 사람이 제안을 받아들이면, 두 사람은 그 제안대로 돈을 나누어 가진다. 만약 제안을 받아들이지 않는다면, 두 사람 다 한 푼도 갖지 못한다. 실험자들이 그들의 얼굴 근육을 관찰하는 가운데 게임 참여자들은 제안과 결과에 대한 자신의 감정적 반응을 평가했다. 상대의 제안이 더 불공평할수록 사람들은 혐오감이 더 커지면서 윗입술올림근을 씰룩였고, 제안을 거부할 확률이 더 높았다. 상대가 10달러 중에서 1달러만 주겠다고 제안했을 때, 윗

입술올림근의 수축은 크게 치솟았다.

그 신호는 분명했다. 불공정한 행위는 끔찍한 것을 맛볼 때와 똑같은 근육 씰룩임을 낳았다. 공정성이라는 일상적인 도덕률을 위배하는 행위는 분노를 촉발하는 대신에 혐오감과 함께 불공정한 제안—그리고 그 제안을 한 사람—을 거부하는 결과를 낳았다. 맛은 원시적 형태의 도덕으로 변했다.[13]

1980년대에 펜실베이니아 대학교의 심리학 교수 폴 로진Paul Rozin은 이러한 혐오감의 단계적 변화에 흥미를 느꼈다. 그 당시에 이 분야에서 이 문제에 관심을 가진 사람은 아무도 없었다. 그 주제는 별 의미도 없고 미래도 없는 것으로 간주되었다. 그래도 로진은 이 주제를 깊이 연구해보기로 결정했다. 로진은 1985년에 행한 실험에서 어린이에게 오염 감각—야간족 남자가 통조림 고기를 손으로 만졌을 때 다윈이 경험했던 것과 동일한 느낌—이 어떻게 나타나는지 조사했다.

로진은 사과 주스를 빗과 짝짓고, 쿠키를 죽은 메뚜기와 짝지었다. 그리고 각 쌍을 3세부터 12.5세 사이의 어린이들에게 내놓았는데, 여러 단계의 혐오감을 유발할 목적으로 짠 시나리오도 곁들였다.

먼저, 연구자가 자신이 빗으로 젓고 나면 사과 주스를 마셔도 된다고 어린이들에게 말했다. 한 실험에서는 깨끗한 새 빗을 사용했고, 다른 실험에서는 어린이들에게 빗은 사용한 것이긴 하지만 물에 씻은 것이라고 말했다. 세번째 실험에서는 그 빗은 방금 자기 머리를 빗은 것이라고 말했다. 그 다음에는 죽은 메뚜기를 쿠키가 담긴 접시 옆에 놓아두었다. 연구자는 쿠키 위에 초록색 설탕을 뿌리면서 그것은 메뚜기를 갈아 만든 것이지만 설탕 맛이 난다고 말했다. 마지막으로, 연구자가 주스를 더 따르면서 죽은 메뚜기를 컵 속에 빠뜨렸다. 메뚜기 시체가 주스 위에 둥둥 떴다. 그러고 나서 어린이에게 빨대를 주면서 "마실래?"라고 말했다.

나이가 많을수록 오염된 물체를 거부할 확률이 더 높았다. 3세부터 6세 사이의 어린이 중 80퍼센트는 사용한 빗으로 저었다는 주스를 마셨지만, 나이가 많은 집단에서는 10퍼센트만 마셨다(비록 이 집단 중 20퍼센트는 메뚜기 시체가 둥둥 뜬 주스를 마시겠다고 했지만, 이것은 아마도 청소년기의 모험심이 작용한 결과일 것이다). 어른들은 같은 실험에서 훨씬 민감한 반응을 보였다. 어린이는 67명 중 단 5명만 새 빗으로 저은 주스를 거부한 반면, 어른들 중에서는 약 절반이 거부했다.[14]

혐오감은 살아가면서 계속 발전한다. 어린이가 자라 어른이 됨에 따라 사회적 상호작용이 더 복잡해진다. 그와 동시에 사회적 규칙도 이해하게 된다. 이것들은 모두 뇌에 각인된다. 그래서 어른이 되었을 때, 개인적인 혐오감 우주는 기하급수적으로 팽창한다. 로진과 동료인 조너선 하이트Janathan Haidt는 그것을 네 범주—부적절한 성적 행동, 나쁜 위생, 죽음, 부상이나 비만 또는 변형 같은 신체 기준 훼손—로 나누었다.

　로진은 여기서 근원적인 주제를 보았다. 우리는 자신이 피를 흘리고 배설하고 섹스를 하고 병에 걸리는 연약한 육체를 가진 동물이라는 사실을 떠올리길 싫어한다. 이것들은 죽음을 상기시킨다. 죽음이 다가오고 있음을 아는 동물은 우리뿐이다. 혐오감은 죽음을 상기시키는 것으로부터 눈을 돌리게 하는 한 가지 방법이다.

　우리가 뭔가를 먹으려면, 그전에 먼저 동물이나 식물이 죽어야 한다. 동물을 도살하고 손질하는 과정은 우리 눈 밖에서 일어나며, 슈퍼마켓의 유리 뒤쪽에서 비닐에 포장돼 진열된 스테이크와 닭고기와 돼지갈비는 마치 마술처럼 원래의 육체에서 분리된 것처럼 보인다. 미국에서는 먹을 수 있는 것으로 간주되는 동물들의 종류가 제한돼 있다. 소, 돼지, 생선은 먹어도 되지만, 말이나 개, 쥐는 먹을 수 없다. 일부 장기―간과 송아지 췌장―는 진미珍味로 여기는 반면, 다른 장기―방광, 염통, 뇌 등―는 혐오스러운 것으로 여긴다. 이러한 규칙은 장소와 문화에 따라 거의 임의적일 정도로 변화가 심하다. 미국 남부에서는 돼지 족발이 보편적인 음식이고, 멕시코에서는 소의 내장을 재료로 만든 내장탕인 메누도menudo를 즐겨 먹으며, 중국에서는 닭의 모든 부위가 요리 재료로 쓰인다.

　한 나라의 민족 전체가 다른 나라 사람들이 혐오감을 느끼는 음식을 즐기는 극단적인 경우도 있다. 이것은 혐오스러운 음식과 진미 사이의 경계선을 종이 한 장만큼 얇게 만들며, 지리와 기후, 문화에 따라 그 경계선이 결정될 수 있다. 아이슬란드에서 큰 인기가 있는 하칼hákarl이라는 음식은 그린란드상어 고기를 발효시켜서 만드는데, 암모니아 냄새가 코를 찌르는 역겨운 향미로 악명이 높다. 하칼은 용감한 식도락가들 사이에서 도전 종목이 되었는데, 유명한 요리사들조차도 흔히 도전에 실패한다. 유명한 요리사인 앤서니 부르댕Anthony Bourdain은 하칼을 자신이 먹은 것 중에서 "단일 음식으로는 가장 역겹고 끔찍한 맛이 나는 최악의 음식"이라고 불렀다. 여행 채널Travel Channel의 〈기이한 음식Bizarre Foods〉 프로그램 사회자인 앤드루 지먼Andrew Zimmern은 그 냄새를 맡고는 "지금까지 살아오면서 맡았던 것 중 가장 끔찍한 것들"이 떠올랐다고 말했다. 하지만 적어도 맛만큼은 그럭저럭 먹을 만하다고 평가했다. 스코틀랜드의 유명한 요리사이자 방송인인 고든 램지Gordon Ramsay는 그것을 먹다가 뱉어냈다.

그린란드상어는 독특한 생리학적 특성 때문에 그 고기에 독성이 있다. 상어는 일부 노폐물을 오줌 대신에 근육과 피부를 통해 배출한다. 그린란드상어의 몸속에는 오줌의 주요 성분인 요소와 산화트리메틸아민TMAO이 비정상적으로 높은 농도로 축적돼 있는데, 강력한 신경독소인 산화트리메틸아민은 심하게 취한 것과 같은 상태를 유발하며 때로는 목숨까지 앗아간다. 중세 후기에 아이슬란드 사람들은 야간족이 고래 고기와 지방을 처리하는 방식과 마찬가지로 상어 고기를 모래 속에 파묻고 그 위에 무거운 돌을 올려놓아 독소를 눌러 짜내면서 몇 달 동안 방치함으로써 이 문제를 해결했다. 고기가 얼었다가 녹았다가 다시 어는 동안 젖산균과 아키네토박테르*Acinetobacter* 세균이 증식하면서 요소와 산화트리메틸아민을 분해하는 효소를 만들어낸다. 하지만 두 가지 부산물 때문에 악취가 심해진다. 요소는 분해되어 암모니아가 생기며, 산화트리메틸아민은 분해되어 썩은 생선에서 특유의 냄새를 내는 화합물인 트리메틸아민이 생긴다.

용암밭에서 멀지 않은 외딴 바닷가 지역에 위치한 뱌르나르회픈은 아이슬란드에서 하칼을 만드는 몇 안 되는 장소 중 하나이다. 크리스티아운 힐디브란손*Kristján Hildibrandsson*은 1년에 약 100마리의 상어를 처리하는 사업과 그 전통을 기념하는 소형 박물관을 운영한다. 힐디브란손의 아버지와 할아버지는 길이 6미터의 도리*dory* ●를 타고 낚시로 상어를 잡았지만, 지금은 부두에서 대형 트롤 어선이 잡아온 상어를 산다. 힐디브란손은 고기를 나무 상자에 넣고 4~6주 동안 압축한 뒤, 박물관 뒤에 있는 창고에서 주황색-노란색-회색의 얼룩덜룩한 상어 살 묶음을 매달아놓고 3~5개월 동안 공기 중에서 건조시킨다. 창고에서 반경 약 15미터 안에는 지독한 암모니아 냄새가 진동하는데, 심지어 비가 심하게 내릴 때에도 그렇다. 수백 년 전에는 반쯤 썩은 상어 고기가 겨울 동안 바이킹 식민지들을 먹여 살린 유일한 식량이었을

● 소형 평저선.

지 모른다. 지금은 북유럽 신화에 나오는 천둥의 신 토르를 기리기 위해 한겨울에 열리는 축제인 소라블로트^{Þorrablót} 동안에 한입 크기의 덩어리들로 나눈 하칼을 브렌니빈—곡물이나 으깬 감자를 발효시키고 캐러웨이로 향을 낸 아이슬란드의 독주—과 함께 먹는다. 힐디브란손은 찾아온 사람들에게 작은 덩어리의 하칼을 갈색 빵과 함께 내놓으면서 맛보라고 권한다. 그는 도움이 되었으면 하는 마음에서 "어떤 사람들은 그 맛을 가시게 하려고 얼른 빵을 먹으려고 합니다"라고 말했다. 암모니아 냄새와 썩은 냄새는 두 번—고기를 내왔을 때와 그것을 씹을 때—진동하면서 모든 것을 압도한다.

무엇이 혐오스러운 것이고 무엇이 맛있는 것인지를 지배하는 규칙은 생물학적 근거가 전혀 없다. 그것은 다양한 음식을 제공하고, 전통에 기초해 그런 경계선을 긋는 여유가 있는 복잡한 사회의 산물이다. 로진은 "동물의 산물은 거의 다 혐오스러운데, 그러면서도 모든 식품 중에서 영양분이 가장 많은 것이기도 합니다. 그렇다면 고기처럼 영양분과 칼로리가 아주 많이 들어 있는 음식에 그토록 거부감을 느껴야 할 이유가 있나요?"라고 말했다.

혐오감의 원천은 무한하다. 로진은 오염에 대한 두려움이 가장 끈질긴 원인임을 발견했다. 일단 어떤 것이 오염된 것으로 간주되면, 그것과 접촉하는 것은 어떤 것이건 그 속성이 옮아갈 수 있다. 불순물은 은유적인 것일 수도 있지만, 뇌는 그것을 상당히 실재적인 것으로 받아들인다. 연구에 따르면, 강박 장애 같은 심리적 문제가 있는 사람은 혐오감 감각이 지나치게 발달해 그러한 오염 감각을 없애기 위해 손 씻기 같은 단계를 반복하는 것으로 나타났다. 그렇게 열정적이고 무 차별적인 혐오감 감각이 발달한 사회는 거기에 대처하는 방법을 찾 아야 했다. 예를 들면, 정결한 음식과 부정한 음식에 관한 유대인의 율법은 어떤 음식이 오염된 것인지 아닌지를 명시한다. 성경에서 하 느님은 유대인에게 짐승 가운데 굽이 갈라지고 그 틈이 벌어져 있으 며 새김질하는 것은 모두 먹을 수 있으며, 물에 사는 동물 중에서는 지느러미와 비늘이 있는 것만 먹을 수 있다고 말한다. 이 규칙에 따르 면, 돼지와 토끼, 조개류와 갑각류는 먹을 수 없다. 또, 병든 동물도 먹 어서는 안 되고, 동물을 죽일 때에는 정해진 의식 절차를 따라야 하 며, 반드시 한 번에 목을 베어 죽여야 한다.

혐오감은 또한 부패할 수 있다. 그것은 국가와 민족을 갈라놓는 문 화적 힘이 될 수도 있다. 폴 에크먼은 "나는 혐오감이 아주 위험한 감 정이라고 믿습니다. 그것은 집단 학살의 동기가 되지요. 만약 우리가 다른 사람들이 혐오감을 불러일으킨다고 믿는다면, 그것은 그 사람들 의 인간성을 부정하는 것입니다. 히틀러의 핵심 선전원이었던 요제프 괴벨스는 유대인이 이와 같은 질병이라고 말했습니다. 그런 것은 바 로 혐오감을 나타내는 단어입니다"라고 말했다.

다윈이 야간족과 만났을 때 일어난 고기 통조림 사건을 다시 한 번 생각해보자. 전형적인 인문주의자였던 다윈은 문화를 초월해 보편적으로 성립하는 과학적 설명을 추구했다. 하지만 그의 반응과 야간족의 반응은 그들 사이의 의사소통 불가능성을 보여주었다. 각자는 서로 다른 세계에 살고 있었고, 고기 통조림에 대한 인식은 어린 시절에 각자가 겪은 경험과 자기 사회의 규칙으로 정의되었다. 그들의 반응은 향미 자체를 나타내는 긴 호에서 하나의 변곡점에 해당하는데, 그것은 상승하던 근대 세계와 이 세계의 기묘한 식품 발명품이 그동안 인간의 미각을 빚어왔지만 사라져가고 있던 자연적인 것과 만난 순간이었다.

다윈은 야간족 남자가 손으로 고기를 만진 행동을 식품을 오염시키는 것으로 보았다. 원주민을 더럽다고 여기게 만든 속성은 그것이 무엇이건 간에 고기로 전이되었다. 동물이 만진 것이 아니라 사람이 만졌다는 사실이 상황을 더 악화시켰다. 다윈은 1862년에 한 동료에게 보낸 편지에서 "티에라델푸에고에서 벌거벗고 몸에 칠을 하고 추위에 오들오들 떠는 섬뜩한 야만인을 처음 보았을 때, 내 조상들도 저들과 다소 비슷했을 것이라는 생각이 떠올랐는데, 그 당시의 내게는 그 생각이, 비교할 수 없을 정도로 훨씬 더 오래전의 우리 조상이 털로 뒤덮인 짐승이었다는 현재의 내 믿음만큼, 아니 그보다 훨씬 더 역겨웠다고 단언할 수 있다"[15]라고 썼다.

다윈의 반응은 시대의 산물이었다. 대영 제국은 국운이 상승일로에 있었고, 한때 세상의 오지였던 장소들에서 다윈과 비슷한 배경을 가진 사람들이 원주민을 만나 그들을 굴복시키고 '개화'시키는 방법을 찾고 있었다. 18세기와 19세기에 이와 비슷한 한 가지 문화적 강박증은 태어날 때부터 줄곧 또는 생애 중 일부를 인간 사회에서 격리된 채 살아온 '야생아'와 관련된 것이었다. 야생아는 자연과 문명 사이의 경계선 양쪽에 발을 걸친 상태였고, 경계선 양쪽을 넘나들며 살았다. 야생아에게는 음식 문제가 있었다. 프랑스 심리학자 뤼시앵 말송^Lucien ^Malson은 1344년의 '헤세의 늑대 아이'에서부터 1961년의 '테헤란의 유인원 아이'[16]에 이르기까지 600여 년에 걸쳐 53명의 야생아에 대한 정보를 수집해 그 이야기들에서 공통되는 주제들을 확인했다.

야생아는 대개 자급자족 방식으로 거의 먹을 수 없는 음식을 먹으면서 살아갔다. 말송은 1672년에 발견된 아일랜드의 '양 소년'은 "추위에 완전히 무감각했고, 풀과 건초만 입에 댔다"라고 썼다. 1717년에 네덜란드의 즈볼러 외곽에 위치한 숲에서 발견된 소녀는 생후 16개월이 되었을 때 납치되었다가 버려졌다. "그 아이는 올이 굵은 삼베를 걸치고 있었고, 잎과 풀로 연명했다." 사회로 돌아온 야생아들의 입맛은 다윈의 눈에 비친 야간족처럼 이상해 보였다. 그들은 정상적인 음식을 거부하고, 소름 끼치는 것을 먹었으며, 피나 똥, 오물처럼 다른 사람들이 혐오감을 느끼는 것도 개의치 않았다. 그들은 다른 사람과 상호작용이 전혀 없는 상태에서 살아왔기 때문에, 어떻게 행동해야

하는지 알려줄 행동 면역계나 문화적 신호 같은 게 전혀 없었다.

이 사례들 중에서 가장 유명한 것은 프랑스 아베롱 주에서 발견된 야생 소년이다. 1800년 무렵에 젊은 의사이던 장마르크가스파르 이타르Jean-Marc-Gaspard Itard는 파리의 국립농아연구소에서 일하고 있었는데, 한 야생아가 그곳에 왔다. 1797년에 프랑스의 피레네 산맥에 위치한 라콘 숲에서 사냥꾼들이 벌거벗은 상태로 떠돌던 그 아이를 잡아 왔다. 소년은 도망쳤지만, 15개월 뒤에 다시 붙잡혔다. 소년은 처음에는 사회로 복귀할 가망이 거의 없는 '백치'라는 진단을 받았다. 하지만 이타르는 야성성은 치유할 수 있다고 믿었다. 그래서 소년과 매일 몇 시간을 함께 보내면서 소년을 사회화시키려고 노력했다. 소년에게 빅토르Victor라는 이름을 지어주고, 함께 한 일을 전부 다 자세히 기록했다. 그것은 과학적 방법을 심리학에 적용한 최초의 사례 중 하나였다.

처음에 빅토르의 관심을 유일하게 끈 것은 음식이었다. 빅토르는 호두를 깔 때 껍데기가 부서지면서 나는 소리 외에는 모든 소리를 무시했다. 빅토르는 도토리와 감자, 생밤도 먹었다. 이타르가 따뜻한 우유와 삶은 감자를 먹여주는 것도 거부하지 않았다. 그 외에는 모든 것을 뱉어냈다. 그의 감각은 혼란스러운 상태였다. 때로는 감자를 집으려고 끓는 물에 손을 집어넣으면서도 아무 통증도 느끼지 않는 것처럼 보였다. 하지만 감수성이 점점 발달했다. 몇 달 뒤에는 조리한 음식 외에는 어떤 것도 먹지 않았다. 식사 예법을 논리적 극단에 이를 정도로 몸에 익혔다. 이타르는 "이 아이가 파리에 도착하고 나서 잠깐 동안 먹었던 음식들은 충격적일 정도로 역겨웠다. 그는 방 안에서 그 것을 질질 끌며 다녔고, 오물이 잔뜩 묻은 손으로 먹었다. 하지만 내 가 이 글을 쓰고 있는 지금은 쟁반의 음식에 오물 입자나 먼지가 하 나 앉아도 항상 갖다 버린다. 그리고 발로 호두를 깐 뒤에는 가장 훌 륭하고도 섬세한 방식으로 그것을 깨끗이 하느라 애를 쓴다"라고 기 록했다. 빅토르의 혐오감 감각은 이타르가 너무 지나친 것이 아닌가 하고 생각할 정도로 강해졌다.

한편, 모닥불 근처에서 다윈 옆에 쪼그려 앉았던 원주민은 통조림 고기의 외관과 축축한 촉감에 혐오감을 느꼈다. 그는 그것이 정말로 음식인지조차 확신할 수 없었다. 날것 또는 조리한 동물 고기를 우연 히 닮은 것처럼 보였을 뿐이다. 그 당시에는 많은 유럽인도 통조림 고 기를 전에 한 번도 본 적이 없었기 때문에, 아마도 그와 비슷한 반응 을 보였을 것이다.

고기 통조림은 새로운 발명품이었다. 1795년, 프랑스 혁명기의 총 재 정부Directoire는 한 가지 문제에 봉착했다. 프랑스군은 국내에서는 반 란군과 싸워야 했고, 나폴레옹 보나파르트가 이끄는 군대는 이탈리아 와 오스트리아에서 적과 싸워야 했다. 훈제와 말리기, 염장을 비롯해 그 밖의 전통적인 식품 보존 방법은 모두 실패했다. 전선으로 보낸 식량은 도중에 변해버렸고, 온 군대가 굶주림에 시달렸다. 총재 정부는 믿을 만한 식품 보존 방법을 발명하는 사람에게 큰 상금을 내걸었다. 이 노력이 결실을 맺기까지는 14년이 걸렸는데, 총재 정부는 겨우 4년 동안만 유지되었다.

파리에 르노메Renommée라는 제과점을 열었던 45세의 혁명대원 출신 제과업자 니콜라 아페르Nicolas Appert는 이 문제를 해결하는 데 도전해보기로 했다. 설탕과 시럽, 보존 처리한 과실을 가지고 실험을 하다가 (아페르는 아이스크림 토핑용으로 쓰는 박하 슈냅스도 발명했다) 일부 식품은 보존 방법에 따라 무한정 보존할 수 있다는 사실을 알게 되었다. 그러고 나서 모든 식품에 두루 통용되는 방법이 없을까 하고 생각했다. 와인을 보존하는 방법으로 잘 알려진 것은 열을 사용했다. 그래서 그것을 출발점으로 삼아 온갖 종류의 병과 항아리, 깡통을 가지고 실험했다. 그리고 병 속에 식품을 넣고 코르크와 철사와 밀랍으로 공기가 통하지 않게 밀봉하고 나서 물속에서 5시간 동안 가열하면, 몇 주일이나 몇 달이 지난 뒤에도 먹는 데 이상이 없다는 사실을 발견했다.

이 방법은 부패의 원인인 미생물을 죽였고, 또 산소 공급을 차단함으로써 새로운 미생물이 자라는 것도 막았다. 아페르는 눈에 보이지 않는 이 과정에 대해서는 까마득히 몰랐지만, 그의 접근 방법은 분명히 효과가 있었다. 파리의 요리사들도 그것을 좋아했다. 더이상 계절의 노예로 지내는 대신 이제 1년 내내 언제든지 원하는 것을 손에 넣을 수 있었기 때문이다. 한 미식가는 "무엇보다도 완두콩은 초록색을 제대로 띠고 있고, 제철에 나온 것보다도 더 부드럽고 더 맛있다"라고 르노메의 진열창에 진열된 병들을 극찬했다.❶ 아페르는 완두콩, 자고, 그레이비 등을 병조림으로 만들어 프랑스 군대로 보냈다. 훗날 해군은 이 기술을 현장에서 시험한 뒤에 채택하기로 결정했다. 1810년, 그 당시 황제이던 나폴레옹은 아페르에게 약속한 상금 1만 2000프랑—오늘날의 가치로 약 3만 2000달러—을 주었다. 아페르는 『모든 종류의 동식물 물질을 몇 년 동안 보존하는 기술L'Art de conserver pendant plusieurs années toutes les substances animales et végétales』이라는 책을 썼고, 병조림 공장도 세웠다. 하지만 병은 잘 깨지는 약점이 있었다. 영국의 사업가 피터 듀런드Peter Durand는 1810년에 병조림과 원리는 같지만 유리병 대신에 철제 깡통에 녹을 방지하기 위해 주석을 입힌 통조림을 사용하는 기술에 대한 특허를 얻었다. 몇 년 뒤, 영국 해군은 고기를 보존하는 방법으로 통조림을 채택했다. 비글호가 항해에 나설 무렵에는 통조림이 표준적인 선상 식량이 돼 있었다.

통조림이 각광을 받은 사건은 전 세계 사람들의 식습관과 미각에 일어난 큰 변화의 일부였다. 불과 수십 년 사이에 새로운 기술과 영농 기술, 그리고 철도와 증기선이 등장하면서 고기, 그중에서도 특히 소고기는 과거 그 어느 때보다도 훨씬 많은 사람들이 먹을 수 있게 되었다. 한편, 과학자들은 동물 고기를 영양과 형태와 향미의 실험을 위한 모형母型으로 사용하기 시작했다.

독일의 뛰어난 화학자로 다윈과 같은 시대에 살았던 유스투스 폰 리비히Justus von Leibig도 이러한 상전벽해를 가져오는 데 일조했다. 리비히는 유기화학 분야에서 일련의 획기적인 연구를 했고, 질소가 식물의 생장에 중요한 원소라는 사실을 확인한 뒤에 질소가 주성분인 비료를 발명해 농업에 혁명적 변화를 가져왔다. 그 다음에는 식품으로 관심을 돌렸다. 그는 과학을 사용해 자연을 조작하려는 목표를 세웠는데, 자연은 영양 공급 면에서 매우 비효율적이라고 믿었다. 결국에는 신기술을 통해 필요한 식품을 모두 합성할 수 있을 것이라는 기대를 품었다. 그래서 과학적 원리를 바탕으로 식품을 설계하고 향미를 만들어내는 일에 착수했다.

리비히는 육즙에 고기의 필수 영양분이 들어 있으며, 따라서 강한 불에 빨리 굽는 것이 고기의 필수 영양분이 불에 파괴되지 않게 하는 유일한 방법이라는 가설을 세웠다. 조리를 본격적으로 하기 전에 고기 표면을 노릇노릇하게 굽는 요리사의 비법은 육즙을 고기 속에 가둔다. 리비히의 개념은 수백 년간 전해 내려오던 조리 관행—요리사들은 불에서 조금 떨어진 곳에서 고기를 구운 뒤에 마지막에 가서야 표면을 재빨리 노릇노릇하게 굽는 경향이 있었다—과 어긋났지만, 19세기 중엽이 되자 요리사들은 대신에 더 적극적으로 고기를 바싹 구웠다. 리비히의 가설은 틀린 것으로 드러났다. 육즙에는 영양분이 그렇게 많이 들어 있지 않다. 고기를 너무 노릇노릇하게 구우면, 고기가 너무 빨리 바싹 말라버린다. (고기를 적당히 노릇노릇하게 구우면 감칠맛과 마이야르 물질이 나오면서 고기 맛이 더 좋아진다. 그래서 이 방법은 아직도 표준적인 조리 방법으로 쓰인다.)

리비히가 이 분야에서 이룬 가장 중요한 업적은 새로운 종류의 식품을 발명한 것이었다. 리비히가 경력을 시작하기 전에도 아페르와 그 밖의 식품 보존 연구자들이 하고 있던 일은 유례가 없는 것이었을 뿐만 아니라 근본적으로 기묘한 것이었다. 보존 방법에는 발효처럼 시간의 흐름을 막음으로써 향미를 만들어내는 과정이 포함되었다. 리비히는 거기서 한 걸음 더 나아갔다. 그는 성가시고 두려움을 불러일으키는 신체적 특징을 제거함으로써 고기를 더 추상적인 것으로 만들었다. 그는 고기를 바싹 끓여서 그 진액을 얻은 뒤, 그것을 정육면체 모양의 고체 상태로 보존했다. 이 정육면체들을 사용해 수프를 만들 수 있었는데, 리비히는 이것으로 전 세계 사람들을 먹여 살릴 수 있을 것이라고 믿었다. 1850년대에 처음 개발되어 남아메리카의 한 쇠기름 공장에서 제조된 리비히의 고기 추출물은 선풍을 불러일으켰다. 리비히가 발명한 이 부용 큐브bouillon cube는 지금도 영국에서 제조되고 있다. 향미는 부용 큐브의 강점이 아니었다. 영양분 역시 리비히의 야심에도 불구하고 강점이 아니었다. 하지만 오늘날 거기서 유래하여 제조되는 많은 식품과 마찬가지로 균일하게 단조로운 맛은 예측 가

능하고 신뢰할 만하다.❽

　이 기묘하고 질척질척한 물질을 살펴보던 다윈의 야간족 동포는 자신이 식품과 향미의 미래를 보고 있다는 사실을 전혀 몰랐다. 개화된 세계는 동물을 사냥하고, 죽이고, 난도질해 손질하고, 먹는 과정―인간의 몸과 뇌를 형성하는 데 도움을 준―을 혐오스럽다고 판단했다. 이 과정들은 야만성을 보여주는 표지였다. 신기술은 그 과정들을 사실상 사라지게 만드는 방법을 발명했다. 사람들이 자신이 먹는 음식이 어디서 왔는지 아는 것이 더 적을수록 더 좋았다.

7장

매운맛을
찾아서

21세기가 시작될 때, 전 세계의 아마추어 원예가들이 특이한 경쟁을 시작했다. 정원에서 열심히 일하고, 종자를 교환하고, 인터넷에서 필요한 정보를 찾으면서 이들은 식품 과학 연구소의 영역에 더 가까워 보이는 목표를 추구했다. 그것은 바로 세상에서 가장 매운 고추를 재배하는 것이었다. 그들은 1994년부터의 『기네스북』 챔피언을 그 자리에서 끌어내리려고 노력했다. 그 챔피언은 레드사비나고추Red Savina chili였는데, 껍질이 반들반들한 탁구공만한 크기의 고추로, 할라페뇨고추보다 약 200배나 매웠다.

점점 그 수가 늘어나는 열정적인 사람들에게 엄청나게 매운 그런 고추들의 맛을 보는 것은 요리를 평가하는 훈련인 동시에 패기를 시험하는 일종의 통과 의례였다. 원예가들은 고추가 지닌 매운맛의 잠재력을 아직 제대로 끌어내지 못했다고 믿었다. 그것을 끌어내기 위해 그들은 기존의 매운 고추 식물들을 가지고 타가他家 수분●이나 접붙이기를 시도했다. 이를 통해 양쪽 부모 식물보다 더 매운 잡종을 얻으려고 한 것이다. 매운맛을 높이기 위해 어떤 사람들은 고추 식물을 적외선등에 노출시키고 물속에서 재배하기도 했다. 기록을 깰 것으로 추정되는 고추는 실험실로 보내 매운맛의 주성분인 캡사이신 농도를 측정했다. 목표는 레드사비나고추의 57만 7000SHU^{Scoville heat unit}, 스코빌 매움 단위●● 기록을 넘어서는 것이었다.

실패도 많았다. 2006년, 마침내 인도 농부들이 아바네로고추의 한 품종인 레드사비나고추를 꺾는 개가를 올렸다. 『기네스북』은 새로운 챔피언을 부트졸로키아^{Bhut Jolokia}라고 명명했는데, 일반적으로는 창백하고 우유 같은 색깔 때문에 '유령고추^{ghost pepper}'라고 부른다. 부트졸로키아는 인도의 아삼 주 북동부 지역에서 수십 년 동안 광범위하게 재배돼왔다. 그 매운맛은 약 100만 SHU로 측정되었다. 하지만 애호가들은 거기서 포기하지 않고 더 매운 고추를 찾기 위한 노력을 계속 기울였으며, 얼마 지나지 않아 잇달아 새로운 챔피언들이 탄생했다.

● 서로 다른 유전자를 가진 꽃의 꽃가루가 곤충이나 바람, 물 따위의 매개에 의하여 열매나 씨를 맺는 일.
●● 스코빌 척도라고도 부르는 스코빌 매움 단위는 매운맛을 측정하는 단위인데, 1912년에 미국 화학자 윌버 스코빌^{Wilbur Scoville}이 어떤 고추가 매운지 판단하는 기준을 마련하기 위해 만들었다.

2010년과 2011년에 『기네스북』의 챔피언은 넉 달 사이에 세 번이나 바뀌었다.

첫번째 새 챔피언은 영국 링컨셔 주에서 닉 우즈Nick Woods라는 원예가가 품종 개량을 통해 탄생시킨 인피니티고추Infinity Chili(108만 7286SHU)였다. 하지만 얼마 지나지 않아 영국 컴브리아 주의 술집 주인인 제럴드 파울러Gerald Fowler가 재배한 나가바이퍼Naga Viper(135만 9000SHU)에게 챔피언 자리가 넘어갔다. 파울러는 "페인트를 벗겨 낼 만큼 맵다"라고 큰소리쳤다. 그다음 번 챔피언은 오스트레일리아의 농장주 마셀 디윗Marcel de Wit이 재배한 트리니다드 스코피언 '부치 T'(146만 3700SHU)였다. 디윗이 첫번째로 재배한 수확물을 핫소스로 만들기 위해 멜버른으로 가져갔을 때, 요리사들은 고추에서 뿜어나오는 증기와 우연히 튈지 모르는 즙으로부터 자신을 보호하기 위해 화생방 방호복을 착용했다.

한편, 사우스캐롤라이나 주에 살고 있던 은행가 에드 커리Ed Currie도 『기네스북』 신기록에 도전했다. 그는 자신의 정원에 가로, 세로 5센티미터의 목재와 흰색 플라스틱 시트로 지은 온실에서 고추 수백 그루를 재배했다. 그는 성장하는 핫소스 사업도 했지만, 세계 기록 보유자라는 타이틀과 명예를 갈망했다. 커리는 자신이 몇 년 동안 챔피언 자리를 지킬 만큼 아주 매운 고추를 키웠다고 믿었다. 그리고 그 고추에 스모킹 에드즈 캐롤라이나 리퍼Smokin' Ed's Carolina Reaper라는 이름을 붙였다.

그것은 폭발적인 매운맛으로 유명한 카프시쿰 키넨세^{Capsicum chinense}를 개량한 것이었다. 쭈글쭈글하고 새빨간 이 고추는 길이가 2.5센티미 터 정도이고 주먹 모양으로 생겼다. 근처에 있던 대학교 실험실은 리 퍼의 매운맛 강도가 일관되게 150만 SHU 이상으로 측정된다고 확인 해주었다. 개중에는 200만 SHU를 넘는 것도 있었다. 커리는 기네스 사에 자료를 제출했지만, 세계 기록을 확인하는 과정은 보통 몇 개월 이 걸리고, 때로는 몇 년이 걸릴 수도 있다. 그래서 커리는 기다리면 서 더 매운 고추를 만드는 노력을 계속했다.

생물학적으로 고추의 매운맛은 맛이나 냄새가 아니지만, 속이 타는 듯한 느낌을 주면서 기본적으로 불쾌감을 불러일으킨다. 동물은 이 맛을 싫어하지만, 사람들은 아주 열정적으로 반긴다. 온갖 요리에 고 추가 쓰이는 이유와 어떤 사람들은 가장 매운 음식을 맛보기 위해 심 한 고통―비록 무해하긴 하지만―마저 불사하려고 하는 이유에 대 해 불만족스러운 과학적 설명이 여러 가지 있다. 한 가설은 지리적인 것이다. 고추는 열대 지방 음식에 흔히 쓰이는 재료인데, 고추를 먹 으면 땀을 흘려 몸을 냉각시키는 데 도움이 된다고 설명한다. 하지만 이 가설은 추운 지방에서도 고추의 인기가 확산된 현상을 설명하지 못한다. 또다른 가설은 관능적이다. 식품과학 작가인 해럴드 맥기^{Harold McGee}는 고추가 입과 혀에 있는 신경들을 자극함으로써 일시적으로 미 각을 촉감과 온도에 더 민감하게 하여 향미를 더 생생하고 즐거운 것으로 만든다고 주장한다.❶ 하지만 일부 과학적 증거에 따르면, 매운맛은 실제로는 이러한 감각을 모호하게 만든다.❷

　고추의 매운맛은 생물학적으로 이해하기가 어렵다. 그것은 향미의 화두 같은 것이다. 단맛, 쓴맛, 신맛, 짠맛, 감칠맛은 인류보다 수억 년 먼저 등장했다. 하지만 고추의 매운맛은 호모 사피엔스에게 새로운 감각이다. 고추는 현생 인류가 처음 출현한 동아프리카 지구대에서 아주 멀리 떨어진, 오늘날의 페루와 볼리비아에 해당하는 남아메리카의 안데스 산맥 고원 지역에서 진화했다. 인간이 고추를 처음 맛본 것은 겨우 1만 2000년밖에 안 되었는데, 아시아에서 아메리카 대륙을 건너간 인류가 남쪽으로 이동하던 도중에 처음 만났다. 그리고 고추가 세계 각지의 요리에 단골 재료로 쓰인 것은 불과 지난 500년 사이에 일어난 일이다. 사람들은 항상 새로운 향미를 시험하고 받아들였다. 고추의 매운맛이 각광을 받게 된 것은 우리의 향미 감각이 새로운 종류의 감각들을 받아들이면서 지금도 계속 그 영역을 확대하고 있음을 보여준다. 여기에는 기묘한 의미가 담겨 있다. 미각과 후각은 인간 심리와 깊은 연관 관계가 있으며, 대사와 감정, 사회적 상호작용에서 어떤 역할을 한다. 뇌와 몸에 수백 년 혹은 수천 년 동안 강력하고 신비로운 신경화학 신호를 마구 퍼부으면서 새로운 종류의 향미가 등장하면 어떤 일이 일어날까? 지난 수백 년 사이에 이에 못지않게 큰 인기를 끌었던 당류 열풍처럼 고추의 매운맛 확산은 요리의 경향으로서 인간의 생리학과 행동에 일어난 거대한 실험이다―다만 고추는 우리에게 저주가 아니라 축복인 것으로 밝혀질지 모른다.

브로콜리의 쓴맛처럼 고추의 매운맛은 본질적으로 일종의 무기이다. 6500만 년 전에 공룡이 멸종했을 때, 그 당시 식물계에서 상대적으로 무명에 가까웠던 꽃식물은 기후 변화와 새로운 지배자로 떠오른 포유류의 위협에서 살아남기 위해 정교한 방어 무기를 발전시켰다. 장미는 가시를 발전시켰고, 고추는 캡사이신을 함유하게 되었다.

고추는 가짓과 식물에 속한다. 가지속과 맨드레이크속 식물 중에는 독소로 유명한 게 많다. 독말풀은 환각을 일으킨다. 감자나 토마토, 가지처럼 농작물이 된 대부분의 가짓과 식물은 지난 수천 년 동안 품종 개량을 통해 그런 독성 물질을 잃었다. 하지만 고추와 담배처럼 일부 식물은 포함하고 있는 활성 성분―알칼로이드^{alkaloid}라 부르는 물질 집단―의 효과를 높일 목적으로 재배한다. 그러한 알칼로이드에는 캡사이신과 니코틴 외에도 카페인, 그리고 헤로인과 코카인의 활성 성분이 포함된다. 알칼로이드는 향미가 아주 강한 대다수 식품의 단골 성분이다. 초콜릿에도 페네틸아민(암페타민과 비슷한 물질)과 아난다마이드(쾌락 열점을 자극하는 인간의 신경 전달 물질)를 포함해 알칼로이드가 다수 들어 있다.

고추는 왜 이토록 강력한 방어 무기를 발전시켰을까? 매운맛은 동물의 접근을 막는다. 하지만 일부 야생 고추는 매운 반면, 그렇지 않은 종들도 있다. 만약 캡사이신이 포유류의 접근을 막는 유일한 무기라면, 자극적인 매운맛이 없는 종들은 아무런 보호 수단이 없을 것이다. 워싱턴 대학교의 생물학자 조너선 튜크스베리Jonathan Tewksbury는 볼리비아의 고원 지역에 서식하는 야생 종 캡시쿰 차코엔세Capsicum chacoense에 초점을 맞춰 이 문제를 연구했다. 이 종에는 매운맛이 나는 고추와 매운맛이 없는 고추가 모두 있다. 뾰족한 주둥이를 가진 벌레는 고추에 곰팡이균을 감염시켜 고추를 썩게 하고 그 씨를 죽인다. 튜크스베리는 푸른 초목으로 뒤덮인 안데스 산맥의 계곡을 도보 여행하면서 고추를 맛보고, 벌레가 뚫은 구멍이 없는지 그 껍질을 조사하고, 감염 흔적을 살폈다. 그 결과, 매운맛이 나는 고추보다는 매운맛이 없는 고추가 곰팡이균 감염 피해가 훨씬 크다는 사실을 발견했다.❸ 캡사이신은 벌레를 물리치거나 곰팡이균을 죽이거나 혹은 두 가지 효과가 다 있는 것처럼 보였다.

이것은 왜 어떤 고추는 매운맛이 없는지 설명하지 못했지만, 튜크스베리가 곰팡이균 발병 지도를 만들 때 또다른 반전이 일어났다. 매운맛이 없는 고추는 더 단단한 씨를 더 많이 만들었으며, 고도가 더 높고 더 추운 비탈에 압도적으로 많이 서식했다. 이것은 캡사이신이 너무 많으면 생식 능력에 해가 되며, 곰팡이균에 감염될 위험이 낮은 고지대에서는 캡사이신이 반드시 필요하지 않을 수 있음을 의미했다.

아주 매운 고추들은 더 따뜻한 계곡 지역에 서식했다. 곰팡이균 발병 지도는 또한 수천 년 혹은 수백만 년에 걸쳐 고추가 산기슭에서 저지대로 확산되면서 매운맛이 점점 강해졌다고 시사했다.

캡사이신 맛을 느끼지 못하는 새는 고추를 먹고서 배설물을 통해 그 씨를 퍼뜨림으로써 고추의 서식 범위를 확대시켰다. 사람들이 도착했을 무렵에 고추는 남아메리카와 카리브 해 지역, 그리고 북아메리카까지 널리 서식하고 있었다. 사람들은 멕시코 어느 지역에서 캡사이신의 매운맛을 처음 맛보았다. 그것은 거의 틀림없이 실망스러운 경험이었을 것이다. 하지만 실망은 오래 가지 않았다.

스미스소니언협회의 식물학자 린다 페리Linda Perry는 2005년에 아메리카 대륙 전역의 고고학 발굴지에서 수집한 증거들을 바탕으로 선사 시대의 맛에 대한 단서를 찾다가 설명할 수 없는 것을 발견했다. 페리의 방법은 패트릭 맥거번이 먼 옛날 술의 화학적 지문을 찾은 것과 비슷하다. 페리는 먼 옛날 음식의 증거를 찾는다. 많은 식물은 탄수화물을 녹말 알갱이라는 현미경적 앰풀에 담아 저장한다. 이것은 지문과 비슷한데, 그것을 만든 식물의 종류에 따라 크기와 모양이 다르기 때문이다. 그리고 사람의 소화관을 그대로 통과해 화석화된다. 녹말 알갱이 화석을 찾기 위해 고식물학자들은 선사 시대 주거지에서 발굴된 도구나 부엌용품에서 떨어져나온 파편을 열심히 문지른다. 또, 똥 화석도 자세히 분석한다. 서로 다른 녹말 알갱이들은 특정 시대와 장소에서 먹던 식사와 간식과 음식물을 생생하게 재현할 수 있다.

페리가 라틴아메리카 곳곳의 발굴지에서 얻은 현미경적 흔적을 조사할 때, 옥수수, 감자, 카사바 뿌리 같은 주요 곡물에서 나온 녹말 알갱이들과 함께 불가사의한 종류의 녹말 알갱이가 반복적으로 나타났다. 페리는 이것을 수수께끼라고 생각했다. 고대 아메리카의 음식물에 포함된 주요 녹말은 이미 모두 설명되었기 때문이다. 그러다가 우연한 만남이 일어났다.

페리는 "어느 날 파티에 갔더니, 모두 고추 전채 요리를 먹고 있었어요. 그런데 한 남자가 자신은 너무 고통스러워서 그것을 먹을 수 없다고 다소 역겨울 정도로 자세히 설명하더군요. 물론 그것은 세상에서 가장 훌륭한 파티는 아니었겠지요. 어쨌건, 나는 그것이 이상하다고 생각했어요. 왜냐하면, 이 알갱이들은 대개 소화되지 않은 녹말이 남기는 것인데, 고추에는 녹말이 없거든요. 하지만 녹말이 있을지도 모르죠"라고 말했다. 페리는 대화 자리에서 빠져나와 연구실로 돌아갔다. 그리고 즉석 실험을 통해 고추에 정말로 녹말 알갱이가 들어 있다는 사실을 발견했다. 현대적인 녹말 알갱이의 상은 고대의 불가사의한 녹말 알갱이와 일치했다.

갑자기 고대 아메리카 사람들의 음식물에 대한 이해가 변하게 되었다. 페리의 발견이 있기 전에는 식물학자들은 고추가 아메리카 전역의 많은 장소에서 재배되었다고 믿었다. 하지만 고고학적 증거는 별로 없었는데, 고추는 대개 썩어서 사라지기 때문이다. 가장 큰 성과를 낳은 발견은 중앙 멕시코의 고원 지역에 있는 동굴들이었다. 여기서 발굴된 8000년 전의 쓰레기더미에서 온전한 모습으로 화석화된 고추 수십 개가 발견되었다. 이 증거는 사람들이 처음에는 고추를 야생 자연에서 채취하다가 약 6000년 전부터 재배하기 시작했음을 알려주었다. 발견된 고추 화석 중에는 오늘날의 할라페뇨고추, 안초고추, 세라노고추, 타바스코고추의 조상들도 포함돼 있었다.❹ 그들은 또한 지금도 멕시코 요리에 사용되는 옥수수, 콩, 호박, 아보카도도 재배했다.

페리의 녹말 알갱이 발견은 고추가 아메리카 전역에서 사용되었음을 증명했다. 고대의 고추 열풍은 오늘날의 열풍에 못지않았던 것으로 보인다.❺ 고추는 무미건조한 곤죽 같은 옥수수, 호박, 뿌리가 주를 이룬 음식물에 활기를 불어넣기 위해 구할 수 있었던 최선의 양념이었다. 녹말 알갱이 흔적의 뿌리를 추적하면, 6000년 전에 에콰도르 해안 근처에 있었던 한 마을로 거슬러 올라간다. 페리는 이곳 요리사들이 고추를 잘게 썰어서 맷돌에 갈아 으깬 뒤, 사발과 조리 용기에서 혼합해 여기저기 뿌렸을 것이라고 추론했다. 약 2000년 뒤에 해발 고도가 약 3200미터인 페루의 안데스 산맥 지역에 위치한 어느 집은 식품 저장실에 자극적인 맛이 강하고 모양이 둥글고 빨간 로코토고추를 보관했다. 바하마의 산살바도르 섬에서 어부 겸 농사꾼으로 살아간 사람들은 약 1000년 전에 카사바를 가는 강판에다 고추를 으깬 것으로 보인다. 그리고 베네수엘라 연안 지역에서는 1000년부터 1500년 사이의 어느 시기에 옥수수, 칡, 그리고 과포guapo라는 덩이줄기에 맛을 내기 위해 고추를 생강과 함께 사용했다.

1492년, 첫번째 신세계 항해에 나선 콜럼버스는 카리브 해에 도착했다. 바하마 제도를 거쳐 쿠바와 히스파니올라 섬에 들른 그는 얌과 옥수수, 카사바로 만든 빵, 소라고둥, 길이 1.8미터의 이구아나 등 원주민의 요리를 맛보았다. 이구아나 고기에 대해서는 항해 일지에 "닭고기 맛이 난다"라고 기록했다. 고구마와 옥수수에 함께 넣은 빨간색의 매운 고추가 콜럼버스의 시선을 끌었다. 카리브 해를 극동 지역으로, 그리고 그곳 원주민을 인도인으로 오해한 콜럼버스는 고추 식물을 '페퍼pepper'라고 부름으로써 부적절한 이름 명단에 또 하나를 추가했다―페퍼는 에스파냐어로 피미엔토pimiento라고 하는데, 고추와는 아무 관련이 없고 덜 자극적인 맛이지만 비슷한 느낌의 맛을 내는 후추를 뜻하는 피미엔타pimienta(영어로는 black pepper)에서 딴 이름이다. 콜럼버스는 고추가 상당한 수익을 가져다줄 수출품이 될 것이라고 믿었다. "아히aji●도 아주 많은데, 이곳의 피미엔타에 해당하는 이것은 우리의 피미엔타보다 훨씬 가치 있는 것이다. 이것 없이는 아무도 음

●에스파냐어로 칠리, 즉 고추라는 뜻.

식을 먹지 않는데, 건강에 아주 좋기 때문이다." 그는 서인도 제도에 살던 원주민 부족인 타이노족의 용어를 사용해가며 항해 일지에 이렇게 기록했다. 그리고 "매년 50척의 카라벨 caravel ●●에 가득 실어 보낼 수 있을 것이다"라고 덧붙였다.❻

하지만 고추는 무역업자에게는 사실상 아무 가치가 없는 상품으로 드러났다. 그 당시 큰 이윤을 안겨준 향신료는 비교적 희귀한 것이었다. 예컨대 정향과 계피는 남태평양에서만 자랐고, 설탕 생산은 방앗간과 제당 공장에 의존했다. 그런데 고추는 종자만 있다면 기후가 조금 따뜻한 지역에서는 누구든지 재배할 수 있었다. 고추는 가난한 사람들의 향신료로 이웃을 통해 점점 퍼져나갔다. 불과 수십 년 사이에 ─ 인간의 진화라는 관점에서, 아니 심지어 요리의 역사라는 관점에서 보더라도 눈 깜짝할 사이에 ─ 고추 열풍은 지구 한편에서 반대편까지 번져갔다.

1493년 3월 1일에 에스파냐의 바요나 항에 입항한 핀타호에는 아마도 유럽에 최초로 당도한 고추 종자가 실려 있었을 것이다. 새로운 향신료에 대한 소문은 금방 퍼져나갔다. 6개월 뒤, 바르셀로나의 에스파냐 조정에서 일하던 유명한 이탈리아 역사학자 피에트로 마르티레 당기에라 Pietro Martire d'Anghiera 는 콜럼버스가 "캅카스에서 가져온 것보다

●●15~16세기에 에스파냐와 포르투갈에서 주로 사용한 여러 종류의 소형 범선. 마스트는 2~4개에 큰 삼각돛을 사용했다.

더 얼얼한" 고추를 발견했다고 기록했다.

남유럽 해안에 위치한 수도원들에서는 많은 종류의 고추 종자를 수집해 수도사들이 매운 고추와 순한 고추를 교배시키면서 품종을 개량하기 위해 많은 실험을 했다. 헝가리인은 파프리카를 국가적 향신료로 받아들였다. 독일에서는 의학 교수 레온하르트 푸흐스^{Leonhard} Fuchs가 1543년에 목판 인쇄로 신중하게 만든 허브 안내서에 고추가 실렸다(다만 푸흐스는 고추의 원산지를 인도로 오해하고, 그것을 인도의 도시 이름을 따 '캘리컷'고추라고 불렀다❼). 포르투갈 선원들은 고추를 음식의 맛을 더하는 양념으로 사용했고, 세계 각지의 기항지마다 그것을 가져갔다.❽ 고추는 1498년 무렵에 서아프리카로 전해졌다가 콩고로 전해졌다. 중국의 마카오 섬에도 전해졌고, 곧 내륙 지역인 쓰촨 성에도 전해졌다. 1542년경에 인도에서는 세 종류의 고추를 재배했다. 전에는 향신료로 후추만 쓰던 카레는 갑자기 매운맛이 강해졌다. 그 당시의 작곡가 푸란다라 다사^{Purandara Dasa}는 고추를 "가난한 사람들의 구원자"라고 부르면서 고추에 바치는 노래를 작곡했다.❾ 가사 중에는 "나는 지켜보았지. 푸르렀던 네가 익어가면서 빨갛게 변해가는 것을. 음식에 곁들이면 보기도 좋고 맛도 좋지만, 너무 많이 넣으면 너무 매워지지"라는 구절도 있다.

고추는 남아시아에서 시암●과 버마와 필리핀, 그리고 그 너머까지 퍼져갔다. 태평양의 일부 섬들에는 16세기에 유럽인이 처음 도착했을 때 이미 고추가 자라고 있었다. 고추의 전파 경로는 곧 오던 길을 되돌아가기 시작했다. 16세기 후반에 아프리카인을 노예로 사로잡아 아메리카로 데려올 때, 그들은 고추로 양념을 한 음식을 아메리카로 가져왔다.

그로부터 400년이 지난 오늘날 이제 고추는 전 세계 어디에서나 볼 수 있다. 멕시코의 몰레mole 소스에서부터 태국 카레에 이르기까지 수많은 요리에 맛을 높이는 데 쓰이는 고추 품종은 무려 4000여 가지나 있다. 가장 인기 있는 향신료 명단에서 고추는 소금 다음으로 두번째에 올라 있으며, 3위를 차지한 후추보다 5배나 더 많이 팔린다. 21세기에 고추 르네상스는 매운맛을 새로운 차원으로 끌어올렸다. 한 세대 전에는 스카치보닛Scotch bonnet과 아바네로고추가 각각 20만 SHU와 30만 SHU를 기록해 매운맛 부문에서 최상위권을 차지했다. 유령고추는 서양인의 입맛에는 고통스러울 정도로 너무 매운 것으로 간주되었다. 하지만 사람들의 입맛은 변했다. 할라페뇨고추와 바나나고추는 평범한 샐러드 바에서 표준적인 요리에 사용된다. 리얼리티 TV 쇼는 전 세계를 돌아다니면서 기이한 음식을 맛보는 진행자들을 보여준다. 전 세계의 고추 교역량은 50년 전에 비해 25배나 증가했다.[10] 그동안에 세계 인구는 겨우 2.2배밖에 증가하지 않았다는 사실을 감안하면, 비약적인 성장 속도이다. 미국인이 1980년에 한 해 동안 소

● 태국의 옛 명칭.

비한 고추의 양은 1인당 평균 1.36킬로그램이었다. 지금은 그 양이 두 배 이상 증가했으며❶, 계속 증가하고 있다.

아주 매운 고추를 만들기 위한 경쟁은 이 매운맛 운동을 선봉에서 이끈다. 마니아들은 열정적인 하위문화를 형성하고 있는데, 종자 거래와 품종의 순수성, 스코빌 척도의 세부 사항에 집착하는 이들의 에토스ethos●는 와인 전문가와 〈스타 트렉〉 팬 사이의 어디쯤에 위치한다. 이 분야는 남성이 주도하는 경향을 보인다. 조사 결과에 따르면, 남성은 여성보다 고추의 매운맛을 더 좋아하는데, 극강의 매운맛을 경험하려는 모험에는 경쟁적인 마초 기질도 약간 작용하는 것 같다. 샌디에이고 교외에 거주하면서 고추를 재배하는 짐 더피Jim Duffy는 이렇게 말했다. "고추에 푹 빠진 사람들의 사고 방식을 이해해야 합니다. 이들은 중고품 세일을 하는 곳에 장식용 골동품을 사러 가는 사람과 비슷해요. 이들은 그 욕구를 계속 만족시켜야 하죠. 이들은 뒤뜰을 온통 고추로 도배해 아내한테 '도대체 이 많은 고추를 어디다 쓰려고 해요? 오이는 어디다 심어요?'라는 핀잔을 듣지요. 그러면 '어, 그것까진 미처 생각하지 못했는데……'라는 식으로 대꾸하죠. 이들은 내 웹사이트를 방문해 거기에 있는 아름다운 사진들을 눈요기 삼아 모두 살펴보았습니다. 『스포츠 일러스트레이티드Sports Illustrated』 수영복 특집호를 자세히 들여다보는 사람들처럼요."

●인간의 습관적인 성격.

알려진 고추 종은 30종이 있는데, 모두 고추속 ^{Capsicum}에 속한다—Capsicum이란 이름은 '물다' 또는 '삼키다'라는 뜻의 그리스어 kapto에서 유래했다. 다섯 종은 농작물로 재배되고 있다. 매운맛이 전혀 없는 피망$^{bell\ pepper}$ ●●은 일반적인 고추인 카프시쿰 안눔$^{Capsicum\ annuum}$의 한 변종이다. 카프시쿰 키넨세의 변종에는 캐롤라이나 리퍼 외에 아바네로고추와 유령고추도 있다. 에드 커리는 2000년대 초에 고추를 열정적으로 재배하기 시작할 때, 종자를 전 세계 각지에서 이 고추들과 그 밖의 품종들로부터 구했다. 처음에는 물품 배달과 온실, 그리고 부엌에서 나는 괴상한 냄새 때문에 이웃들이 눈살을 찌푸렸고, 심지어 경찰까지 불렀다.

커리가 재배하는 200여 가지의 고추들은 모두 그 매운맛이 아바네로고추에 해당하는 20만 SHU를 넘는다. 하지만 커리는 향미에도 신경을 썼다. 그는 핫소스 사업을 하려고 노력했는데, 핫소스는 음식의 향미를 끄집어내는 미묘한 향을 많이 포함하고 있다. 커리는 자신의 고추에서 달콤한 향, 초콜릿 향, 계피 향, 감귤 향 등을 끌어냈다. 그의 온실에서는 우리의 영장류 조상들에게 정글의 열매들이 매우 감질나게 보였던 것과 비슷하게, 노란색, 주황색, 흰색, 자주색을 비롯해 이러한 다양성을 보여주는 색들이 폭발하듯이 시선을 사로잡는다. 사업은 처음에는 성장 속도가 느렸지만, 친구들의 도움으로 속도를 낼 수

●●피망이란 말은 프랑스어 piment에서 유래했다.

있었다. 한 회계 법인은 핫소스 한 상자를 받는 대가로 그의 세금 업무를 처리해주기로 동의했다. 한 이웃은 자기 집 뒤뜰을 온실을 세울 땅으로 제공했다. 한 친구는 도시 남쪽에 놀리고 있던 땅 몇 에이커를 경작지로 쓰라고 빌려주었다.

사업이 성장하자, 커리는 매운맛이 아주 강한 품종 수십 가지를 가지고 실험을 했다. 캐롤라이나 리퍼는 각고의 노력을 통해 얻은 최고의 성과였다. 원예학적으로 독특한 고추를 만드는 데에는 보통 8년 정도 걸린다. 독특한 특징을 지닌 품종을 얻으려면, 타가 수분을 막기 위해 해당 식물을 격리시킨 상태에서 재배해야 한다. 반복적인 교배를 통해 특정 형질이 확실히 자리를 잡아야만 유전자가 다음 세대로 계속 전달될 수 있다. 많은 원예가들이 각고의 노력을 기울이지만, 일관되게 매운 고추를 얻지 못해 그만 꿈을 접고 만다. 커리는 이 과정을 3년이나 단축시켰으며, 원하는 수준의 매운맛을 내는 품종을 길러냈다고 주장한다. 대학교 실험실에서는 고추 표본을 냉동 건조시킨 뒤에 갈아서 만든 가루를 알코올에 녹인다. 그 결과로 생긴 용액은 투명한 빨간색, 노란색, 연갈색 색조를 띤다. 이 용액을 기체 크로마토그래피 장치에 통과시켜 캡사이신 농도를 측정함으로써 스코빌 척도를 알 수 있다. 캐롤라이나 리퍼는 평균 156만 9700SHU로 측정되었다. 커리는 이 수치를 넘어서는 품종을 몇 가지 개발했다. 하지만 기네스 사는 뜸을 들였다. 커리는 "우리는 3년 동안이나 기네스 사를 왔다갔다했어요. 앞으로 3년이 더 걸리더라도 상관없어요. 왜냐하면, 우리가 하는 일은 계속될 것이기 때문이죠. 세계 신기록은 단 한 번만 존재할 뿐 다시 만들 수 없는 고추가 세울 수도 있어요"라고 말했다.

기네스 신기록을 둘러싼 치열한 경쟁 때문에 뉴멕시코 주립대학교의 고추연구소 과학자들은 2011년에 최고로 매운 품종들(비록 커리의 것은 포함되지 않았지만)을 함께 대조 조건에서 재배하는 더 신중한 접근 방법을 취하기로 결정했다. 우승은 또다른 카프시쿰 키넨세 품종인 트리니다드 모루가 스코피언 Trinidad Moruga Scorpion이 차지했는데, 측정된 스코빌 척도는 120만 SHU였다.

커리는 현지의 한 레스토랑에서 플라스틱 지퍼 백을 열어 자신의 온실에서 따온 고추를 식탁 위에 한 무더기 쏟아놓았다. 캐롤라이나 리퍼, 유령고추, 모루가 바이퍼 Moruga Viper가 빨간색, 주황색, 밝은 노란색 색조를 띠고 있었다. 커리는 스테이크 나이프를 잡고서 각각의 고추에서 얇고 기다란 조각을 잘라내 접시에 담아 내놓았다. 아주 매운 고추에서 느끼는 매운맛은 단순한 폭발이 아니다. 그 특성은 식물의 종류, 캡사이신의 양, 캡사이시노이드 capsaicinoid라는 연관 물질들에 따라 다르며, 또 고추를 이루는 복잡한 화학 물질 성분들은 매운맛을 완화시킨다. 고추의 매운맛은 특징이 있다. 첫번째는 긴장감이다. 고추를 씹으면 세포벽이 터지면서 캡사이신이 분출되는데, 처음 깨무는 순간에서 매운맛을 지각하는 순간까지는 시간이 좀 걸린다. 이것은 고추의 종류에 따라 차이가 있는데, 아바네로고추는 지연 시간이 15~20초로 특히 길다. 두번째 특징은 소멸이다. 태국 요리에 섞인 고추의 매운맛은 금방 사라지는 경향이 있는 반면, 유령고추 같은 품종의 매운맛은 오래 머문다. 마지막으로, 각각의 매운맛마다 독특한 느낌이 있다. 아시아 고추들의 매운맛은 가시로 찌르는 듯 따끔따끔한 느낌을 주는 반면, 미국 남서부의 고추들은 매운맛이 넓고 고르게 느껴진다.❿

나는 캐롤라이나 리퍼를 맛보는 자리에 10대 아들 매슈를 함께 데려갔다. 매슈는 태어나고 나서 얼마 지나지 않아 매운맛에 푹 빠졌는데, 만 두 살 때 토르티야에 살사salsa●를 뿌려 먹길 좋아했다. 나이를 먹으면서 매슈는 이 식성을 더욱 열광적으로 추구했다. 식당에 가면 가장 매운 요리를 주문했고, 눈물을 줄줄 흘려가면서 아바네로고추를 음미했다. 매슈는 자신의 감각에 큰 충격을 가해 향미와 감각 과부하 사이의 경계선을 향해 나아가려고 마음먹은 것처럼 보였는데, 그곳은 미각이 그 밖의 본능적인 신체 반응과 섞이면서 나머지 모든 것을 지워버리는 영역이다. 그중에서도 가장 매운 고추가 맛의 에베레스트산에 해당하는 궁극적인 도전 대상이었다.

매슈는 작은 고추 조각을 혀 위에 올려놓았다. 양손이 즉각 뺨과 입으로 올라갔다. 그리고 숨을 거칠게 내쉬면서 벌떡 일어섰다. 버터를

●멕시코 요리에 쓰는 아주 매운 소스.

바른 빵을 조금 집어먹었다. 캡사이신은 유지방에 녹기 때문에 우유나 버터는 매운맛을 완화하는 데 도움이 된다. 고추 조각을 또 하나 랜치 드레싱^{ranch dressing} ●●과 함께 입속에 집어넣더니, 몇 분 동안 우물우물 씹었다. 그러고는 라임의 강한 맛이 매운맛 느낌을 분산시키는 데 도움이 되지 않을까 하는 생각에서 라임 한 조각을 집어 먹었다. 나도 캐롤라이나 리퍼 한 조각을 혀 위에 올려놓았지만, 겨우 몇 제곱밀리미터에 불과한 작은 조각이었다. 처음에는 레몬과 초콜릿 맛 비슷하게 상쾌한 맛이 나더니 15초쯤 뒤에 매운맛이 올라왔다. 매운맛은 혀와 입 전체로 퍼지더니 곧 모든 것을 압도했다. 일종의 파동이 온몸을 진동시키며 지나갔다. 내가 구부정한 자세로 의자에 앉는 순간, 주변의 목소리들이 잦아들었다. 코에서 콧물이 흘렀고, 딸꾹질이 나오기 시작했다.

커리는 고추 하나를 통째로 집어 들더니, 절반을 뚝 잘라 입속으로 넣고는 아무렇지도 않은 듯 우물우물 씹었다. 그러고는 얼음물을 한 모금 마셨다(얼음물은 매운맛을 진정시키는 데에는 아무 효과가 없다). 눈에는 눈물이 조금 고였으나, 그것도 금방 사라졌다. 그는 "나는 문자 그대로 내 몸 구석구석에서 그 맛을 느낍니다. 하지만 그것은 긍정적인 느낌입니다"라고 확언했다. 그리고 나서 그는 남은 것을 마저 입속으로 집어넣었다. 우리 같은 아마추어는 아직도 입속이 활활 타

●● 마요네즈와 버터밀크를 섞어 만든 흰색의 샐러드 드레싱.

오르는 가운데 그냥 멍하니 지켜보면서 감탄할 뿐이다.

고추의 매운맛은 고통스럽지만 즐길 수 있는 맛이다. 온몸이 화끈거리는 느낌이 들지만, 실제로 체온이 오르진 않는다. 1953년에 싱가포르국립대학교의 생물학자이던 리^{T. S. Lee}는 이 반응 뒤에 숨어 있는 생리학적 비밀을 알아내려고 노력했다. 그는 46명의 젊은 남성 집단에게 고추를 먹게 한 뒤, 땀을 흘리는 정도를 관찰했다. 발한은 열에 대응해 일어나는 생리학적 반응이다. 주변 환경 탓이건 아니면 운동을 하여 근육에서 발생한 열 탓이건, 체온 상승은 시상하부에 어떤 반응을 촉발한다. 뇌와 몸 사이에서 일어나는 일련의 피드백을 통해 땀샘들이 작동하기 시작한다. 피부에서 증발하는 땀은 몸을 식히는 효과가 있다. 그래서 체온이 떨어져 정상이 되면, 발한도 멈춘다.

리는 자원자들에게 무명 바지만 입히고, 얼굴과 귀, 목, 상체에 요오드 용액을 바른 뒤 콘스타치^{cornstarch}●를 뿌렸다. 그러면 땀이 파란색으로 변한다. 리는 아시아 요리에 흔히 쓰이는 카프시쿰 안눔 품종의 고추를 사용했다. 끝이 가는 이 빨간색 고추는 할라페뇨고추보다 10~20배 더 맵다. 비교를 위해 리의 실험 대상자들은 다른 시간에 설탕 용액, 쓴 키니네, 아세트산, 칼륨백반(입술에 잔주름이 생기게 만드는 수렴제), 후춧가루, 겨자, 핫 오트밀도 맛보았다. 어떤 사람들은 뜨거운 물로 입안을 헹구거나 고무를 씹거나 영양관을 삼키기도 했다.

●옥수수를 갈아서 만든 녹말 가루.

한 실험에서는 5분 동안 계속 고추를 먹고 난 뒤에 실험 대상자들은 얼굴이 빨갛게 변했고, 한 사람을 제외한 전원이 땀을 흘리기 시작했다. 코와 입 주위 지역은 파랗게 변했고, 곧이어 뺨도 파랗게 변했다. 리는 7명의 실험 대상자들에게 또다른 시험을 했는데, 고추를 하나 먹이고 나서 다시 하나를 더 먹였다. 다섯 명은 계속 땀을 흘렸고, 그중 두 사람은 아주 많이 흘렸다. 대조군 중에서는 아세트산과 후춧가루만 실험 대상자들에게 땀을 흘리게 했다.

고추를 먹는다고 해서 체온이 오르지는 않기 때문에, 물리적으로 몸을 냉각시킬 필요는 없었다. 하지만 리의 실험에서 실험 대상자들은 마치 더운 오후에 1킬로미터 이상을 달린 것처럼 땀을 흘렸다. 고추의 매운맛에 대한 반응과 진짜 열에 대한 반응이 동일하다는 것을 입증하기 위해 리는 일부 자원자들에게 다리를 뜨거운 물에 담그게 했다. 체온이 오르자, 이들의 얼굴에서 땀이 나는 패턴은 고추를 먹을 때 나타나는 것하고 동일했다.

리는 그전에 이미 고추의 매운맛은 맛이 아니라는 결론을 얻었는데, 사람들은 매운맛을 미각 수용기가 전혀 없는 입술에서도 느끼기 때문이었다. 그의 실험 결과는 신체의 또다른 계가 작용한다는 것을 시사했는데, 바로 화상에서 느끼는 불편을 알아채는 계였다. 고추의 매운맛은 일종의 통증이다.[13] 하지만 중요한 차이점이 한 가지 있다. 끓는 물에 손을 집어넣으면, 통증이 심해져 얼른 손을 빼게 된다. 캐롤라이나 리퍼를 먹으면, 매운맛이 몇 분 동안 계속 쌓이면서 온몸을 압도한다. 하지만 계속 더 먹으면, 매운맛이 사라지면서 입이 고추의 효과에 무감각해진다. 캡사이신은 통증을 일으킨 뒤에 그것을 차단한다.

고추 추출물은 수백 년 이상 진통제로 사용돼왔는데, 그 기원은 콜럼버스 이전 시대로 거슬러 올라간다. 1552년, 멕시코의 원주민 치료사 마르틴 데 라 크루스^{Martín de la Cruz}와 원주민 교사 후안 바디아노^{Juan Badiano}가 힘을 합쳐 아즈텍의 약초 치료법에 대한 안내서를 펴냈는데, 이 책은 오늘날 『바디아노 코덱스^{Badiano Codex}』로 알려져 있다. 이 책에 소개된 치료법들은 고추의 진통 효과를 광범위하게 사용한다. 잇몸 염증에 대한 한 가지 치료법은 찜질 패드를 만드는 것인데, 여러 종류의 고추 식물 뿌리를 으깬 고추와 함께 끓여 그 즙을 솜에 싼 뒤에 아픈 부위에 갖다대고 누른다. 다른 곳의 아메리카 원주민은 매운 고추를 성기에 대고 문질러 감각을 둔하게 함으로써 성적 즐거움을 오래 지속시켰다. 초기의 에스파냐인 정착민도 이 관습을 따라 하려고 하여 동행한 성직자들을 당혹케 했다. 19세기의 중국에서는 고추 추출물을 황제의 궁정에 환관으로 들어가기 위해 거세를 하는 사람들에게 국부 마취제로 사용했다.❶❹

100년 전에 화학자 윌버 스코빌이 자신의 이름이 붙은 척도를 만든 이유는 고추가 지닌 진통 효과 잠재력을 활용하기 위해서였다. 스코빌은 세계 최고의 제약회사 중 하나였던 파크데이비스 사의 실험실―디트로이트 외곽에 위치한―에서 일했다. 그 당시 파크데이비스 사와 여러 제약회사는 캡사이신과 코카인을 포함해 식물 알칼로이드를 새롭게 이용하는 방법들을 발견하고 있었다(파크데이비스 사는 가루약과 엘릭시르^{elixir}●를 포함해 자사가 만든 코카인 제품을 독일의 경쟁 회사 메르크 사의 제품과 비교 평가해달라고 지크문트 프로이트에게 24달러를 지불한 적도 있다. 프로이트는 맛에서 사소한 차이 한 가지만 지적하며 이렇게 기록했다. "이것은 아름다운 흰색 가루약이다(싼 가격에 구입할 수 있는)."❻

캡사이신은 파크데이비스 사의 국소 진통 크림인 히트 리니먼트의 활성 성분으로 쓰였다. 스코빌은 정확한 투여량을 더 정밀하게 추정할 수 있도록 다양한 고추 식물의 상대적 매움 정도와 캡사이신의 농도를 측정하라는 과제를 부여받았다. 캡사이신의 양이 너무 많으면 불쾌하게 화끈거리는 느낌이 나고, 너무 적으면 효과가 없었다. 캡사이신은 1846년에 영국의 존 클로 스레시$^{John Clough Thresh}$가 분리해 그 이름을 붙였고, 또 화학적으로 바닐라와 연관이 있다고 지적했다. 세상에서 가장 얼얼한 화합물들인 캡사이신과 그 연관 물질들은 가장 순하고 부드러운 향미 중 하나와 분자적 사촌 사이이다. 1912년 당시에

●좋은 냄새와 단맛이 있는 음료로 만든 약제. 대개 알코올 성분이 있으나, 알코올 성분이 없는 것도 있다.

는 맛으로 판단하는 것 외에는 캡사이신을 간단하게 감지할 수 있는 화학적 테스트가 없었다. 스코빌은 말린 고추를 갈아서 매운 정도가 서로 다른 추출물들을 준비했다. 그리고 실험실 동료 5명으로 심사 위원단을 구성했다. 만약 어떤 시료가 매운맛이 나면, 더이상 매운맛을 전혀 느낄 수 없을 때까지 반복해서 희석시켰다. 매운맛의 마지막 흔적을 제거할 때까지 필요한 희석 횟수가 많을수록 그 고추가 더 맵다고 판단했다.

스코빌은 주관적 감각을 계량화하는 방법을 발견했는데, 그것은 이 분야에서 중요한 업적이었다. 그는 매움의 정도를 스코빌 단위로 측정하는 그 방법을 스코빌 관능검사Scoville Organoleptic Test●라 불렀다. 100만 SHU는 추출물을 1ppm의 농도로 희석시켜야 매운맛이 완전히 사라진다는 걸 뜻한다. 이 방법은 다소 부정확했는데, 다른 향미와 마찬가지로 매운맛에 대한 사람들의 감각은 다양하기 때문이다. 그래서 오늘날에는 고추에 포함된 캡사이신의 절대 농도를 크로마토그래피로 측정한 뒤에 스코빌 단위로 환산한다.

파크데이비스 사는 캡사이신을 효과적이고 수익이 나는 제품으로 만드는 데 성공하지 못했다. 히트 리니먼트는 오늘날에도 판매되고 여전히 캡사이신을 포함하고 있지만, 주 활성 성분은 노루발풀에서 추출한 살리실산메틸이다. 『바디아노 코덱스』가 출판된 지 500여 년

●관능검사란, 사람의 오감五感으로 식료품, 향료, 주류 따위의 품질을 평가하는 일을 말한다.

이 지나고, 스코빌이 활동한 지 100여 년이 지난 오늘날 제약회사들은 여전히 피부 부착포와 주사제를 비롯해 여러 가지 방법으로 캡사이신의 감각 마비 효과를 이용하려고 애쓰고 있지만, 대체로 큰 성과는 얻지 못했다. 신체의 열 감지 시스템을 조작하는 것은 위험한 일이다. 이러한 통증 차단제 중 하나를 시험한 실험들에서는 동물에게 지속적인 고열이 나타났다. 동물의 신체가 과열되는 효과가 나타났던 것이다.❶

캡사이신의 독특한 효과를 연구한 스코빌 시대의 제약회사들과 생물학자들은 맛의 이해를 방해하는 것과 동일한 장애물에 맞닥뜨렸다. 그들은 캡사이신과 신체와 뇌 사이에서 일종의 생물학적 연금술이 일어난다는 사실을 알았지만, 그것이 정확하게 어떻게 작용하는지 알 수 없었다.

수십 년 뒤에 모로코의 아틀라스 산맥에 서식하는 선인장 비슷한 식물인 백각기린의 우유 같은 수액에서 이 수수께끼의 열쇠가 발견되었다. 모로코 사람들은 이 식물을 칼로 베어 수액이 흘러나오게 한 뒤 말라붙게 한다. 이렇게 얻은 수지樹脂를 모아서 파는데, 여기에는 알려진 것 중 가장 강력한 자극 물질이자 슈퍼캡사이신의 한 형태인 레시니페라톡신resiniferatoxin, RTX이 들어 있다. 순수한 캡사이신의 스코빌 척도는 1600만 SHU인데, RTX는 그보다 1000배나 더 매운 160억 SHU나 된다. 백각기린 수액은 만지기만 해도 심한 화학적 화상을 입으며, 한 방울만 마셔도 치명적이다. 하지만 아주 묽게 희석시킨 것은 의학적으로 강력한 효과가 있다. 1세기에 마르쿠스 안토니우스와 클레오파트라 사이에서 태어난 딸과 결혼한 북아프리카의 왕 주바^{Juba}는 심한 변비로 고생했는데, 그리스인 주치의 에우포르보스^{Euphorbos}는 말린 백각기린 수액을 가루로 만들어 물과 섞은 약을 처방했다. 고대의 이 설사제는 효과가 아주 좋아서 주바는 그 식물에 주치의의 이름을 따 '에우포르비아^{Euphorbia}'라는 이름을 붙였다. 1700여 년 뒤, 칼 린네도 이 전통에 따라 이 속屬의 식물에 에우포르비아^{Euphorbia, 대극속}라는 속명을 붙였고, 이 특별한 종에는 에우포르비아 레시니페라^{Euphorbia resinifera}라는 이름을 붙였다. 오늘날 백각기린 수액은 코 막힌 데, 뱀에 물린 데, 중독 등을 치료하는 데 쓰인다.

1980년대에 RTX는 고추의 매운맛을 연구하던 과학자들의 관심을 끌었다. RTX는 캡사이신보다 훨씬 강력했기 때문에, 극소량만 있어도 조직들이 활활 반응했다. 연구에도 불이 붙었다. 과학자들은 피부에 바르거나 주사했을 때, RTX가 뇌와 몸을 속여 방 안의 온도가 유황불보다 뜨겁다고 느끼게 만든다는 것을 알아냈다. 그리고 나서 갑자기 몸이 열을 감지하는 능력이나 온도 변화에 반응하는 능력을 차단한다. 쥐에게 RTX를 투여하자, 체온 저하가 일어났다. 하지만 모든 감각을 마비시키는 국소 마취제와 달리 RTX는 다른 종류의 촉각은 손상시키지 않았다. 쥐들은 여전히 꼬집는 자극이나 전기 충격을 느졌다. 오로지 열을 감지하는 신경들만 영향을 받았다. 한 실험에서 과학자들은 스캐너로 추적할 수 있도록 RTX에 방사선을 쬔 뒤에 그것을 세포에 집어넣고, RTX 분자들이 이전에 알려지지 않은 종류의 수용기에 가서 들러붙는 것을 관찰했다. 그것은 바로 열 수용기였다.[17]

40여 년 전에 고추를 먹으면서 땀을 흘리는 것을 관찰한 리의 실험이 옳았음이 입증되었다. RTX 분자와 캡사이신 분자는 모두 열과 통증을 감지하는 수용기에 가 들러붙었다. 이 수용기들은 열과 추위, 화상, 타격, 자상, 꼬집기, 전기 충격 등의 중대한 위협을 감지하는 더 큰 감지기 가족의 일부였다. 이것들이 없으면 우리는 금방 죽고 말 것이다.

캡사이신 수용기는 입과 피부, 눈, 귀, 코의 신경세포들 표면에 깔려 있다. 이 세포들이 섭씨 42도―'훈훈한 것'과 '너무 더운 것' 사이의 경계선을 지났다는 신호―보다 높은 것과 접촉할 때, 이에 반응해 수용기의 모양이 변한다. 그러면 세포 내부로 연결된 구멍이 열린다. 인체에 있는 물은 양전하와 음전하 입자들이 섞여 있는 짠 수용액으로, 세포 안과 밖으로 드나든다. 구멍은 폭이 원자 1~2개가 지나갈 정도밖에 안 되며, 양전하를 띤 칼슘 이온만 통과시킨다. 칼슘 이온의 이동으로 일어난 전하 변화 때문에 신경세포가 신호를 발사해 뇌로 보낸다. 이 과정은 수백분의 1초 만에 일어나 미각 수용기의 반응 시간보다 훨씬 빠르다. 뜨거운 프라이팬에 손이 닿았을 때 자기도 모르게 얼른 손을 움츠리는 것은 이 때문이다.

그런데 고추는 이 시스템을 속인다. 매운 고추를 먹으면, 캡사이신 분자들이 이 수용기들에 넘쳐난다. 그러면 소금이 얼음의 녹는점을 낮추듯이 입에서 열에 대한 역치가 낮아진다. 갑자기 섭씨 37도가 65도처럼 느껴진다. 고추에서 화끈거리는 맛이 나는 이유는 이 때문이다. 열 경보는 머리에 있는 주요 신경 경로 중 하나로, 얼굴과 코, 입, 눈으로부터 오는 신호를 중계하는 3차 신경을 통해 뇌로 전달된다. 고추의 매운맛은 서양고추냉이와 고추냉이의 얼얼한 맛, 좀더 부드러운 레몬그라스의 톡 쏘는 맛, 쓰촨고추(고추나 후추와 아무 관련이 없고, 초피나무의 열매 껍질로 만든다)의 따끔거릴 정도로 매운 맛을 포함해, 열 수용기나 촉각 수용기를 통해 감지된 뒤 3차 신경을 통해 전달되는 많은 '맛' 중에서 가장 강하다. 쓰촨고추는 피부를 부어오르게 하여 입술이 불룩한 느낌을 주기 위해 립스틱의 성분으로도 쓰인다.

따라서 통증은 맛을 이루는 특별한 일부이며, 나름의 특이한 성질을 지니고 있다. 열 수용기는 몸 전체에 분포하기 때문에 아주 매운 고추는 위험할 수 있다. 불쾌한 맛은 오직 혀를 통해서만 느낄 수 있지만, 에드 커리가 핫소스를 준비하는 걸 지켜보는 동안 나와 아들이 깨달은 것처럼 캡사이신은 온몸을 휩쓴다. 커리는 으깬 유령고추―고추와 식초를 6대 1의 비율로 섞어 만든 베이지색의 퓌레―가 담긴 흰색 병을 팬에 들이붓고, 양념을 추가로 더 넣은 뒤에 그 혼합물을 스토브 위에 올려놓았다. 증기에 섞인 캡사이신이 우리 눈을 찌르고 그 다음에는 코로 들어와 우리는 10분 동안 기침과 재채기를 계속했다. 커리는 면역이 된 듯 미동도 하지 않았다.

대개 카옌페퍼 cayenne pepper 로 만드는 페퍼 스프레이도 동일한 원리로 작용한다. 경찰이 사용하는 페퍼 스프레이는 500만 SHU 이상이어서 일시적으로 실명과 호흡 곤란, 거의 완전한 항거 불능 상태에 빠지며, 드물게는 사망에까지 이를 수 있다. 이 성질을 이용하는 방법을 찾는 분야에서는 인도가 선봉에 나섰다. 인도 군대는 유령고추 수류탄을 실험했고, 히말라야 산맥에서 병사들의 몸을 따뜻하게 하는 데 도움을 주기 위한 보조 식품도 실험했다.[18] 아삼 주 환경부는 배회하는 코끼리가 농경지에 난입하는 것을 막기 위해 현지 농부들의 관습을 활용해 유령고추 기름에 적신 밧줄로 울타리를 설치했다. 코끼리 가죽은 너무 질겨서 전기 울타리도 소용이 없었지만, 코끼리도 유령고추만큼은 피해 갔다.

캡사이신은 신체 내부에도 영향을 미친다. 미각 수용기와 후각 수용기와 마찬가지로 열 수용기도 뇌, 방광, 요도, 코 점막, 잘록창자(결장)를 비롯해 거의 모든 곳의 신경세포에서 발견되었다. 이 수용기들이 정확하게 무슨 일을 하는지는 분명하지 않지만, 단지 체온을 조절하는 기능만 하는 것은 아니다. 일부 수용기는 대사계들이 어떤 한도

내에서 기능을 유지하는 데 도움을 준다. 그런데 이 수용기들은 심각한 건강 문제를 일으킬 수도 있다. 2014년, 캘리포니아 대학교(버클리 캠퍼스)의 앤드루 딜린Andrew Dillin이 이끈 연구자들은 유전공학을 통해 캡사이신 수용기가 없이 태어나게 한 생쥐를 대상으로 실험을 했다. 예측한 대로 생쥐는 열에 대한 반응이 제대로 일어나지 않았다. 하지만 이 생쥐들은 정상 생쥐보다 넉 달, 즉 14퍼센트나 더 오래 살았고, 대사 과정도 더 젊은 상태를 유지했다. 딜린은 정상 생쥐가 나이가 들면 신체 내의 캡사이신 수용기들이 오작동하기 시작한다는 사실을 발견했다. 일부 생쥐에게서는 이 수용기들이 췌장을 자극하여 혈당량을 만성적으로 더 높게 만드는 단백질을 분비하게 했다. 이것은 나이가 들면 흔히 나타나는 현상으로, 당뇨병의 전조이다.[19]

물론 더 오래 살고 싶다고 하더라도, 자신의 몸에서 캡사이신 수용기를 완전히 제거할 수 있는 방법은 없다. 하지만 고추를 먹는 것이 차선책이 될 수 있는데, 고추는 캡사이신 수용기를 마비시키기 때문이다. 아주 매운 고추를 먹을 때 마비 현상이 일어나는 것은 수용기들이 매운맛에 압도되어 신경세포들이 기능을 멈추기 때문이다. 신경세포들은 대개 회복되지만, 때로는 죽기도 한다.[20] 줄리아 차일드는 양념 맛이 지나치게 강한 음식은 맛봉오리를 파괴한다고 주장한 적이 있다. 이것은 사실이 아니지만, 차일드는 뭔가를 알아챘다. 몸 안에서 이 마비 작용은 오작동하는 수용기들의 기능을 멈춤으로써 생쥐들을 더 오래 살게 한 것과 비슷한 효과를 낼 수 있을지 모른다.

고추가 많이 든 음식을 먹으면 작지만 측정 가능한 건강상의 이득이 있다는 연구 결과가 많이 나왔다. 캡사이신은 대사 속도를 높여[21] 더 많은 칼로리를 태운다. 캡사이신 수용기가 없는 생쥐는 대사 활동이 활발해 살찔 가능성이 더 낮았다(커리는 아주 매운 고추가 많이 들어간 음식으로 체중을 81킬로그램이나 줄였다. 또, 술을 끊는 데에도 도움이 되었다고 말한다).

하지만 고추의 매운맛에 관한 또 하나의 큰 수수께끼는 건강상의 이득으로도 설명이 되지 않는다. 그 수수께끼는 바로 왜 사람들이 그 통증과 자극을 '즐기느냐' 하는 것이다. 사람들이 요리에서 약간의 쓴맛을 선호하는 것과 마찬가지로 이것 역시 조건 형성의 결과이다. 하지만 세상에서 가장 쓴 커피를 끓이는 대회 같은 것은 없다. 고추의 매운맛이 주는 감각은 물리적 열과 비슷한데, 열은 약 100만 년 전에 조리에 불을 사용한 이래 늘 향미를 만드는 주요 요소로 자리잡아왔다. 우리는 뜨거운 음식을 좋아하도록 진화했다. 고추의 매운맛이 주는 감각은 찬 것이 주는 감각하고도 비슷하다. 찬 것은 피부에 불쾌한 느낌을 주지만 마실 것이나 아이스크림에서는 즐거운 느낌을 주는데, 아마도 우리가 시원해지는 것에서 갈증 해소를 연상하도록 진화했기 때문일 것이다.[22] 하지만 이 예들 중 어느 것도 자연이 적을 물리치기 위해 캡사이신을 고안했는데도 불구하고, 왜 인간은 그것을 열렬히 받아들였는지 그 이유를 설명하진 못한다.

폴 로진은 아내 엘리자베스 로진^{Elisabeth Rozin}이 『향미 원리에 기초한 요리책^{The Flavor-Principle Cookbook}』을 쓴 1970년대에 이 문제에 흥미를 느꼈다. 이 책의 주제는 각 민족의 전통 요리에는 보편적인 향미 지문이 있는데, 가정 요리사들이 이를 활용해 음식의 맛을 높일 수 있다는 것이다. 폴 로진은 왜 어떤 문화는 양념이 듬뿍 들어간 음식을 선호하는 반면, 어떤 문화는 자극적이지 않은 음식을 선호하는지 궁금한 생각이 들었다. 그는 인간과 동물 사이의 차이에 초점을 맞춰 조사하기 위해 멕시코 남부 와하카 주 고지대에 있는 한 마을을 찾아갔다. 이곳 사포텍족 주민은 고추 양념이 많이 들어간 음식을 먹었는데, 로진은 개와 돼지도 고추를 좋아하도록 입맛이 길들여졌는지 궁금했다. 로진은 "나는 마을 사람들에게 매운 고추를 좋아하는 동물을 알고 있느냐고 물었지요. 그들은 아주 우스운 질문이라고 생각했던 것 같아요. '매운 고추를 좋아하는 동물은 하나도 없어요!'라고 대답하더군요"라고 말했다. 로진은 개와 돼지에게 양념을 전혀 넣지 않은 치즈 크래커와 핫소스를 뿌린 치즈 크래커 사이에서 선택을 하게 함으로써 이 관찰 사실을 검증해보려고 시도했다. 개와 돼지는 이 두 가지를 다 먹었지만, 항상 맛이 순한 크래커를 먼저 선택했다.[23]

그 다음에 로진은 쥐에게 고추를 좋아하도록 조건화시키려고 시도

했다. 만약 쥐가 양념을 섞지 않은 크래커보다 양념을 섞은 크래커를 선택하도록 만들 수 있다면, 그것은 요리에 매운맛이 들어간 것은 아마도 단순한 적응 문제임을 보여줄 것이다. 동물—그리고 인간—이 매운맛을 좋아한 이유는 고추에 영양분이 많고, 생존이라는 지상 과제가 불쾌한 맛을 극복할 만큼 중요했기 때문이다. 볼리비아의 아이마라족이 그들의 아주 쓴 감자 맛에 익숙해진 것처럼 인간은 시간이 지나면서 매운맛에 점점 덜 민감해졌을 가능성이 높다.

로진은 한 쥐 집단은 태어날 때부터 고추가 섞인 먹이를 먹였고, 다른 집단은 먹이에 섞은 고추의 양을 조금씩 점진적으로 늘려갔다. 두 집단 모두 양념이 전혀 섞이지 않은 먹이를 계속 선호했다. 또다른 실험에서 로진은 고추가 전혀 섞이지 않은 먹이에 구토를 유발하는 화합물을 섞어 쥐들이 나중에 그 먹이에 혐오감을 느끼도록 했다. 그래도 쥐들은 고추를 섞은 먹이보다는 그 먹이를 선택했다. 로진은 일부 쥐들에게 비타민 B 결핍증을 유도해 심장과 폐, 근육에 다양한 문제가 나타나게 한 뒤, 고추로 맛을 낸 먹이를 먹이며 다시 잘 돌봐 건강을 회복하게 했다. 이것은 매운맛에 대한 혐오감을 약간 줄이긴 했지만, 완전히 없애진 못했다. 로진은 고추를 좋아하도록 전향시키는 데 성공한 쥐는 단 한 마리밖에 없는 게 아닐까 하고 생각한다. 캡사이신을 감지하는 능력을 잃은 쥐만 캡사이신에 대한 혐오감을 잃었다. 로진이 동물을 훈련시켜서 고추를 좋아하도록 만드는 데 유일하게 성공을 거둔 사례는 나중에 가서야 일어났는데, 한 쌍의 침팬지에게 고추 양념을 섞은 크래커를 좋아하게 만드는 데 성공한 것이었다.

로진은 우리가 고추의 매운맛을 좋아하는 이유는 인간 특유의 어떤 속성, 즉 문화나 심리 속에 숨어 있는 동역학에 있다고 믿게 되었다. 생존과는 아무 관계도 없어 보이는 어떤 이유 때문에 인간은 혐오스러운 것을 만족스러운 것으로 여기도록 스스로를 조건화한다. 사포텍족은 태어날 때부터 고추를 좋아하진 않지만, 만 4~6세 무렵에 고추에 대한 취향이 발달한다.

얼마 후, 로진은 평소의 음식물에 매운맛이 제한적으로 섞여 있는 미국의 한 인간 집단의 내성을 멕시코 마을 사람들의 그것과 비교해 보았다. 섞인 고추의 양이 제각각 다른 콘 스낵을 각각의 집단에 먹게 한 뒤, 맛이 최적일 때와 참을 수 없는 때를 평가하게 했다. 예상한 대로 멕시코 사람들은 미국인보다 매운맛에 더 강했다. 하지만 두 집단 모두에서 일관되게 나타난 한 가지 사실이 있었는데, '딱 좋을 때'와 '참을 수 없는 때' 사이의 차이가 종이 한 장에 불과하다는 것이다.[24] 로진은 이렇게 말했다. "그들이 가장 좋아한 매움 수준은 더이상 참을 수 없는 고통 수준 바로 아래였습니다. 나는 여기에 통증 자체가 관련돼 있다는 생각이 떠올랐지요. 그들은 참을 수 있는 데까지 최대한 버텼는데, 이것은 그 현상의 일부였습니다."

고추 문화는 바로 참을 수 있는 데까지 최대한 버티는 것이다. 에드 커리는 이 사실을 받아들인 것이 자신의 약점을 극복하는 데 도움이 되었다고 믿는다. 그는 자신의 삶을 단 하나의 강력한 감각을 중심으로 조직했고, 그것은 효과가 있었다. 기네스 사는 2013년에 스모킹 에드즈 캐롤라이나 리퍼를 세상에서 가장 매운 고추로 발표했다. 하지만 성공을 계속 이어가려면 경쟁에서 우위를 계속 유지해야 한다. 경쟁은 고추의 매움 수준을 점점 더 높여 결국에는 200만 SHU를 넘어 이전에 아무도 맛보지 못한 얼얼함의 영역으로 올려놓을 것이다. 커리는 얼마나 더 멀리 나아갈 수 있고, 누가 그 뒤를 따를까?

즐거움과 혐오감 사이의 거리는 그리 멀지 않다. 이것은 우리의 해부학적 구조와 행동의 특징이다. 뇌에서 이 둘은 서로 가까이 겹쳐 있다.㉕ 이 둘은 뇌줄기(뇌간)의 신경세포들에 의존하는데, 이 사실은 이 둘의 오랜 기원이 반사 작용이었음을 시사한다. 이 둘은 모두 동기를 빚어내는 뇌의 도파민 신경세포 체계를 이용한다. 이 둘은 지각과 의식에 영향을 미치는 피질 지역들을 활성화시킨다. 해부학은 이 두 체계가 긴밀하게 상호작용한다고 시사한다. 여러 뇌 구조에서 통증과 즐거움에 반응하는 신경세포들은 서로 아주 가까이 위치한다. 기본적인 반사와 의식을 이어주는 지역인 쾌락 열점 근처에서 이러한 상호작용이 아주 많이 발생한다.

행동에서 즐거움과 혐오감은 동시에 나란히 작용하기도 한다. 각각은 자연 선택을 통해 생겨난 동기의 한 형태이다. 각각은 목전의 생존을 보호하고 미래를 위해 학습을 인도하는 행동을 촉발한다. 통증은 사람들에게 행동을 멈추거나 물러나거나 피하라고 경고한다. 즐거움은 행동을 계속하고 나중에 반복하라는 초록색 불이다. 약간의 즐거움은 통증을 완화할 수 있고, 통증은 즐거움을 감소시킬 수 있다. 만성적인 통증은 우울증과 즐거움을 느끼지 못하는 상태를 초래할 수 있다. 사람은 더 큰 보상과 거기에 따르는 즐거움을 얻기 위해 일상적으로 통증을 견뎌낸다. 예컨대 출산이 그런 경우에 해당한다. 그 반대, 즉 즐거움이 통증으로 이어지는 일도 일어난다. 예컨대 즐거운 음주가 숙취로 이어지거나 몇 년 동안 마약에 탐닉한 결과로 인생이 의미 없고 우울하게 느껴지는 사례가 바로 그런 경우이다.

로진은 우리가 매운맛을 좋아하는 것은 이 두 가지 체계가 협력해 나타난 결과에 지나지 않는다고 결론 내렸다. 극도의 매운맛을 즐기는 사람은 위험과 통증을 실질적인 큰 위험 없이 즐기는 것이며, 그것이 끝났을 때 안도감을 느낀다. 그는 "사람들은 롤러코스터나 낙하산 점프 또는 공포 영화가 주는 두려움과 자극도 좋아한다. 그들은 슬픈 영화를 보면서 눈물을 흘리고, 어떤 사람들은 아주 뜨거운 욕탕에 들어갈 때 처음에 느끼는 통증이나 찬물에 뛰어들 때 느끼는 쇼크를 즐기기도 한다. 이렇게 '가벼운 피학적' 활동은 고추의 매운맛 선호와 함께 인간의 독특한 속성인 것처럼 보인다"라고 썼다. 매운 고추를 먹는 것은 문자 그대로 위험—하지만 문명이 우리를 보호해주는—을 자초하는 마조히즘의 한 형태일지 모른다.

로진의 이론은 향미에 예상치 못한 감정적 요소가 있다고 시사한다. 옥스퍼드 대학교에서 시리 레크네스Siri Leknes가 이끈 연구는 즐거움과 안도감의 관계를, 이 둘이 본질적으로 동일한 것인지에 초점을 맞춰 살펴보았다. 레크네스는 자원자 18명에게 두 가지 과제—즐거운 것과 불쾌한 것—를 수행하게 하면서 그 뇌를 촬영했다. 먼저 그들에게 일련의 즐거운 경험을 상상하게 했다. 예컨대 좋아하는 음식을 먹거나 음료 또는 커피나 차를 마시는 장면, 상쾌한 바닷바람 냄새나 갓구운 빵 냄새를 맡는 장면, 따뜻한 욕조에서 목욕을 하거나 미소 짓는 얼굴을 보는 장면 같은 것을 연상하게 했다. 그 다음에는 통증이 닥쳐온다는 시각적 신호를 주고 나서 왼팔에 부착된 장비를 통해 5초 동안 섭씨 50도의 열을 가했다. 이 정도 열은 통증을 느끼기에는 충분하지만 화상을 입을 정도는 아니다.

뇌 스캔 결과는 안도감과 즐거움이 서로 얽혀 있음을 보여주었는데, 지각과 판단이 생성되는 장소인 전두피질(이마겉질)의 한 지역과 쾌락 열점 근처의 한 지역에서 서로 겹치며 나타났다. 이것들은 감정이기 때문에, 그 세기는 인생에 대한 태도를 포함해 많은 요인에 달려 있다. 비관적 경향에서 점수가 높은 자원자들은 낙관주의자들보다 안도감이 훨씬 강하게 나타났는데, 아마도 통증이 끝나리라고 기대하지 않았기 때문일 것이다.[26]

커리의 웹사이트를 방문하면, 캐롤라이나 리퍼를 먹는 사람들을 촬영한 비디오들이 있다. 이들은 고문을 당하는 피험자의 모습을 보여준다. 한 남자는 고추를 한입 베어무는 순간, 눈을 동그랗게 뜨더니 의자가 뒤로 기울어지면서 바닥에 쓰러진다. 또다른 남자는 폭풍처럼 땀을 뻘뻘 흘리면서 극심한 고통을 받는 것처럼 보이지만, 고추 하나를 다 먹을 때까지 참고 견뎌낸다. 이 비디오들을 보면서, 나와 아들에게는 고추의 향미를 맛보는 데에서 얻는 즐거움이 무엇이건 간에, 진정한 만족감은 그 결과에서 나온다는 사실이 갑자기 아주 명백하게 다가왔다. 힘든 시련을 견뎌냈고 살아남았다는 데에서 오는 안도감이 바로 그것이다.

8장

대폭격

제2차 세계대전 때 아일랜드 사람들은 빈약한 배급과 무미건조한 맛, 그리고 비상 상황이라는 전반적인 결핍 상태를 견뎌내며 살아야 했다. 대부분의 자원을 전쟁 노력에 쏟아붓는 바람에 주부들은 차, 설탕, 버터, 밀가루, 빵 같은 기본 물품을 얻기 위해 쿠폰 북을 들고 길게 줄을 서야 했다. 가스는 조리용으로 하루에 몇 시간만 사용할 수 있었는데, '글리머 맨glimmer man'이란 별명으로 불리던 가스회사 조사관이 집집마다 방문하면서 점화 불꽃을 다른 용도로 사용하지 못하도록 확인했다. 하지만 서른 살의 사업가 조 머피Joe Murphy는 결핍 속에서 기회를 보았다. 아일랜드 사람들은 비타민 C와 D를 포함한 필수 영양소의 유일한 원천이던 신선한 과일을 갈망했지만, 대서양을 정찰하는 독일 잠수함들 때문에 수입이 봉쇄되었다. 영국에서는 리베나^{Ribena}라는 음료가 이 필요를 충족시켰는데, 리베나는 까치밥나무 열매 즙으로 만든 코디얼^{cordial}●이었다. 영국 정부는 전쟁 초기에 까치밥나무를 재배하라고 지시했고, 어린이들에게 영양 보충제로 리베나를 나눠 주었다. 머피는 아일랜드에 공급할 물량을 확보했고, 모든 병이 다 팔려나갔다.

전쟁이 끝나자 고기, 버터, 치즈 같은 기본 물품을 쉽게 구할 수 있게 되었고, 여러 종류의 스낵 식품은 베이비 붐에 기름을 붓는 데 한몫을 했다. 리베나 병 바로 옆에 청량 음료들이 진열되었다. 머피는 1954년에 감자칩 사업을 시작했다. 감자는 아일랜드에서 국가적 주식이었는데, 스튜와 셰퍼드 파이^{shepherd's pie}●●, 으깬 감자와 밀가루로 만드는 팬케이크인 복스티^{boxty}, 으깬 감자에 쪽파와 우유를 섞어 만드는 챔프^{champ} 등의 기본 재료로 쓰였다. 하지만 1950년대에 아일랜드는 여전히 감자칩을 전량 영국에서 수입했다. 머피는 500파운드를 투자해 방 두 개와 딥 프라이어 두 개, 소형 트럭 한 대, 종업원 여덟 명으로 사업을 시작했다. 회사명은 '테이토^{Tayto}'로 정했는데, 아장아장 걷던 아들 조지프가 '포테이토^{potato}'를 잘못 발음한 것을 듣고 지은 이름이었다.❶

감자칩은 잘 팔렸지만, 머피는 성에 차지 않았다. 전쟁 동안에는 수

● 과일 원료의 농축액.
●● 으깬 감자 안에 다진 고기를 넣어 만든 파이.

요를 충족시킬 공급 물량을 확보하는 게 문제였지만, 지금은 공급 과잉 문제에 직면했다. 대형 스낵 식품 회사들이 만든 제품들이 시장을 지배했는데, 그들과 동일한 상품으로 경쟁해서는 사업이 계속 성장할 가능성이 보이지 않았다. 스스로 '김빠진' 맛이라고 부른 감자칩의 무미건조한 맛이 불만이었던 머피는 감각에 충격을 주기로 결정했다. 프라이어에서 감자칩이 나오자마자 그 위에 치즈나 양파 가루를 뿌림으로써 양념을 첨가한 감자칩을 신제품으로 내놓았다. 하루는 두 가지 재료가 남아돌자, 머피의 동업자인 셰이머스 버크^{Seamus Burke}가 테이블에 자리를 잡고 앉더니 둘을 합쳐 세번째 향미를 만들어냈다. 이것이 향미를 첨가한 최초의 감자칩이었다.

1950년대에 미국의 감자칩 제조업체들은 무미건조한 맛 문제 때문에 훨씬 큰 규모의 고민에 빠져 있었다. 아일랜드에서는 치즈와 양파를 조합한 신제품이 금방 인기를 끌었고, 머피의 사업은 급성장했다. 그래서 미국 회사들도 그 아이디어를 빌려 나름의 향미를 더한 감자칩을 만들기 시작했다. 1958년에 펜실베이니아 주 랭커스터의 허즈 포테이토 칩스^{Herr's Potato Chips}는 바비큐 칩스를 출시했고, H. W. 레이 앤드 컴퍼니^{H. W. Lay & Company}도 비슷한 시기에 동일한 제품을 내놓았다.❷ 더 많은 회사들이 그 뒤를 따랐다. 그 다음에는 치즈와 양파의 미국식 변형인 사워크림과 양파가 나왔다.

양념을 첨가한 감자칩은 최초의 현대식 정크 푸드 중 하나였다. 회사들이 양념과 질감, 조제법 등을 계속 실험하면서 감자칩도 변화했다. 감자칩은 정밀하게 설계된 향미 충격을 감각에 전달함으로써 이윤을 올리는 일종의 산업적 향미의 틀이 되었다. 60년 뒤, 감자칩의 종류는 놀라울 정도로 다양해졌다. 세계 각지의 요리에서 빌려온 많은 향미가 현지의 입맛에 맞게 가미되었다. 태국에는 핫 칠리 오징어 칩이 있고, 러시아에는 붉은 캐비아 칩이 있으며, 에스파냐에는 새우와 마늘 칩이, 오스트레일리아에는 베지마이트^{Vegemite}●로 향미를 추가한 칩이 있다. 영국에는 요크셔 푸딩과 비슷한 맛이 나는 칩이 있다.

감자칩의 변신은 식품과 미각에 일어난 상전벽해 같은 변화의 일부로, 불이나 발효를 제어한 사건과 비교할 만한 것이다. 사람들이 곡물을 재배하기 시작한 약 1만 2000년 전부터 1900년경까지 대부분의 인류는 제한된 녹말 식품에 의존해 살았다. 그 기본을 이룬 것은 수확한 곡물이나 감자 같은 덩이줄기나 뿌리였다. 고기, 우유, 달걀, 과일, 채소는 아주 드물게 맛볼 수 있는 사치품이었다. 식품역사학자 레이철 로던^{Rachel Laudan}은 이것을 "초라한 요리^{humble cuisine}"라 부른다. 대부분의 칼로리는 기장이나 옥수수 같은 기본적인 녹말에서 얻었다. 여성들이 그 재료로 음식을 만들었고, 온 가족이 같은 그릇에 담긴 음식을 함께, 그리고 때로는 손으로 먹었다.

부자들이 먹은 음식은 사뭇 달랐다. 그들은 공을 들여 화려한 부

●야채 즙과 소금, 효모 추출물을 혼합하여 만든 스프레드.

억을 짓고, 요리사 팀을 고용했으며, 도살할 동물들을 구입했고, 외국의 향신료를 입수했다. 다양하고 호화로운 그들의 음식—고급 요리—은 권력과 지위를 구현했다. 그들은 대부분 고기, 단것, 지방, 술에서 칼로리를 섭취했다. 이들의 음식에는 양념과 조제한 소스, 다양한 코스, 그리고 전통과 의식의 느낌도 있었다.❸ 녹말을 사용할 때에는 쌀이나 밀처럼 더 값비싼 곡물을 썼다.

20세기가 되자 확산돼가면서 서로 맞물리던 산업적 식품 시스템들이 궁정 요리사와 개인 요리사 들이 해오던 일을 하기 시작했다. 그들은 소를 키우고 죽이고 손질했고, 치즈와 맥주를 생산했으며, 밀을 재배해 가공했고, 조미료 제법을 만들었다. 이제 전 세계에서 수백만 명이, 그리고 얼마 후에는 수십억 명이 전에는 군주들이나 맛보던 구운 고기와 다양한 코스와 디저트를 맛볼 수 있게 되었다. 치즈버거와 프렌치프라이는 요리의 척도에서 볼 때 '최고급'으로부터 상상할 수 있는 가장 먼 곳에 자리잡고 있는 것처럼 보일지 모르지만, 5000년 역사를 자랑하는 고급 요리의 정수라고 할 수 있다. 로던은 이것을 '중간 요리middling cuisine'라고 부른다. 맛 좋은 소고기, 소금과 지방이 듬뿍 든 프렌치프라이, 양념을 곁들인 케첩과 겨자, 감칠맛이 풍부한 치즈, 톡 쏘는 양파는 궁정 만찬의 축소판이다. 1900년대 초에 식품과 향미 민주주의 시대가 시작되면서 대중은 활기찬 영양을 더 많이 제공받게 되었다.

그런데 점차 이 시스템이 헝클어지기 시작했다. 감자칩과 그 밖의 맛 좋은 스낵 식품이 확산되면서 식품 회사들은 얼마나 많은 감각 단추를 동시에 누를 수 있는지 경쟁했다. 향미의 생물학에 대한 통찰들을 검토하던 그들은 지각과 욕망을 조작하는 새로운 방법들을 발견했다. 그 방법들은 유전학적 방법에서부터 인지적 속임수에 이르기까지 다양했다. 가공 식품—슈퍼마켓이나 패스트푸드 체인에서 판매하는—은 감각에 폭격을 가하고, 뇌와 소화 기관을 만지작거렸다. 소비자들이 이런 식품에 길들여지자, 식품 회사들은 감각을 더 많이 자극하려고 노력했다. 감각을 지나치게 자극하는 정크 푸드 시대는 미각을 현혹했지만, 공중 보건을 해쳤다. 미국에서 하버드 대학교 연구팀이 건강한 남녀 12만 명의 섭취 식품과 체중을 20년 동안 추적 조사한 결과에 따르면, 평균적으로 각자 매년 약 450그램씩 체중이 늘어났다. 늘어난 체중에 기여한 주요 식품은 비중이 큰 것부터 감자칩, 감자, 당분이 많은 음료, 붉은 고기의 순이었다.❹ 아주 맛 좋은 감자칩은 식품 중에서 죽음을 초래하는 가장 큰 원인이 되었다.

감자는 한때 전형적인 초라한 요리였다. 고추와 마찬가지로 감자도 안데스 산맥 고지대에 서식하던 야생 조상 종에서 유래했다(그리고 고추와 마찬가지로 같은 가짓과에 속한다). 야생 감자는 울퉁불퉁하고 쓰지만, 초기의 아메리카 사람들은 작은 공간에 많은 영양분을 포함한 식물이란 사실을 알고는 감자를 재배하기 시작했다. 잉카 제국 사람들은 감자를 재배하고 저장하고 보존하는 체계를 정교하게 발달시켰다. 그들은 솔라닌과 토마틴이라는 한 쌍의 알칼로이드 때문에 나타나는 뿌리의 쓴맛을 중화시키기 위해 일련의 단계들을 밟았다. 밤에 얼렸다가 낮에 햇빛에 말린 감자를 발로 짓밟은 뒤에 껍질을 벗기고 살을 부드럽게 하기 위해 물에 담가두었다. 그리고 마지막으로 다시 한 번 햇빛에 말렸다. 그 결과로 얻은 케이크 같은 물질인 추뇨^{chuño}는 몇 달 동안 저장할 수 있었고 운반하기에도 편리했다. 추뇨는 오늘날에도 여전히 만들어지고 있다. 향미를 더하는 데에는 고추가 자주 사용되었다.❺

16세기에 에스파냐인이 잉카 제국을 정복하고 나서 감자를 유럽으로 들여왔을 때, 처음에는 그 쓴맛 때문에 사람들이 거부감을 느꼈다. 하지만 결국에는 감자의 영양학적 이득을 무시할 수 없었다. 18세기에 전쟁과 혁명을 계속 겪은 프랑스인은 앙투안오귀스탱 파르망티에_{Antoine-Augustin Parmentier}라는 약사가 7년전쟁 때 프로이센군에게 붙잡혀 여러 차례 투옥되었다가 감자를 먹고 살아남자, 감자를 주요 식량으로 받아들였다. 파르망티에는 풀려난 뒤에 반복되는 유럽의 기근을 해결할 수 있는 이상적인 농작물로 감자를 널리 홍보했다. 마리 앙투아네트는 공개적인 자리에 감자꽃 화환을 머리에 쓰고 나타났으며, 남편인 루이 16세는 단춧구멍에 꽂는 꽃으로 감자꽃을 사용했다. 감자는

100년 동안 유럽의 인구 성장을 이끈 원동력이 되었다—하지만 아일랜드인은 감자에 지나치게 의존하다가 19세기에 감자 기근이라는 불행한 사태를 맞이했다.

감자칩은 미국에서 발명되었다. 정확한 기원은 모호하다. 가장 유명한 이야기에 따르면, 감자칩은 1853년에 뉴욕 주 새러토가스프링스에 있던 레스토랑 문레이크로지에서 한 고객이 감자튀김이 눅눅하다며 불만을 제기한 것이 계기가 되어 탄생했다고 한다. 그는 그것을 주방으로 돌려보냈다. 요리사 조지 크럼George Crum은 감자튀김을 다시 만들어 내놓았으나, 그 손님은 또다시 퇴짜를 놓았다. 두 번이나 퇴짜를 맞은 크럼은 기분이 상했다. 그래서 이번에는 감자를 얇게 잘라 프라이어에 던져넣고 바삭바삭하게 갈색으로 튀긴 뒤에 그 칩에 소금을 뿌려 내놓았다. 그것은 요리를 통한 일종의 빈정거림이었다. 그런데 그 칩은 아주 맛있었고, 이내 소문이 널리 퍼졌다. 얼마 지나지 않아 식료품점에서 통에 담아서도 팔고, 말이 끄는 수레에서도 팔고, 모든 곳에서 감자칩을 팔기 시작했다. 20세기 초에 미국 동부에서는 감자칩 공장들이 우후죽순처럼 곳곳에 들어섰다. 대부분은 조 머피가 아일랜드에서 연 사업처럼 누군가의 집 안쪽 방이나 차고나 곳간 같은 곳에서 영세한 소규모 사업으로 시작했다.❻

무미건조한 흰색 감자를 끓는 기름과 소금과 결합하자, 아주 다른 것으로 변했다. 감자칩은 본질적으로 만족감을 주는 에너지 덩어리이다. 녹말과 지방과 소금은 감칠맛보다 더 강력한 시너지 효과를 나타냈다. 이것들은 뇌의 쾌락 중추에 강력한 흥분을 전달하면서[7] 그에 못지않은 기쁨과 갈망을 촉발시켰다. 만족감을 느끼면서 감자칩을 오도독 씹는 것은 학습된 파블로프식 신호로, 상쾌함과 좋은 맛이 임박했음을 알린다. 감자칩을 한입 베어물면, 뇌는 즉각 뭔가 좋은 것이 목전에 있음을 알아차린다. 이 즉석 판단은 맛과 향에 의존해 일어난다. 하지만 향미를 지각하는 형태는 더 많이 존재하는데, 과학은 이것들을 이제 막 해독하기 시작했다. 막 나타나기 시작한 그 지식은 고대 그리스까지 거슬러 올라가는 기본적인 맛 개념에 수정을 요구할지 모른다.

녹말은 맛이 없지만, 입은 무의식적으로 녹말을 감지해 뇌에 경보를 울리는지 모른다. 2014년에 뉴질랜드의 오클랜드 대학교 과학자들이 fMRI를 사용해 실시한 연구 결과에 따르면, 녹말 용액으로 입을 헹군 자원자들은 대조 용액으로 입을 헹군 집단보다 시각 피질과 운동 피질의 활동이 약 30퍼센트나 높게 나타났다. 이 음식 에너지 신호에 대한 반응으로 자원자들의 주의가 더 집중되고 예리해졌다.[8] 입이 녹말을 어떻게 감지하는지는 분명히 밝혀지지 않았다. 하지만 혀는 다섯 가지 맛을 느끼는 것 외에 다른 능력이 있는 게 분명하다.

과학자들은 한때 지방질 음식의 강력한 매력은 크림 같은 맛과 풍부한 향에서 나온다고 설명했지만, 최근의 연구 결과들은 지방이 실제로 여섯번째 기본적인 맛임을 시사한다. 혀에는 독특하고 즐거운 지각을 촉발하는 지방 수용기들이 있다. 이것은 타당해 보인다. 녹말과 당처럼 지방도 필수 영양소이다. 지방은 대사를 통해 세포의 주요 에너지원인 지방산으로 변한다. 우리 조상들이 고기를 먹기 시작했을 때, 식품을 통한 섭취량이 크게 늘어난 지방산은 뇌를 크게 만드는 데 도움을 주었다. 인간에게만 독특하게 나타난 한 돌연변이가 콜레스테롤을 태우고 지방으로 인한 심장병 위험을 낮춤으로써 이러한 변환이 일어나도록 도왔다—적어도 사람들이 이 이득을 상쇄할 정도로 지방질 음식을 너무 많이 먹기 전까지는.

　지방 맛은 분자 차원에서 일어나는 왈츠이다. 한 종류의 수용기 단백질은 지방 분자가 뇌에 경보를 보내는 두번째 수용기와 결합하도록 도움으로써 일종의 샤프롱chaperon ● 역할을 한다. 혀에 이 샤프롱 단백질이 많은 사람일수록 지방에 대한 감수성이 더 높고, 그 맛도 더 풍부하게 느낀다.❾ 개중에는 다른 사람들보다 지방에 대한 감수성이 수천 배나 더 민감한 사람도 있다. 지방에 무감각한 사람은 비만이 될 가능성이 더 높다. 한 가설에 따르면, 이러한 사람은 지방을 잘 감지하지 못해 지방에서 즐거움을 거의 느끼지 못하고, 그 보상을 얻기 위해 과식하기 쉽다. 이들은 지방을 갈망하는데, 많이 먹어도 충분히 섭취하지 못했다고 생각하기 때문이다. 하지만 지나친 자극은 지방 감

● 젊은 여자가 사교장에 나갈 때 따라가서 보살펴주는 사람.

각을 더 둔감하게 만들 뿐이어서 마약 중독과 설탕 탐닉과 비슷한 악순환에 빠진다.

그리고 소금이 있다. 모든 생명은 바다에서 왔고, 최초의 육상 동물이 나타나고 나서 약 4억 년이 지난 지금도 바다는 우리와 함께 머물러 있다. 신경계의 메시지는 신체 조직에서 전하를 띤 염분 이온들을 통해 전달된다. 건강한 혈장과 수화水化는 모두 염분 농도를 일정 수준으로 유지하는 데 달려 있다. 신체는 이 균형을 유지하기 위해 염분을 아주 세심하게 절약한다. 소금을 지나치게 섭취하면, 그 균형이 깨지면서 치명적인 결과를 초래할 수 있다. 혈액 속의 염분이 증가하면, 그 농도의 균형을 유지하기 위해 조직에서 혈액으로 물이 빠져나온다. 그러면 심한 갈증을 느끼게 되고, 근육이 약해지며 뇌가 위축된다. 염분 부족은 죽음을 초래할 수도 있다. 우리 몸은 소금을 전혀 섭취하지 않아도 몇 주일은 버틸 수 있지만, 내부 공급이 완전한 고갈 상태에 가까워지면 나트륨 굶주림sodium hunger이라는 채울 수 없는 갈망이 생긴다. 이것은 미각의 놀라운 유연성을 보여주는 또 하나의 예이다. 큰 곤경에 처하면 바닷물이 맛있어진다(그리고 이 상태에서 바닷물을 마시는 것은 치명적이지 않다). 켄트 베리지의 실험실에서 소금에 굶주린 쥐가 바닷물보다 3배나 짠 용액을 마셨을 때, 쾌락 열점에 있는 신경세포들은 설탕물을 마셨을 때와 똑같은 패턴으로 신호를 발사했다. 쥐들은 그것을 마시는 걸 좋아했다.❿

소금 맛―조금 먹을 때에는 좋지만, 많이 먹으면 끔찍한 맛―은 양극단 사이에서 신체를 안전하게 유지하도록 조정돼 있다. 컬럼비아 대학교의 신경과학자 찰스 주커 Charles Zuker 는 이 모순적인 감각들이 어떻게 작용하는지 그 수수께끼를 풀었다. 소금 수용기는 소량의 소금이 주는 '딱 좋은' 맛을 감지한다. 하지만 충분한 농도의 소금은 쓴맛과 신맛 수용기들을 활성화시켜 이 두 가지 나쁜 맛의 아주 불쾌한 융합을 촉발한다.⓫

이 이중적 성격은 요리와 문화의 특징이다. 향미를 높이는 소금의 재능은 타의 추종을 불허하며, 소금은 선사 시대부터 방부제, 조미료, 다목적용 성분으로 사용돼왔다. 소금은 쓴맛을 없애고, 지방 맛을 높이며, 수프와 그 밖의 액체에 향미를 더하고, 전반적인 즐거움을 높인다. 굽는 빵에 소금을 조금 집어넣으면 마이야르 반응에 촉매 역할을 해 빵을 황금빛이 도는 갈색으로 변화시킨다. 선사 시대의 목축업자들은 소금을 약간 주는 방법으로 가축의 움직임을 통제했는데, 그럼으로써 가축의 건강을 위해 소금을 핥을 수 있는 함염지含塩地로 가축을 안내했다. 소스sauce 와 샐러드salad, 소시지sausage 라는 단어들은 모두 '소금에 절인'이란 뜻의 라틴어 살수수salsus 에서 유래했다. 『신약 성경』「마태복음」에서 예수는 소금의 존재를 하느님의 가르침에 비유하여 "너희는 세상의 소금이다"라고 선언한다. 한편, 과다한 소금은 불모와 죽음의 보편적 상징이다. 「창세기」에서 롯의 아내에게 어떤 일이 일어났는지 기억하는가? 멸망 직전에 소돔을 탈출한 롯의 아내는 절대로 뒤를 돌아보아서는 안 된다는 하느님의 경고를 어기고 뒤를 돌아보았다가 소금 기둥으로 변하고 말았다.

지방, 당, 녹말과 마찬가지로 소금 역시 과잉 섭취 문제가 있다. 선진국 사람들은 오지에서 살아가는 부족민—그리고 수렵채집인으로 살아간 우리 조상들—보다 소금을 열 배나 많이 섭취하기 때문에 심장혈관 질환에 걸릴 위험이 높다. 하지만 오늘날의 식품이 그다지 짜게 느껴지지는 않는데, 사람들이 그 맛에 익숙해져 짜다고 느끼지 않기 때문이다. 소금의 짠맛을 제대로 느끼지 못하는 것은 한때는 생존 전략이었다. 우리 조상들은 기회가 닿으면 소금을 과잉 섭취했는데, 그래야 소금을 구하기 힘들 때 버텨나갈 수 있기 때문이었다. 하지만 지금은 이 때문에 사람들이 죽어가고 있다. 아이오와 대학교의 행동심리학자 앨런 킴 존슨^{Alan Kim Johnson}은 이러한 갈망을 연구하여 전 세계의 대다수 사람들이 문자 그대로 소금에 중독되었다고 결론 내렸다.[12]

감자칩을 이상적인 소비재 혹은 심지어 누구나 원하는 유일한 식품으로 만든 요인은 바로 탄수화물과 지방, 소금에 대한 신체의 열광적인 반응으로 보인다. 하지만 이러한 매력에는 생물학적 한계가 있다. 인간은 수렵채집인 조상에서 유래한 잡식 동물이고, 수렵채집인은 또한 청소동물 포유류에서 유래했다. 음식에서 신선한 맛과 다양성과 대조적인 맛을 찾는 기호는 강력하지만 과소평가되는 힘이다.

프랑스 심리학자 자크 르 마냥$^{Jacques Le Magnen}$은 1950년대에 배고픔의 본질을 연구하다가 그 힘의 기본 동역학을 발견했다. 열세 살에 뇌염에 걸려 눈이 먼 르 마냥은 과학적 사실과 데이터를 경이로울 정도로 기억함으로써 신체적 결점을 보완했다. 그는 냄새의 기묘한 매력을 연구하여 유명해졌는데, 코의 감수성이 성 호르몬의 신호나 하루 중 시간에 따라 어떻게 변하는지 연구했다. 그러고 나서 르 마냥은 식욕과 식사의 리듬을 조사하기 시작했다. 하루 동안 쥐가 섭취하는 물 한 방울, 음식 부스러기 하나까지 추적하는 장비를 설치했다. 그리고 즉각 뭔가 이상한 것을 발견했다. 한 가지 먹이만 준 쥐들은 늘 잠시 후에는 먹기를 멈추었다. 다양한 먹이를 준 쥐들은 좀체 먹기를 멈추려 하지 않았고, 시간이 지나자 체중이 늘었다.❸ 어떤 기묘한 생물학적 이유 때문에 쥐들은 더 다양한 먹이를 원했다. 배고픔을 만족시키는 것은 단순히 충분한 칼로리를 소비하는 문제에 불과한 것이 아니었다.

　인간의 식욕도 르 마냥의 쥐들과 상당히 비슷하게 작용한다. 아무리 맛있는 것이라 하더라도 한 가지 음식만 계속 먹으면 금방 질려서 쳐다보기도 싫게 된다. 미국의 일부 교도소는 다루기 힘든 재소자를 처벌할 때 이 효과를 활용해 먹다 남은 음식을 섞어서 주는데, 쌀, 감자, 오트밀, 콩, 당근 같은 기본 재료를 함께 볶아 별맛도 없고 그 정체를 알 수 없는 회색 덩어리—'더 로프$^{the loaf}$'라고 부르는—로 만들어서 준다. '더 로프'에는 기본적인 영양분은 다 들어 있지만, 재소자들은 모두 이 음식을 매우 싫어한다. 미국시민자유연맹은 이러한 맛 박탈 행위를 잔인하고 비정상적인 형벌의 한 형태라고 불렀지만, 어쨌든 이것은 효과가 있는 것처럼 보인다. 위스콘신 주의 한 교도소에서 더 로프를 재소자를 처벌하는 방법으로 사용하자, 싸움과 공격, 난동 사건이 크게 줄어들었다.❿

하지만 사람들에게 선택권을 주면, 거의 항상 많이 먹는 쪽을 택한다. 이것을 흔히 뷔페 효과 또는 카페테리아 효과라 부른다. 많은 코스로 이루어진 식사, 그리고 많은 재료와 다양한 감각을 포함한 음식은 사람들에게 계속 먹으라고 부추긴다. 1980년에 옥스퍼드 대학교에서 부부 사이인 에드먼드 롤스Edmund Rolls와 바버라 롤스Barbara Rolls는 32명의 자원자에게 여덟 가지 식품을 맛보게 하는 실험을 했다. 여덟 가지 식품은 구운 소고기, 닭고기, 호두, 초콜릿, 쿠키, 건포도, 빵, 감자였다. 그리고 나서 각 자원자는 그중 한 가지 식품을 많이 먹고 나서 다시 모든 식품을 일일이 맛보았다. 그러자 이번에는 모든 자원자가 자신이 많이 먹었던 식품에 낙제점을 주었다.

이 현상 뒤에는 향미와 즐거움 사이의 깊은 연관 관계가 있다. 즐거움은 처음 몇 번 먹을 때 가장 높았다가 같은 음식을 계속 먹음에 따라 낮아진다. 하지만 다른 음식을 먹으면 만족감이 되돌아온다. 롤스 부부는 전극과 뇌 스캔을 사용해 뇌가 이 지각적 저글링에 해당하는 작용을 어떻게 하는지 파악했다. 위가 차면, 위는 '그만!'에 해당하는 일련의 호르몬 신호를 식욕과 즐거움을 조절하는 뇌 지역들로 보낸다. 이 지역들에 있는 신경세포들은 더 먹으라는 신호 발사를 멈춘다. 하지만 안와전두피질에 있는 한 장소에는 '특정' 맛과 냄새와 그 밖의 감각에 반응하는 신경세포들이 있다. 이곳은 한 종류의 음식에 대한 즐거움 반응만 억제하면서 나머지 음식들에 대한 즐거움 반응은 온전히 남겨놓을 수 있다.❶❺

음식을 아무리 많이 먹어도 항상 디저트가 들어갈 자리가 남아 있는 이유는 이 때문이다. 메인 코스 요리에는 대개 단것이 부족하기 때문에, 배가 아주 불러도 디저트는 맛있다. 그리고 400년 전에 전 세계의 설탕 공급이 팽창하기 시작하면서 디저트가 식사 말미에 나오는 특별한 음식이 된 이래 수억 개의 뇌는 그것을 기대하고 갈망하도록 조건화되었다.

1950년대에 감자칩에 양념으로 향미를 가미하기 시작했을 때, 감자칩 제조업체들은 생물학에 대한 지식이 전혀 없었다. 하지만 점차 식품 산업은 향미와 식욕에 대한 나름의 통찰력을 발전시키기 시작했다. 보스턴에서 서쪽으로 30여 킬로미터 떨어진 미 육군 내틱연구소에서 일하던 젊은 과학자 하워드 모스코위츠Howard Moskowitz는 1970년대 초에 교도소의 더 로프에 해당하는 군대용 버전에 맞닥뜨렸다. 바로 MCI^{Meal, Combat, Individual}라는 전투 식량이었다. 베트남전에 참전했던 군대를 먹이는 데 사용된 MCI는 다윈이 먹었던 고기 통조림의 현대식 버전이라 할 수 있다. 휴대용 상자 안에 네 가지 통조림 음식―소고기나 칠면조 고기 덩어리 같은 육류가 첫번째이고 빵, 크래커, 쿠키가 두번째, 세번째와 네번째는 각각 치즈 스프레드와 디저트가 들어 있었고 소금, 후추, 설탕, 껌, 담배가 들어 있는 부대 용품 상자가 함께 있었다―이 들어 있었다. 병사들은 MCI를 싫어했다. 햄과 리마콩 앙트레는 병사들이 너무나도 싫어해서 그 이름을 부르면 불운이 닥친다고 생각했다. 어떤 병사들은 대신에 "햄 앤드 머더퍼커스^{ham and mother-fuckers}"라고 불렀다.❶❻

병사들은 패스트푸드의 감각 폭격에 식욕을 심하게 잃어 심지어 그런대로 괜찮은 군대 음식조차도 싫어했다―달리 대안이 없는 참호 속에서조차. 내틱연구소는 이 문제를 개선할 방안을 찾으라는 과제를 받았다. 모스코위츠는 국내에서 "병사들은 매점이나 식당에서 공짜 음식을 제공받았지만, 그들은 맥도널드에 가서 돈을 썼어요. 군 당국은 영양 공급에 도움이 되지 않는 음식에 돈을 낭비하는 게 아닌가 염려했지요. 군대 음식을 병사들에게 매력적으로 보이게 하려면 어떻게 해야 할까요?"라고 말했다.

하버드 대학교의 심리학과 대학원생이던 모스코위츠는 정신물리학연구소에서 단 용액과 짠 용액의 지각에 대해 실험하면서 일한 적이 있었다. (1960년대 후반의 어느 날, 그 무렵에 강의 일에서 은퇴한 에드윈 보링이 모스코위츠를 교직원 클럽에 데려가 저녁을 사면서 수십 년 전의 심리학 이야기로 즐겁게 해준 적이 있었다.) 모스코위츠는 즐거움의 생물학을 연구하길 원했지만, 그것을 학위 논문 주제로 제시하자, 지도 교수는 아무도 그것을 진지하게 받아들이지 않을 것이라고 말했다. 그는 과학자의 임무는 보편적이고 변하지 않는 원리를 자연에서 발견하는 것이라고 선언했다. 사람들이 향미에서 느끼는 즐거움은 변덕스럽고 가변적인 과학적 잡음 요소로, 차라리 전체 그림에서 평균을 구하는 편이 더 나았다.

내틱연구소에서는 즐거움이 목표였다. 모스코위츠는 즐거움을 조작하는 방법을 찾기 시작했다. 설탕에 초점을 맞춰 미각 테스트를 해보았다. 거기서 일관된 패턴이 나타났다. 설탕 농도가 0에서 증가함에 따라 즐거움도 점점 커지다가 어느 단계에 가서는 수평선을 그렸으며, 결국에는 떨어지기 시작했다. 이것은 새롭거나 놀라운 발견이 아니었다. 미소한 설탕—혹은 다른 것이라도—농도는 간신히 감지할 수 있지만, 농도가 높으면 그 맛은 과한 것이 된다. 하지만 그 중간에 '딱 좋은' 지점이 있다는 개념은 많은 성분의 혼합물이나 케첩 같은 식품에 적용된 적이 전혀 없었다. 연구소의 한 동료가 모스코위츠의 즐거움 그래프 중 하나의 피크를 유심히 살피다가 "하워드, 자네가 지복점至福點, bliss point을 발견했군"이라고 말했다.

모스코위츠는 성분들을 서로 다른 비율로 조합하여 각각의 혼합물에 대한 지복점을 찾기 위해 미각 테스트를 더 해보았다. 어떤 것은 지복점이 둘 이상 나타났다. 즐거움이 커지다가 떨어진 뒤에 농도가 높아지자 다시 커졌다. 그는 모든 사람에게 지복점이 다 동일한 것은 아니라고 지적했다. 사람들의 지각과 감수성은 만화경처럼 광범위했다. 이 연구는 다음 세대의 전투 식량인 MRE^{Meal, Ready-to-Eat}의 향미를 개신하는 데 도움을 주었다. 식품들은 이제 가벼운 플라스틱 파우치에 밀봉돼 있다. 하지만 모스코위츠는 자신이 전투 식량을 넘어서서 다른 데까지 응용할 수 있는 어떤 원리를 발견했다고 생각했다. 그래서 자신의 아이디어를 가지고 몇몇 식품 회사와 접촉했다. 처음에는 아무도 관심을 보이지 않았다.

문제는 또 하나의 오래된 편견 때문이었다. 모스코위츠는 이렇게 설명했다. "기본적으로 그들은 모든 사람이 거의 똑같다고 생각했어요. 물론 개인에 따라 차이가 있다는 사실은 알았지요. 그것은 1890년대부터 문헌을 통해 알려져 있었으니까요. 하지만 그들은 이렇게 말했지요. '그런 차이는 그냥 감춰두고 무시하자고. 사람들 사이에 차이가 있다는 사실은 알지만, 어차피 그걸 가지고 어떻게 할 수 있는 것은 아니니까.' 지식을 조직하는 원리가 전혀 없었지요."

식품 회사들은 그래도 그의 능력을 인정해 컨설턴트 자리를 제안했고, 그래서 모스코위츠는 내틱연구소를 떠났다. 대조적인 성분들의 가장 맛있는 조합을 찾기 위해 지복점에 관한 연구 결과를 향미 선호에 대한 자세한 조사 결과와 결합해 분석했다. 특정 식품은 아주 맛있었지만, 그 맛은 과한 것이 되었다. "햄버거를 매일 먹는 걸 상상할 수 있나요? 나는 그럴 수 있다고 생각해요. 흰 빵은요? 그럴 수 있다고 생각해요. 스테이크는요? 내 생각엔 불가능할 것 같아요. 오리고기는요? 당신은 오리고기를 좋아할지 모르지만, 평생 동안 매일 북경오리를 먹는 걸 상상할 수 있나요?" 대조적인 성분들의 혼합이 빚어내는 더 단조로운 향미가 지나치지 않은 즐거움과 만족감을 촉발했다. 예를 들면, 케첩에는 감칠맛과 단맛, 짠맛, 신맛이 즐거움을 주는 향과 함께 자유롭게 섞여 있다. 감자칩은 맛이 풍부하고 강렬하지만, 그 맛은 금방 사라진다. 서로 다른 선호를 가진 소비자들을 표적으로 삼으려면, 레시피를 여러 가지로 만들 필요가 있다.

1986년에 모스코위츠는 커피 시장을 놓고 벌어진 전쟁에서 폴저스 커피에 밀리고 있던 맥스웰하우스 사를 설득하여 로스트를 다양하게 한―약하게 한 것, 중간으로 한 것, 세게 한 것―제품을 내놓게 했다. 프레고 스파게티 소스를 내놓았지만 시장을 지배하고 있던 라구의 아성을 무너뜨리는 데 실패한 캠벨스 사에는 덩어리가 많은 소스를 만들어 출시하라고 조언했다. 이 조언을 받아들인 캠벨스 사는 6억 달러를 벌어들였다. 모스코위츠는 또한 단맛과 짠맛과 지방의 강력한 즐거움의 마법으로 많은 식품의 지복점을 높일 수 있다는 사실을 발견했다. 식품 회사들은 제품에 이 성분들을 섞기 시작했다. 모스코위츠는 오늘날 소비자들이 항행하고 있는, 눈부시고 때로는 혼란스러운 맛의 풍경에 기반을 닦는 일도 도왔다.

향미는 혀에서 일어나는 화학 반응과 소화 기관에서 보내오는 대사 신호를 통해 아래에서 위로 피어오른다. 하지만 지나치게 발달한 우리의 전두피질—사고와 의사 결정을 담당하는 부분—은 향미를 만들어 위에서 아래로도 보낸다.

음식의 색과 모습, 개성은 성분만큼 중요하다. 스위스 로잔에 있는 네슬레연구센터의 연구자들은 이 개념을 검증하기 위한 실험을 했다. 그들은 fMRI 스캐너 안에 누워 있는 자원자들에게 피자나 양고기 같은 고칼로리 식품 사진과 깍지콩과 수박 같은 저칼로리 식품 사진을 보여주었다. 그리고 작은 전극으로 자원자들의 혀를 자극해 순하고 중립적인 맛을 느끼게 했다. 그런데 이들은 사진을 보면서 이 맛에 대한 지각이 변했다. 건강에 좋은 식품은 약한 반응만 일으켰다. 하지만 칼로리가 높은 식품을 보자 뇌가 환히 밝아졌는데, 안와전두피질 주변 지역의 활동이 집중적으로 늘어났다. 전기가 초래한 맛은 즉각 아주 맛있는 것으로 변했다. 이 결과는 맛있는 것을 보면 즐거운 맛이 생겨난다는 것을 보여주었다. 그저 피자를 생각하는 것만으로도 맛있는 느낌이 생겨난다. 이것은 시각과 기억과 지식이 함께 얽혀서 일어나는 복잡한 반응이다.[17] 이것은 또한 거의 순간적으로 일어난다. 네슬레연구센터를 이끄는 신경과학자 요하네스 르 쿠트르Johannes le Coutre는 "이 반응은 수백분의 1초 만에 일어납니다. 이를 통해 시각 신호와 미각 신호가 서로 통합되지요"라고 말했다.

그 밖에도 그릇과 도구의 무게, 모양, 색을 포함해 많은 인지적 인상이 향미에 영향을 미친다. 가벼운 플라스틱 스푼은 무거운 스푼보다 요구르트를 더 밀도가 높고 더 비싸 보이게 만든다. 파란색 스푼은 핑크색 요구르트 맛을 더 짜게 느껴지게 만든다. 흰색 스푼은 흰색 요구르트의 맛을 높이지만, 핑크색 요구르트의 맛은 떨어뜨린다.[18] 짠 팝콘은 파란색 또는 붉은색 그릇에 담으면 더 달게 느껴진다. 반면에 달콤한 팝콘은 파란색 그릇에 담았을 때 더 짜게 느껴진다.[19] 와인의 미묘한 향미는 특히 이러한 조작에 취약하다. 마시는 와인이 비싼 와인이라는 말을 들으면, 그 맛이 더 좋게 느껴진다.[20] 특정 향미와 분명히 연관이 있는 와인의 색은 가장 큰 편향을 빚어낸다. 2000년에 보르도 대학교의 와인 연구 프로그램 과정을 이수하던 학생들을 대상으로 미각 시험을 한 연구 결과가 있다. 학생들은 세미용과 소비뇽 블랑 포도로 만든 화이트 와인을 시음한 뒤, 카베르네 소비뇽과 메를로를 섞어 만든 레드 와인을 시음했고, 마지막으로 화이트 와인을 다시 시음했는데, 이 와인은 색소를 섞어 레드 와인처럼 보이게 했다. 그리고 각자에게 느낀 인상을 적어 내게 했다. 붉게 물들인 화이트 와인에 대한 기술에는 '치커리' '석탄' '사향' 등 보통은 레드 와인의 향미를 표현하는 데 사용하는 단어가 많이 포함돼 있었다.㉑

식품 회사들은 소비자의 감각과 구매 습관을 자극하기 위해 이러한 트릭을 활용한다. 이름과 색과 포장은 초자연적으로 마음속에 어떤 맛을 만들어냄으로써 슈퍼마켓의 선반에서 쇼핑객의 눈길을 끌도록 디자인돼 있다. 이런 도구 중에서 지금까지 가장 강력한 효과를 보여준 것은 상표이다. 이것은 단 하나의 이름과 로고를 중심으로 조직된 기억과 느낌과 연상의 전체 집합으로, 상표를 볼 때마다 뇌는 이 집합에 접속한다.

2004년에 휴스턴에 있는 베일러 대학교 과학자들이 상표가 정확하게 어떻게 그토록 깊은 인상을 주는지 보여주는 실험을 했다. 그들은 코카콜라와 펩시콜라에 대한 반응을 조사했다. 이 두 콜라는 화학적 조성과 향미, 색, 농도가 서로 비슷하다. 라벨을 전혀 붙이지 않은 상태에서 진행한 맛 테스트에서 자원자들은 두 콜라의 맛을 거의 비슷하게 평가했다. 하지만 라벨을 붙인 상태에서는 코카콜라가 손쉽게 승리를 거두었다. 라벨이 붙은 코카콜라는 라벨이 붙지 않은 코카콜라도 이겼다. 반면에 펩시콜라 상표는 맛에 별 영향을 미치지 않는 것처럼 보였다. 라벨이 붙은 펩시콜라는 라벨이 붙지 않은 펩시콜라와 거의 같은 점수를 얻었다. 그 다음에는 자원자들을 fMRI 기계 안에 넣고 길이 90센티미터의 빨대를 통해 펌프질한 콜라를 마시게 했다. 그리고 콜라가 입에 도착하기 전에 화면에 코카콜라나 펩시콜라 캔 사진을 보여주었다. 이번에도 펩시콜라는 나쁜 점수를 받았다. 화면에 코카콜라 캔 사진이 나타나자, 자원자들이 콜라를 마시기 전에 기억 중추인 해마의 활동이 활발해졌다. 의식적 지각과 관련이 있는 전전두피질(이마앞겉질)의 한 지역도 활동이 활발해졌다. 마음은 코카콜라의 문화적 연상과 관련된 방대한 수집품에 접속하여 기대를 만들어내고, 이전의 경험이 향미에 영향을 미치게 하는 것처럼 보였다.[22]

21세기가 되자 식품 회사와 음료 회사 들은 이제 감각을 조작하는 능력이 한계에 도달했다. 그동안 쓸 수 있는 방법은 이미 다 썼다. 선택의 폭도 크게 늘어났다. 먼 옛날 정글 속에서 나무를 붙잡고 이동하던 우리 유인원 조상들은 푸른 잎 사이에서 잘 익은 열매를 찾아냈다. 그런데 열매가 잎보다 훨씬 많으면 어떤 일이 벌어질까?

캘리포니아 주 멘로파크에 있는 초대형 슈퍼마켓 드래거스는 놀랍도록 다양한 전문 식품을 파는 것으로 유명하다. 겨자는 250가지, 올리브유는 75가지, 잼은 300가지 이상이 진열돼 있다. 1995년에 컬럼비아 대학교의 경영학 교수 시나 아이엔가Sheena Iyengar는 스탠퍼드 대학교의 심리학 교수 마크 레퍼Mark Lepper와 함께 한 실험에서 선택할 수 있는 것이 얼마나 많아야 지나치게 많은 것이 되는지 조사했다. 조사 요원들은 드래거스의 직원처럼 차려입고서 고객들에게 두 가지 견본품 중 하나의 맛을 보라고 권했다. 하나는 24종의 잼으로 구성돼 있었고, 다른 하나는 6종의 잼으로 구성돼 있었다. 맛을 보고 난 고객에게는 잼을 살 수 있는 1달러 할인 쿠폰을 주었다. 고객들은 종류가 더 많은 견본품을 더 많이 선택했지만, 어느 쪽 견본품을 선택하건 그중에서 평균적으로 한두 가지만 맛보았다. 하지만 중요한 측정 기준―매출액―에서는 가짓수가 적은 견본품이 손쉽게 승리를 거두었다. 그 견본품을 맛본 사람들 중 약 3분의 1이 잼을 샀다. 24종의 잼을 맛본 사람들 중에서는 3퍼센트만이 잼을 샀다. 선택의 가짓수가 많으면 오히려 구매 충동을 억제하는 효과가 나타났다.[23]

구매할 잼을 선택하는 것은 나무에서 열매를 따는 것보다 훨씬 복잡하다. 향미가 중심적 비중을 차지하지만, 상표와 비용, 그리고 잼을 빵에 바를 것인가 아니면 잉글리시 머핀에 바를 것인가 하는 것도 그에 못지않게 중요한 비중을 차지한다. 감각과 기억, 즐거움, 감정, 수의 운동을 처리하는 지역에서 시냅스 하나 거리만큼만 떨어져 있는 인간의 전두피질(이마겉질)은 복잡한 의사 결정을 처리한다. 전두피질은 이러한 여러 갈래의 실들을 합쳐서 비용과 편익을 평가하고, 장래의 시나리오들을 가늠하고, 전체 뇌를 행동하도록 자극한다. 과학자들은 구매할 식품을 놓고 저울질하는 사람들의 뇌를 fMRI로 촬영하여, 결정을 내리는 순간에 안쪽안와전두피질 오른쪽의 작은 지역이 일관되게 부지런히 활동한다는 사실을 발견했다.[24] 새로운 향미 제법과 수백만 달러짜리 광고 캠페인은 모두 궁극적으로는 이곳에 있는 특정 신경세포들에 신호를 발사하게 하는 걸 목표로 삼는다. 하지만 선택의 가짓수를 늘릴수록 결정을 내리기가 더 어려워진다. 처리해야 할 정보가 너무 많기 때문이다. 그래서 어느 단계에서는 새로운 맛은 아무리 유혹적이라 하더라도 잡다한 선택들 사이에서 특별히 매력적으로 보이지 않는다.

물론 이러한 문제들이 맛의 혁신이 계속 일어나는 것을 멈추지는 못했다. 혁신은 갈수록 새로운 기술에 의존하는 비중이 커지는데 이러한 기술들은 하워드 모스코위츠의 방법을 조 머피의 주방 테이블에서 만들어진 감자칩 양념 제법만큼 진기한 것으로 보이게 만든다. 2000년대 중엽에 맛 연구 스타트업 회사인 오퍼테크바이오OPertech Bio를 공동 창립한 생물학자 카일 파머Kyle Palmer는 향미를 테스트하는 방법을 새로 고안했다. 그는 실험 대상으로 사람 대신 쥐를 사용했다. 사람은 미묘한 미각과 풍부한 표현 능력이 있고 쥐는 쓰레기를 뒤지는 짐승이지만, 둘은 대부분의 사람들이 생각하는 것보다 비슷한 점이 아주 많다. 쥐는 수천 년 동안 인간 사회의 쓰레기를 먹고 살아왔다. 그리고 비록 쥐는 향미를 말로 표현할 수는 없어도 식품에 대해 측정 가능한 반응을 나타내는데, 파머는 이것을 활용할 수 있는 방법을 발견했다.

그는 우묵하게 파인 곳이 많은 트레이에서 수십 가지 맛의 액체를 맛볼 수 있도록 설계한 스키너 상자에 쥐들을 집어넣었다. 즐거움은 각각의 혼합물을 핥는 횟수로 측정했다. 쥐들은 대개 설탕 용액은 약 30번, 물은 약 20번, 쓴 용액은 한두 번만 핥았다. 이것들을 기준으로 어떤 혼합물이라도 쥐들이 핥은 횟수로 점수를 매길 수 있었다. 쥐들은 또한 혼합물의 맛을 평가하도록 훈련받았다. 예를 들어 만약 감미료 후보를 시험할 경우, 쥐들은 맛본 표본이 설탕 맛이 나면 첫번째 레버를 눌렀고, 설탕 맛이 나지 않으면 두번째 레버를 눌렀다. 각각의 표본을 평가하고 나면, 쥐들은 상으로 펠릿 사료—아무 맛도 없는—를 받았다. 오퍼테크바이오의 쥐들은 정상적인 수명인 약 3년 동안 평생을 이런 식으로 살아갔다. 쥐들을 관리하는 사람들은 쥐들의 성격과 입맛까지 알게 되었다.

이것은 향미를 평가하기에는 좀 조야한 방법처럼 보이지만, 별로 신경 쓸 일이 없다는 점이 가장 큰 장점이다. 식품 회사들은 새로운 성분을 개발하기 위해 잠재력을 지닌 물질을 발견하길 기대하면서 수많은 화학 물질을 꼼꼼하게 살피며 추려나간다. 맛 테스트를 기계적인 반복과 결합함으로써 파머의 시스템은 미묘한 뉘앙스가 포함된 관찰을 단순하지만 수많은 관찰로 대체해 단기간에 인상적인 양의 데이터를 얻었다. 훈련받은 쥐 네 마리가 며칠 만에 수천 가지 후보 화합물을 시험하면서 그중에서 추가 조사를 위해 가장 맛있는 것을 골라냈다.

생명공학 분야의 경쟁 기업인 세노믹스Senomyx는 실험실 쥐 대신 사람의 조직을 사용함으로써 이 방법을 한 단계 더 발전시켰다. 세노믹스의 과학자들은 단맛과 감칠맛, 그리고 일부 쓴맛 수용기의 인간 DNA를 해독해 특허를 얻었다(그렇다, 인간 유전체에서 맛 유전자와 그 밖의 유전자들도 특허를 얻을 수 있다). 그들은 이 DNA 가닥들을 암 연구에 쓰이는 콩팥세포에 집어넣었다. 이들 DNA는 미각 수용기를 만들기 시작하면서 페트리접시에서 미각세포들을 무한정 공급했다. 이 미각세포들에 새로운 향미를 그 각각의 미묘함과 단점을 분자 수준으로 조정하여 투여할 수 있었다. 세노믹스의 부사장인 데이비드 라인마이어David Linemeyer는 "우리는 쓴맛 성분을 지닌 향미 인자가 있을 때 그것을 확인할 수 있고, 그것이 어떤 쓴맛 수용기에 작용하는지 알아내고, 기본적으로 원치 않는 쓴맛을 배제할 수 있습니다"라고 말했다. 이 시스템에 비하면 오퍼테크의 쥐들은 게을러 보인다. 이 시스템은 쥐들이 며칠 걸려 하는 일을 몇 시간 만에 해내기 때문이다.

세노믹스의 방법은 한 가지 단점이 있다. 사용되는 숙주세포들은 1970년대 초에 유산된 사람 배아에서 채취한 줄기세포로 만든 것이다. 그후로 이 세포들은 의학 연구와 생명공학 연구에 붙박이 같은 존재가 되었다. 하지만 세노믹스가 하는 일은 향미 개발이다. 아무리 직접적인 연관성이 적다 하더라도, 낙태를 연상시키는 이미지는 식품이나 음료 상표에는 치명적인 것이 될 수 있다. 낙태를 반대하는 단체들이 2011년에 이 사실을 알고는 시위를 하기 시작했다. 오클라호마 주에서는 이 기술을 사용해 개발된 식품을 금지하는 법안이 통과되었다. 그 당시 펩시와 함께 일하던 세노믹스는 그 세포주를 청량 음료 연구에 사용하지 않겠다고 약속했다.

세노믹스와 오퍼테크는 둘 다 자신의 기술을 가장 어려운 맛 문제를 푸는 데 적용했는데, 그 문제란 진짜 설탕 맛이 나는 설탕 대체 물질을 만드는 것이었다. 그리고 그 결과로 두 회사 모두 그런 잠재력이 있는 물질로 유사한 용액을 발견했다. 오퍼테크의 쥐들은 스테비아 잎에서 유도한 물질인 레바우디오사이드 C $^{Rebaudioside\ C}$ — 혹은 줄여서 레브 C $^{Reb\ C}$ — 라는 화합물을 좋아했다. (이미 많은 제품에 사용되고 있던 스테비아 추출물은 이와 밀접한 관련이 있는 레브 A $^{Reb\ A}$라는 화합물이다.) 레브 C 자체는 달지 않았지만, 설탕 맛을 더 달게 만들었다. 단맛을 증진시키는 이 물질을 사용함으로써 청량 음료 회사들은 정확한 맛을 유지하면서 음료에 집어넣는 설탕의 양을 줄일 수 있었다. 2013년, 세노믹스와 펩시는 이와 비슷한 화합물을 발견했다고 발표했다. 하지만 이 발견이 비록 혁명적이라곤 해도, 일반 대중이 이 방법을 받아들일지는 분명하지 않았다. '고커^{Gawker}'라는 웹사이트에 실린 한 헤드라인은 "미국인은 약물 중독을 통해 자신들의 청량 음료가 더 달다고 믿게 될 것이다"❷⁵라고 선언했다.

펩시의 연구자들은 사람들이 청량 음료에서 느끼는 맛을 더 높일 수 있는 다른 방법을 찾아냈다. 그것은 사람들은 먼저 냄새로 음식에 대한 판단을 내린다는 단순한 전제에 기초한 방법이었다. 사람들은 경험을 통해 맛있는 음식에서는 맛있는 냄새가 먼저 난다는 사실을 알고 있다. 따끈하고 상쾌한 커피 향, 프라이팬에서 지글거리는 베이컨 냄새, 오븐에서 막 꺼낸 초콜릿 칩 쿠키 냄새 등이 그런 예이다. 2013년에 특허를 얻은 펩시의 '향기 배달 시스템'은 폭이 0.5밀리미터도 안 되는 젤라틴 캡슐로 이루어져 있었다. 그 안에는 음료를 한 모금 마시기 전에 감각과 뇌에 콜라나 감귤 맛의 인상을 주도록 설계된 향기가 들어 있었다. 캔 뚜껑을 열면 캡슐이 터지면서 즐거움을 주는 냄새가 퍼진다. 고리를 잡아당겨 여는 캔의 소리 같은 것에 고유의 향을 집어넣는 기술이 발전할 수도 있는데, 그러면 그 소리는 갈증을 해소하는 음료라는 신호가 될 것이다. 향기의 연상 능력을 활용하기 위해 최근에 개발된 방법은 이것뿐만이 아니다. 2013년에 한 일본 회사는 공기 중에 커피와 카레, 딸기, 한국식 불고기 냄새처럼 기분 좋은 냄새를 내뿜는 스마트폰 액세서리와 앱을 판매하기 시작했다.

식품 기술은 자연 자체를 배제하기 시작했고, 그와 함께 수천 년 전까지 거슬러 올라가는 식품과 향미 전통마저 배제하기 시작했다. 2013년에 런던에서 열린 한 행사에서 네덜란드 과학자들은 실험실에서 기른 고기로 만든 세계 최초의 햄버거를 맛보는 자리를 마련했다. 소를 기르는 생태학적 비용은 아주 높다. 소를 키울 필요 없이 고기를 만든다면, 땅을 다른 목적에 사용할 수 있을 것이고, 소고기 산업이 환경에 미치는 영향을 크게 줄이면서 수많은 사람들을 먹여 살릴 수 있을 것이다. 이 연구에는 구글의 공동 창립자인 세르게이 브린 Sergey Brin이 33만 달러의 연구비를 지원했다. 이 연구 계획을 세운 사람들은 10~20년 안에 시장에 출시할 수 있을 정도로 고기 생산 규모가 늘어나길 바란다.

마크 포스트Mark Post가 이끈 그 과학자들은 어른 소의 줄기세포를 채취하여 주변의 미생물에 감염될 위험을 막기 위해 항생제 배양액에서 성장시켰다. 그리고 성장을 촉진하고 줄기세포를 적절한 종류의 근육 조직으로 발달시키기 위해 송아지와 말 태아에게서 얻은 혈청을 사용했다.[26] 몇 주일 뒤에 세포들의 작은 덩어리를 페트리접시로 옮겨 담았다. 그것은 섬유로 자라났고, 섬유들이 서로 꼬이면서 길이 1센티미터 정도의 띠 모양으로 작은 근육들이 만들어졌다. 근육 조직의 두께를 키우기 위해 과학자들은 가용성 당으로 만든 지지대 위에 그 고기를 걸쳐놓았다. 그리고 나서 실 같은 근육 조각들을 압축시켜 펠릿으로 만든 뒤에 한데 뭉쳐 햄버거로 만들었다. 완성된 제품은 각각 소 근육세포 400억 개로 이루어진 고기 가닥 2만 개와 함께 빵 부스러기와 전체를 꽉 붙들기 위한 바인더도 포함돼 있었다. 이 햄버거

고기는 프라이팬에서 해바라기유와 버터로 조리했다.

진짜 소고기는 붉은색이고 지방이 섞여 있으며 맛이 좋다. 소고기는 피와 천연 호르몬, 아미노산의 혼합물에 섞어 재운 뒤에 조리되며, 그 동물이 먹은 것과 경험의 흔적을 담고 있다. 실험실에서 만든 햄버거 고기는 흰색이어서 사프란과 비트 즙의 혼합물로 색을 첨가해야 한다. 맛도 고기 맛이 거의 나지 않는다. 식품과학자 한니 뤼츨러[Hanni Rützler]는 그 맛을 고기와는 전혀 상관없는 단어를 사용해 신랄하게 표현했는데, "아삭아삭하고 매운 맛"과 "케이크 비슷한 맛"이 난다고 말했다.❷ 포스트는 나중 버전에서는 실험실에서 기른 지방—역시 줄기세포로부터 배양할 수 있는—을 추가할 계획을 세웠다. 이 햄버거는 언젠가는 먹을 만한 수준에 이를 것이다. 하지만 진짜 고기 맛에 필적할 날은 요원해 보인다.

때로는 식품과 향미가 완전히 분리될 때도 있다. 2010년대 초에 실리콘밸리의 소프트웨어 엔지니어인 롭 라인하트[Rob Rhinehart]는 먹는 것에 싫증이 났다. 맛있는 음식을 음미하거나 단지 배를 채우는 것에서 얻는 즐거움이 무엇이건, 음식을 먹느라 늘 겪어야 하는 불편이 그보다 훨씬 컸다. 장을 보고 요리를 하고 설거지를 하는 것이 너무 싫었다. 또, 레스토랑에 가서 가져갈 음식이 나오길 기다리는 것도 싫었다. 또한, 먹는 음식은 대부분 의심스러웠다. 단지 맛이 좋다는 것과 사실은 아마도 건강에 좋지 않으리라는 사실만 알고 있을 뿐이었다.

식품 시스템의 독재에 반기를 들 수 있는 간단한 방법은 천연 재료 성분과 신선하고 단순한 향미로 돌아가는 것이다. 저술가인 마이클 폴런Michael Pollan은 이것을 다음과 같이 표현했다. "음식을 먹으세요. 너무 많이는 먹지 말고. 대부분은 식물로." 이를 실천에 옮기는 방법은 많은데, 일부 방법은 특별히 맛있지는 않다. 구석기 다이어트도 그중 하나인데, 이것은 우리 유전자와 몸은 수렵채집인이 얻을 수 있었던 음식물─풀을 먹은 동물의 지방이 적은 고기, 우유, 달걀, 과일, 견과류 같은─을 먹는 것에 더 적합하다는 개념을 바탕으로 한다.

하지만 라인하트는 식도락가나 최신 유행을 좇는 사람이 아니라 첨단 기술 분야에서 일하는 사람이었으므로, 기술을 활용해 기본 원리에 입각한 완벽한 식품을 만들어보기로 마음먹었다. 인체에 필요한 영양소들을 조사한 뒤, 구할 수 있는 가장 기본적인 재료 성분들을 모았다─그중에서 쉽게 알아볼 수 있는 재료는 올리브유, 간유, 소금뿐이었다. 그 내용물은 탄수화물, 단백질, 지방, 콜레스테롤, 나트륨, 칼륨, 염화물, 섬유, 칼슘, 철, 그리고 여러 가지 비타민과 기타 영양소였다. 이것들을 모두 섞자 희미한 커피 색조를 띤 밀크셰이크처럼 보였다. 보는 사람에 따라 토사물처럼 보일 수도 있었다. 그는 "그 당시 나는 그게 나를 죽일지 혹은 내게 강한 힘을 줄지 전혀 알 수 없었다. 나는 끔찍한 맛을 예상하면서 코를 막고 그것을 시험 삼아 입으로 가져갔다. 그런데 아주 맛있었다! 내 생애 최고의 아침을 먹은 기분이 들었다. 유리잔 속에서 달콤하고 즙이 많고 푸짐한 음식 맛이 났다"[28]라고 썼다.

그는 그것을 소일렌트Soylent라고 이름 붙였는데, 1973년에 제작된 영화 〈소일렌트 그린Soylent Green〉에서 딴 것이었다. 이 영화는 미래의 디스토피아적 뉴욕 시를 보여주는데, 구할 수 있는 식품이라곤 소일렌트 그린이라는 초록색 웨이퍼뿐으로, 플랑크톤을 가공해 만든 것으로 알려졌다. 하지만 영화 막판에 나오는 대사를 통해 이것은 거짓말임이 드러난다. "소일렌트 그린의 재료는 사람이야!"

라인하트는 한 달 동안 소일렌트와 물만 섭취하고 다른 것은 아무것도 먹지 않았다. 그러면서 자신을 기니피그로 삼아 과학 실험을 진행했다. 체중 체크는 물론이고, 매일 피를 뽑아 여러 가지 중요한 영양학적 지표를 검사했으며, 그러면서 균형 잡힌 영양분 섭취를 보장하기 위해 소일렌트 레시피를 조금씩 조정했다. 한번은 칼륨 수치가 치솟으면서 심장 박동 수도 증가했다. 그러면서 현기증까지 느끼자, 소일렌트에 들어가는 칼륨의 농도를 줄였다. 체중이 줄기 시작하자, 소일렌트를 더 많이 마셨다. 소일렌트를 만드는 데 드는 비용은 한 달에 154.82달러였고, 거기에 재료 운송 비용이 추가되었다. 그전에는 가게에 가서 재료를 사고 외식을 하느라 한 달에 약 500달러를 썼다. 경제적 이익과 영양과 시간 절약이라는 이 조합을 적극 홍보함으로써 라인하트는 킥스타터Kickstarter●를 통해 150만 달러의 기금을 지원받을 수 있었다. 또, 소일렌트의 출시를 돕기 위해 실리콘밸리의 기업가들로부터 추가로 150만 달러의 벤처 자금을 지원받았다.

화학적으로 소일렌트는 수십 년 동안 영양관에 사용돼온 영양 혼합물과 크게 다르지 않다. 라인하트의 자가 실험도 소비자 대중은 말할 것도 없고 다른 사람들이 소일렌트 다이어트에 어떻게 반응할지에 대해 그다지 많은 것을 알려주지 않았다. 하지만 자신의 음식과 향미 경험에 미친 영향은 흥미로운 통찰을 제공했다. 정신이 예리해지는 걸 느꼈으며, 배고픔이 전혀 느껴지지 않았고, 전에 가끔 탐식하던 정크 푸드도 더이상 먹고 싶지 않았다. 그는 신체의 영양학적 필요를 정확하게 충족시키는 것이 정크 푸드 시대의 중심 문제를 해결하는 방법이라고 생각했다. 그것은 늘 바쁘게 돌아가는 갈망과 만족이라는 신체의 과속 사이클에서 벗어날 수 있는 기회—일종의 생물학적 리셋에 해당하는—를 제공했다. 하지만 단조로움이라는 문제가 남았다. 늘 무미건조한 셰이크를 마시는 것은 고역이었다. 최초의 실험 뒤에 라인하트는 그것을 계속 마셨지만, 1주일에 두어 번은 이전의 식습관으로 돌아갔다. 자신의 셰이크에 보드카를 섞기도 했다. 정기적으로 초밥도 먹었고, 그 미묘한 향미와 초밥을 만드는 요리사의 기술을 음미하게 되었는데, 이제 여유를 가지고 그 과정을 지켜보았다. 그

● 좋은 아이디어가 있지만 자금이 없는 사람을 위해 크라우드 펀딩crowd funding 방식으로 소비자들을 참여시켜 투자비를 마련해주는 시스템.

는 음식을 포기함으로써 그것을 제대로 음미할 수 있었다.

이러한 식품 유행의 절정은 가상 향미이다. 이것은 아마도 수십 년 후 혹은 더 먼 미래에 가서야 현실이 될 것이다. 싱가포르의 컴퓨터과학자 니메샤 라나싱헤Nimesha Ranasinghe는 가상 현실을 연구하다가 거기에 뭔가 빠져 있다는 걸 느꼈다. 정교한 헤드셋이나 핸드셋으로 눈과 귀, 심지어 피부까지 속여 인공 디지털 공간―우주선이나 외계 행성 또는 고대 로마 같은―에 몰입하는 느낌을 받을 수는 있다. 하지만 맛을 느끼지 못하는 한, 가상 현실은 불완전하고 빈약한 경험에 머문다. 라나싱헤는 네슬레 과학자들이 사용한 혀 전극을 변형시켜 약한 전류만으로 미각을 만들어낼 수 있는지 실험했다. 그는 자신이 만든 장비를 "디지털 막대사탕digital lollipop"이라 불렀다. 한 전극을 포함한 작은 구는 혀 위에 올려놓고, 두번째 전극은 혀 아랫면과 접촉하게 했다.

온도와 함께 전류의 세기와 빈도를 정교하게 조절함으로써 혀에 직접 단맛과 짠맛, 신맛, 쓴맛 느낌을 유도할 수 있었다(비록 감칠맛은 유도할 수 없었지만). 그 느낌은 조잡한 수준이었지만, 라나싱헤는 그것을 개선하여 향기를 모방하는 수단을 발전시킬 수 있을 것이라고 기대했고, 언젠가 가상 향미를 완전히 실현할 날이 오리라는 희망을 품었다. 그는 '맛'을 컴퓨터에 저장하고 인터넷으로 전송할 수 있는 0과 1의 숫자열로 바꿈으로써 디지털 기록으로 만들었다. 디지털 막대사탕 장비가 있는 사람이라면 누구든지 그 파일을 다운로드받아

직접 그 '맛'을 느낄 수 있다. 기술이 발전함에 따라 언젠가 요리사는 완전한 요리를 만들어 그 향미를 노래나 영화처럼 디지털 포맷으로 작성한 뒤에 전 세계 사람들과 함께 나눌 수 있을 것이다.㉙

소일렌트와 가상 향미는 향미와 음식을 분리한다. 맛을 보고 맛을 즐기는 것 자체가 목적이 된다. 그것은 일종의 레크리에이션이자 놀이, 예술, 그리고 신체에 어떤 부정적 영향도 미치지 않는 뇌와 마음을 위한 향연이다. 하지만 정말로 향미를 신체와 긴밀하게 연결된 관계로부터 해방시킬 수 있을까? 향미는 소화관의 대사 용광로로부터, 즉 아주 오래되고 절대로 누그러뜨릴 수 없는 충동으로부터 그 힘을 얻는다. 이것을 불필요한 것으로 만들면, 향미는 그 본질을 잃는다. 맛은 산업 시대에 많은 것을 파괴했다. 하지만 그 손실을 회복하려는 시도―맛을 희석시키거나 감각을 속이기 위한―는 모두 불만족스러운 결과를 낳았다. 이것은 향미가 처한 캐치-22 catch-22 ● 상황이다. 그것이 주는 큰 보상은 방종으로, 지나치게 멀리 나아갈 때 일어날 수 있는 위험이다.

● 모순된 규칙에 얽매여 진퇴양난에 빠진 상황. 조지프 헬러Joseph Heller가 쓴 소설 제목에서 유래한 말.

9장

진미
DNA

2010년 어느 날, 요리사 데이비드 창David Chang은 가쓰오부시鰹節를 만들기로 마음먹었다. 가쓰오부시는 일본의 전통적인 식재료 중 하나로, 가다랑어를 쪄서 훈제하여 발효시킨 뒤에 건조하여 만든다. 가쓰오鰹는 고등엇과 물고기인 가다랑어를 가리키고, 부시節는 '조각' 또는 '대팻밥'을 가리킨다. 일본 된장과 다시마, 두부로 만든 국물에 집어넣으면, 가쓰오부시는 섬세한 셀로판 리본처럼 꿈틀거리며 춤을 춘다. 그 복잡한 향미는 아이슬란드 사람들이 하칼을 만드는 데 사용하는 것과 비슷한 과정(비록 좀더 복잡하긴 하지만)에서 나온다. 가다랑어를 두껍게 잘라 훈제를 한 뒤에 곰팡이균을 집어넣고 쌀로 덮어둔다. 그렇게 몇 달이 지나면 곰팡이가 피었다가 바싹 마른다. 곰팡이를 닦어내면, 다시 곰팡이가 자라서 그 위를 덮는다. 곰팡이균은 가다랑어 살 속으로 스며들어 살을 먹어치운다. 이 과정에서 다양한 향기 분자들이 만들어지는데, 아주 섬세한 치즈의 향기와 우열을 가리기 힘들 정도이다. 감칠맛이 강한 아미노산들❶도 많이 생겨 다양한 향기와 조화를 이룬다. 이렇게 해서 최종적으로 완성된 가쓰오부시는 단단한 블록 모양으로, 그 표면은 초록색과 파란색 얼룩으로 뒤덮여 있다. 이것은 워낙 단단하여 그대로 식재료로 쓰는 일은 거의 없고, 대개는 대패로 갈아서 저며낸 얇은 대팻밥의 형태로 사용한다.

창은 이 괴팍한 발효 과정에 이미 통달하여 뉴욕 시에 있는 자신의 모모푸쿠 식당 다섯 군데에 쓸 가쓰오부시를 만들어왔다. 그런데 그때 그는 모모푸쿠 요리 실험실에 와 있었다. 이곳은 면적이 23제곱미터밖에 안 되는 비좁은 작업용 주방으로, 요리 전통에 변화를 주면서 실험하는—재미로—것이 유일한 목적이었다.

창은 동업자이자 요리사인 댄 펠더Dan Felder와 대니얼 번스Daniel Burns와 함께 이 특별한 레시피를 어떻게 바꿀지 논의했다. 사소한 내용—예컨대 건조와 숙성 과정에 가하는 열을 조절한다든가—을 바꿀 수도 있었고, 아니면 아주 혁명적으로 생선 대신에 돼지고기를 재료로 쓸 수도 있었다. 가쓰오부시를 300년 동안 만들어온 일본의 전통 요리사들에게는 이 혁명적인 아이디어가 모순어법처럼 들렸을 것이다. 하지만 그들은 이 아이디어를 밀고 나가기로 결정했다.

현실적 측면에서 생선을 돼지고기로 바꾸는 것은 일리가 있었다. 가다랑어와 참다랑어—역시 가쓰오부시를 만드는 데 쓰이는—는 비쌀 뿐만 아니라 남획되고 있었다. 일본 사람들은 참다랑어를 아주 귀하게 여기는데, 공급 물량이 부족해 어떤 것은 경매에서 마리당 100만 달러가 넘는 가격에 팔리기도 했다. 돼지고기는 값싸고 풍부하며, 돼지는 유기 축산 방법으로 기를 수도 있다. 만약 이 실험이 효과가 있다면, 그들은 일본인의 표준에 도발적인 변화를 제시할 뿐만 아니라, 돈을 절약하고, 환경 피해도 최소화할 수 있을 것으로 보였다.

그들은 안심 부위의 돼지고기를 쪄서 훈제해 건조시킨 뒤에 쌀로 덮어 숙성시켰다. 곰팡이균은 전혀 집어넣지 않았다. 대신에 고기에 미생물이 번식하도록 내버려두었다. 6개월 뒤, 숙성되어 돌처럼 딱딱해진 돼지고기는 초록색, 흰색, 구리색의 층들이 생겨—정상적인 부시 제조 과정에서 이것은 성공의 조짐이다—잭슨 폴록의 그림과 비슷해 보였다. 그들은 자신들이 만든 이 음식을 가쓰오부시에서 가다랑어를 나타내는 글자를 돼지 돈豚으로 바꾸어 부타부시豚節라 불렀다. 그런데 완성된 음식을 먹으려고 할 때, 심각한 문제가 있음을 깨달았다.

돼지고기를 사용한 것은 간단한 재료 교체처럼 보였지만, 가쓰오부시를 만드는 과정은 모든 변수들을 감안해 엄격하게 관리되었는데, 그것은 수백 년에 걸친 시행착오의 산물이었다. 그런데 그들은 미지의 요소를 도입함으로써 그 과정의 미생물학에 큰 변화를 초래했다. 이들은 훈제 돼지고기 블록에 자라는 곰팡이의 정체를 몰랐다. 그것은 독성이 있을지도 몰랐는데, 만약 그렇다면 사람들의 건강을 위협할 것이다. 비록 그 독성이 경미한 것이라 하더라도, 주방에서 접촉하는 다른 식재료에 감염될 수 있었다. 심지어 최선의 시나리오—부타부시가 안전하고 향미도 좋은 경우—조차 요리사에게는 최악의 악몽이었는데, 그것을 다시 만드는 방법을 정확하게 몰랐기 때문이다. 자연의 미생물 군집은 눈송이와 비슷하게 제각각 독특하다. 각각 다른 돼지고기 조각마다 나름의 독특한 미생물 군집이 살 수 있다. 설사 그 곰팡이들이 동일한 종류라 하더라도, 온도나 습도의 미소한 변화가 알 수 없는 방식으로 영향을 미쳐 숙성 과정이 끝났을 때 서로 아주 다른 향미들을 만들어낼 수 있다. 모든 변수를 정확하게 똑같이 관리할 수는 있지만, 그래도 반드시 동일한 결과가 나온다고 보장할 수는 없었다.

사람들은 수천 년 전에 발효 과정을 마스터했지만, 발효 과정을 과학적으로 이해하는 것은 아직도 걸음마 단계에 있다. 과학적 이해의 기원은 1856년에 시작되었다고 볼 수 있는데, 그 당시 서른네 살의 루이 파스퇴르는 프랑스 북부 산업 중심지에 위치한 릴 대학교에서 과학부 학장으로 일하고 있었다. 어느 날, 파스퇴르가 가르치던 학생의 아버지이자 그 지역에서 양조업을 하던 비고^{Bigo}라는 사람이 파스 퇴르를 찾아와 고민을 털어놓았다. 사탕무로 만드는 주정이 자꾸 불가사의하게도 시어버린다는 것이었다. 그는 파스퇴르에게 양조장을 방문해 현장을 조사하면서 문제를 해결해달라고 부탁했는데, 그럼으로써 파스퇴르를 그 시대의 큰 과학적 논쟁 중 하나로 끌어들였다. 어떤 사람들은 발효 과정이 순전히 화학 반응에 지나지 않는다고 주장하면서 알코올 발효를 일으키는 효모가 살아 있다는 개념을 의심했다. 하지만 어떤 사람들은 효모가 아주 작은 생물이며, 음식이나 시체가 썩을 때 '자연 발생'이라는 과정을 통해 생겨난다고 믿었다.

파스퇴르는 비고가 초대한 도전 속으로 기꺼이 뛰어들었다. 아내이자 실험실 조수로 일하던 마리 파스퇴르는 시아버지에게 보낸 편지에서 "남편은…… 사탕무 즙에 푹 빠져 있어요. 날마다 양조장에서 시간을 보내요"라고 썼다. 파스퇴르는 술통에서 신맛으로 변한 액체를 화학적으로 분석했다. 거기에는 상한 우유에 불쾌한 맛을 내는 물질인 젖산이 포함돼 있었다. 정상적인 술과 변질된 술의 표본을 채취해 현미경으로 조사해보았다. 정상적인 술에는 효모가 바글거리고 있었다. 변질된 술에는 효모가 전혀 없고, 대신에 막대 모양의 더 작은 생물들이 증식하고 있었다. 파스퇴르는 두 가지 표본을 섞은 용액을 만들었다. 막대 모양의 미생물은 산을 더 만들었고, 그 산 때문에 효모가 죽었다. 파스퇴르는 술통에서 일어나는 두 가지 과정을 발견했다.

첫번째 과정은 의도한 것으로, 효모가 알코올을 만드는 과정이었다. 그리고 두번째 과정은 기본적으로 세균 감염이었는데, 세균이 젖산을 만들어내고 있었다. 젖산은 치즈와 요구르트를 만드는 기술에는 중요하지만, 술을 만드는 과정에는 해를 끼친다. 발효는 살아 있으면서 소화와 번식을 하는 미생물이 일으키는 것처럼 보였다. 그 당시 과학자들이 주장하던 두 가지 주요 가설은 모두 틀린 것이었다.❷

파스퇴르의 모험에서 자연계 도처에 존재하는 아주 작은 생물들을 연구하는 학문인 현대 미생물학이 탄생했다. 미생물에는 효모 외에도 세균, 원생동물, 조류藻類, 균류 등이 있다. 파스퇴르는 계속해서 일련의 획기적인 발견을 통해 숨어 있던 미생물 세계와 미생물이 질병에서 담당하는 역할을 밝혀냈다. 그는 병균과 백신에 대한 현대적 이해를 확립함으로써 회색질척수염(흔히 소아마비라 부르는)과 천연두처럼 한때 크게 번졌던 전염병을 박멸하거나 억제하는 데 큰 도움을 주었고, 그후로 수억 명의 목숨을 구했다. 하지만 파스퇴르가 양조 과정에 계속 큰 관심을 기울였는데도 불구하고(그는 『맥주에 대한 연구 Études sur la Bière』란 책도 썼다), 이 분야는 한 측면에서는 여전히 부족한 부분이 많았는데, 미생물이 향미를 어떻게 만들어내는지에 대해 알려진 게 거의 없었기 때문이다. 사실, 질병의 위협과 비교한다면, 치즈나 맥주의 생물학적 기반을 연구해야 할 필요성은 그렇게 절박하지 않았다.

그 효과를 알아보기 위해 전통 기술을 이리저리 변형하면서 시험을 해보는 모모푸쿠 실험실 같은 곳이 중요한 이유는 이 때문이다. 이 노력은 전 세계 각지의 식당과 장인의 작업장에서 더 광범위하게 일어나고 있는 요리법 재발명의 일부로, 과학과 기술이 전통적인 요리법의 직관과 결합해 향미를 새로운 영역으로 끌어올리고 있다.

이러한 추세에는 요리를 화학으로 전환시키는 운동인 분자요리학molecular gastronomy이 큰 영향을 미쳤다. 프랑스 화학자 에르베 티스Hervé This와 헝가리 물리학자 니콜라스 쿠르티Nicholas Kurti가 그 개념을 창시한 분자요리학은 1980년대에 티스가 다양한 출처―18세기와 19세기의 요리책, 주방의 구전 지식, 믿기 힘든 전설 등―에서 나온 가정의 요리법을 수집해 그것을 실험실에서 검증하면서 시작되었는데, 그러한 전통적인 요리 관습에 대해 면밀한 과학적 분석을 시도한 것은 이것이 처음인 경우가 많았다. 당연시돼온 그러한 관습―티스가 "요리법의 정밀성"이라 부른―중 하나로 새끼돼지를 굽고 난 직후에 머리를 자르면 살갗이 탁탁 소리를 내면서 더 많이 터진다는 개념이 있었다. 이 이야기는 18세기의 프랑스 식도락가 알렉상드르발타자르로랑 그리모 드 라 레이니에르Alexandre-Balthazar-Laurent Grimod de La Reynière가 쓴 책에서 최초로 언급되었다. 이 비법―티스는 절대로 효과가 있을 리 없다고 생각한―을 검증하기 위해 티스는 새끼돼지 네 마리를 굽는 공개 실험을 했다. 일관성을 보장하기 위해 새끼돼지들은 모두 한배에서 태어나 같은 농장에서 자란 것들로 골랐다. 이 새끼돼지들을 야외에 피운 불 위에서 다섯 시간 동안 구웠다. 그리고 네 마리 중 두 마리의 머리를 자른 뒤, 모인 사람들에게 블라인드 테스트로 그 맛을 비교하게 했다. 머리가 없는 돼지 살갗이 정말로 더 파삭파삭했다. 구운 돼지를 살펴본 티스는 그 이유를 알아챘다. 돼지를 그냥 불에서 꺼내면, 살에서 증발한 습기가 포화되면서 살갗을 부드럽게 했다. 반면에 머리를 잘라내면, 수증기가 빠져나가면서 살갗이 파삭파삭한 상태로 유지되었다.❸

1990년대와 2000년대에 티스는 과학자와 요리사 들을 초청해 일련의 워크숍을 열면서 조리의 화학과 물리학에 대해, 그리고 이것이 어떻게 맛뿐만 아니라 몸과 뇌와 마음을 변화시킬 수 있는지를 놓고 토론했다. 그들은 예상치 못한 방식으로 감각을 자극하는 새로운 요리를 만들기 위해 재료 성분뿐만 아니라, 굽고 삶고 튀기고 전자레인지로 조리하는 물리적 과정을 모두 변화시키면서 실험을 하기 시작했다. 티스는 액화 질소를 사용해 아이스크림을 만들고(급속 냉각은 균일하게 부드러운 질감을 만들어낸다), 달걀을 조리하기에 완벽한 온도를 계산했다(흰자위는 섭씨 65도에서 굳는 반면, 노른자위는 무르고 부드러운 상태로 남는다). 이러한 만남에서 영감을 얻은 고급 요리사들은 각자 나름의 요리 실험실을 만들기 시작했다. 그들은 비전통적인 식재료도 함께 사용하면서 예상치 못한 맛을 강조했다. 에스파냐 요리사 페란 아드리아Ferran Adrià가 만든 요리 중에는 '구형' 망고 주스—순간 냉동시켜 구형으로 만든—에 조류藻類에서 얻은 일종의 소금을 섞어 달걀 노른자위나 캐비아처럼 보이게 만든 것과 파르메산 치즈를 실처럼 자아내 솜사탕처럼 만든 것도 있다.

"먹는 행위는 마음뿐만 아니라 모든 감각을 끌어들인다." 에스파냐 카탈루냐에 있는 엘부이의 요리사 페란 아드리아, 캘리포니아 주 나파밸리에 있는 더 프렌치 론드리의 요리사 토머스 켈러Thomas Keller, 그리고 유명한 식품과학 작가 해럴드 맥기는 글에서 이렇게 선언했다. 이들이 2006년에 발표한 선언문은 진미珍味, deliciousness에 대한 21세기의 이해를 800단어로 나타내려고 한 아주 과감한 시도였다. 그들은 요리의 가장 높은 목표는 행복과 만족감을 주는 것이라고 썼다. 그렇게 하는 방법은 감각을 최면에 빠뜨리는 것이지만, 감각 과부하와 네트워크 정보 시대에 방법과 레시피에 오랫동안 붙어다닌 비밀주의는 말할 것도 없고 통상적인 요리 기술과 전통은 더이상 통하지 않는다. "따라서 음식을 준비하고 내놓는 것은 가장 복잡하고 포괄적인 공연 예술이 될 수 있다. 음식과 조리의 완전한 표현 잠재력을 탐구하기 위해 우리는 식품화학자와 심리학자를 포함한 과학자, 장인과 예술가(모든 분야의 공연 예술에 종사하는), 건축가, 디자이너, 산업 엔지니어와 협력한다. 우리는 또한 요리사들 사이의 협력과 너그러움이 중요함을 믿는다. 그것은 새로운 기술과 요리를 발명하는 사람들을 완

전히 인정하는 동시에 아이디어와 정보를 기꺼이 함께 나누려는 태도를 말한다."❹

초기 인류가 불을 다루고 최초의 레시피를 만드는 방법을 배울 때, 향미는 문화를 만들어내는 최초의 도가니가 되었다. 오늘날 최상의 진미는 고급 문화에서 최첨단을 달리는 하나의 예술 형태이자 숭고한 경지에 이르는 관문이다. 그것을 만드는 불가사의한 핵심 과정과 정교한 화학 반응과 미생물의 생활 리듬은 진미를 본질적으로 미술이나 음악, 저술, 영화보다 더 복잡하게 만든다. 감각 경험을 빚어내고, 요리 전통에 도전하여 새로운 활기를 불어넣는 데 사용할 수 있는 새로운 도구들을 미생물학과 유전 연구, 신경과학 분야가 만들어내고 있다. 이런 노력들은 야심적이지만, 규모 면에서는 식품산업을 휩쓸고 있는 기술들보다 작을 수밖에 없다. 그러나 이런 노력은 영향력이 크다. 19세기 궁정 주방에서 고급 요리가 담당하던 역할을 물려받았기 때문에, 일류 레스토랑들은 직접적으로건 간접적으로건 모든 사람이 먹는 음식의 틀을 만들어냈다. 줄리아 차일드는 엘리트 프랑스 요리를 미국의 텔레비전 시청자 대중에게 소개했다. 체인 레스토랑들은 엘리트의 화려한 프레젠테이션을 빌려 사용한다. 만약 발효의 특이한 동역학을 한 시험용 주방에서 길들일 수 있다면, 다른 곳들도 그 뒤를 따를 것이다.

곰팡이가 슨 돼지고기의 잠재적 위험성도 모모푸쿠 실험실 요리사들의 의욕을 꺾지 못했다. 2012년부터 2014년까지 실험실 책임자였던 펠더는 "실패는 우리의 빵과 버터입니다"라고 말했다. 실수는 요리 과정을 열어젖혀 개개 요소들이 어떤 기능을 하는지 혹은 어떤 기능을 제대로 하지 못하는지 드러냈다. 자신들이 정말로 실패했는지 확인하기 위해 펠더는 부타부시 곰팡이 표본을 하버드 대학교의 시스템생물학센터에서 균류와 세균의 행동과 유전학을 연구하는 레이철 더턴Rachel Dutton에게 보냈다. 더턴은 부타부시 곰팡이를 배양하여 그 DNA를 추출했다. 그리고 그것을 유전자 염기 서열 분석기로 돌린 뒤에 그 결과를 알려진 미생물들의 DNA 데이터베이스와 비교했다. 그 표본에는 균류 여섯 종과 세균 두 종이 들어 있었다. 다행히도 위험한 것은 하나도 없었다. 하지만 그 결과는 좀 이상했다. 더턴은 가쓰오부시의 향미 프로필에 중요한 역할을 하는 것으로 알려진 누룩곰팡이Aspergillus oryzae가 발견되리라고 예상했다. 누룩곰팡이는 일본 요리에 사용되는 쌀누룩(코지)에 생기는 곰팡이다. 대신에 피키아 부르토니Pichia burtonii라는 야생 곰팡이가 압도적으로 많았다. 이 종은 날고기나 훈제 고기에서는 정상적으로 발견되지 않는 곰팡이였다. 펠더는 "솔직하게 말해서 우리는 이 곰팡이가 어디서 왔는지 모릅니다. 공기 중에 있었는지 주방에 있었는지조차도요"라고 말했다.

'테루아르terroir'라는 용어는 포도에 그리고 결과적으로는 와인의 향미에 자신을 각인시키는 그 장소의 독특한 환경을 가리킨다. 즉, 육지와 바다의 지형, 기후, 바람과 습도의 변화 패턴, 토양의 화학적 조성 등이 다 테루아르에 포함된다. 여기에 자연계의 거의 모든 것을 뒤덮고 있는 미생물 우주인 미생물군계microbiome의 영향도 포함되는데, 그 조성은 킬로미터마다 심지어 미터마다 다르며, 계절에 따라서도 다르다. 모든 발효 식품은 각자 나름의 테루아르를 가지고 있는데, 피키아 곰팡이는 실험실의 지리적 위치 — 맨해튼 남쪽 지역인 로어맨해튼 — 로부터 독특한 향미 특징을 얻었을 것이다. 동업자들은 이 향미 특징이 어떤 것이 될지 몰랐다. 도시에서 자란 미생물은 끔찍한 맛을 낼 가능성도 있었다. 하지만 부타부시를 맛보자, 그 향미는 훌륭했다. 생선으로 만든 가쓰오부시처럼 맛있고, 연기 냄새와 곰팡이 냄새가 났지만, 돼지고기 특유의 맛도 분명히 났다.

피키아 곰팡이의 발견은 하나의 분수령이 될 잠재력이 있었다. 만약 뉴욕의 독특한 특징을 지닌 다른 미생물들의 능력과 함께 향미를 만드는 이 곰팡이의 능력을 활용할 수 있다면, 모모푸쿠는 단순히 원조 가쓰오부시를 조금 바꾸는 데 그치지 않고, 새로운 형태의 미국식 일본 요리를 만들 수 있을 것이다. 옛날 사람들이 미생물을 길들이는 데에는 수백 년이 걸렸지만, 이제 과학의 힘을 빌려 몇 달 만에 그 일을 해낼 수 있을지 모른다.

처음 만든 부타부시는 장난 비슷한 것이었지만, 전체 작업을 인계받은 펠더는 일을 체계적으로 진행하기로 결정했다. 누룩곰팡이와 비교해 피키아 곰팡이가 향미를 만드는 능력을 평가하기 위해 일련의 실험을 진행했다. 그 결과는 실망스러웠다. 심심풀이로 조깅을 하는 사람이 경험 많은 마라톤 선수와 경쟁하는 것처럼 피키아 곰팡이의 능력은 형편없었다. 한 실험에서 펠더는 돼지고기와 소고기에 두 가지 곰팡이를 다 사용해보았다. 누룩곰팡이로 만든 부시는 피키아 곰팡이로 만든 부시보다 모든 면─맛, 향, 질감, 밀도 등─에서 월등했다. 누룩곰팡이는 발효 물질로 사용돼온 오랜 역사 덕분에 신뢰할 수 있고 예측할 수 있었다. 누룩곰팡이는 일관되게 훌륭한 향미를 만들어냈다─놀랍게도 심지어 새로운 종류의 고기라는 낯선 영역에서도. 이것은 부시를 만드는 또 하나의 새로운 방법이었으며, 따라서 성공으로 간주해야 했다. 하지만 펠더는 피키아 곰팡이가 실패했다는 데 실망했다.

원래의 부타부시가 지녔던 향미를 다시 만들어내려고 시도했을 때, 그는 또다시 좌절을 겪었다. 그것은 처음의 그 맛이 아니었다. 펠더는 "환경과 생태계가 처음에 그것을 지배적인 촉매가 되게 했던 때와는 달랐던 거지요. 우리는 한 가지 변수를 분리했지만, 나머지 모든 변수를 분리하진 못했어요"라고 말했다. 다시 말해서, 처음의 향미는 피키아 곰팡이 혼자서 만들어낸 것이 아니라, 다른 생물들과의 상호작용─많은 대사 작용들이 함께 작용한 화학적 심포니─을 통해서 만들어진 것이었다.

하지만 이러한 실망들을 통해 소중한 통찰을 얻을 수 있었다. 이 경험은 미생물을 쉽게 굴복시킬 수 없음을 보여주었지만, 한편으로는 향미와 요리에 미지의 영역이 존재한다는 것을 시사했다. 펠더는 "우리는 그 지역에 고유한 미생물에 대해 아는 게 너무 적기 때문에, 향미 화합물을 만들 수 있는 잠재력이 무한해요"라고 말했다.

펠더는 미생물을 만지작거리는 일을 계속했다. ("미생물의 테루아르 정의: 전통 발효 과정의 연구를 위한 토종 곰팡이의 이용"❺이란 제목으로 이 연구에 관한 과학 논문도 한 편 발표했다.) 그는 닭고기 '부시'(훌륭한 향미 프로필을 가졌지만 질감은 나쁜)와 많은 실패 뒤에 그럴듯한 소고기 '부시'(철과 간의 향미가 약간 있지만 질감이 좋은)를 만들었다. 전통 일본 요리에 쓰는 성분을 다른 것으로 바꾸면 어떻게 되는지도 시험했다. 예컨대 쌀 대신에 스펠트밀, 프리케(볶은 초록색 밀), 통보리, 호밀, 메밀 등을 사용했다. 또, 콩 대신에 피스타치오, 캐슈, 잣, 렌즈콩, 병아리콩, 팥을 사용했다. 펠더가 만든 피스타치오 된장국은 초록색이었다. 제대로 만들기까지는 많은 시도가 필요했지만, 이것은 과학적 발효 노력의 결정체로, 모모푸쿠의 대표 요리 중 하나가 되었다. 펠더가 피스타치오 된장국을 한 숟가락 떠서 주길래 나는 그 맛을 보았다. 그 맛은 아주 훌륭했다. 풍부하지만 약간 가볍고, 복잡하고 흙 냄새가 약간 났지만 강렬했다.

한편 더턴은 미생물 탐정 연구를 '부시'에서 치즈로 확대했다. 우유가 응고해서 생긴 단조로운 덩어리 고체인 커드가 훌륭한 향미를 지닌 치즈 덩어리로 변하는 데에는 두 종류 혹은 때로는 세 종류 이상의 발효 과정이 관여한다. 여러 종류의 독특한 곰팡이와 세균 군집이 서로 겹쳐 상호작용한다. 하지만 더턴은 "치즈는 비교적 단순해요. 인간의 소화 기관에 사는 미생물의 종류—천은 넘지 않더라도 수백은 족히 되는—와 비교한다면 치즈에 작용하는 미생물의 종류는 10여 종밖에 안 되지요. 하지만 이러한 단순성과 안정성 덕분에 작은 변화만 주어도 아주 다양한 향미를 얻을 수 있어요"라고 말했다.

그녀는 버몬트 주 그린즈버러에 있는 장인 치즈 제조업체 재스퍼 힐 팜과 협력했다. 매일 아침 먼동이 트기 전에 직원들은 에어셔 젖소 46마리에게서 짠 우유를 치즈로 만들기 위해 인접한 농가에 있는 1100리터짜리 용기로 펌프질해 보낸다. 따끈한 우유에 즉시 젖산균과 효모, 숙성제 혼합물을 집어넣는다. 젖산균이 젖당을 젖산으로 분해하기 시작하면서 우유는 시큼하게 변한다. 약 다섯 시간 뒤에 응고 효소인 레닛을 첨가한다. 어느 날 아침, 나는 그곳을 방문해 치즈 장인인 스콧 하버Scott Harbour가 나이프처럼 생긴 도구를 우유에 담가 응고하여 커드로 변하려는 지방을 검사하는 모습을 지켜보았다. 몇 분 뒤에 탱크는 흔들리면서 희미한 빛이 일렁이는 고체로 가득 찼다. 하버는 한 동료와 함께 밀도가 젤리 비슷한 큰 덩어리를 잘라 들어올려

스테인리스강 카운터 위에 올려놓았다. 그것은 곤죽 같고 맛이 순했으며, 산의 맛은 아주 조금밖에 나지 않았다. 치즈 만드는 사람들은 덩어리를 압축해 원통형 틀에 집어넣어 한쪽 구석에 갖다놓았다. 그리고 균일한 질감을 얻기 위해 유장乳漿●이 균일하게 빠져나가도록 정해진 시간에 뒤집어주었다. 그것은 다음에 나타날 것을 위해 준비한 3차원 캔버스였다.

나는 치즈 만드는 과정을 보여주려고 열두 살의 딸 해나를 함께 데려갔다. 해나는 옛날 음식을 좋아하는데, 특히 미묘하고 풍부한 향미가 감칠맛으로 조화를 이룬 치즈를 좋아한다. 만약 원하는 것만 먹으라고 한다면, 해나는 마카로니와 치즈, 그릴드 치즈 샌드위치, 케사디야, 피자, 파르메산 치즈를 넣은 치즈 라비올리만 먹을 것이다. 딸에게 다른 것을 먹게 하기는 무척 힘들었고, 담당 소아과 의사는 해나의 편식을 염려했다. 치즈를 적게 먹으면 오히려 치즈에 대한 갈망이 더 커졌고, 그것은 신랄한 코미디의 재료가 되었다. 해나는 '치즈'를 캐치프레이즈로 채택했고, 자신의 온라인 아바타로 스위스 치즈를 선택했다.

재스퍼 힐에서는 위니미어Winnimere라는 이름의 부드러운 치즈를 만들었다. 유장이 빠져나간 뒤에 지름이 약 13센티미터인 반고체 상태의 치즈 원통을 작은 원통형 조각들—이것을 '치즈 휠cheese wheel' 또는

● 우유 성분에서 단백질과 지방 성분을 빼고 남은 맑은 액체.

'치즈 바퀴'라 부른다—로 자른다. 지하실에서는 다음 단계가 진행되고 있었다. 각각의 원형 조각을 띠 모양의 전나무 껍질로 둘러쌌다. 그들은 해나에게 모자와 앞치마를 건네주었고, 해나는 전나무 껍질을 치즈 주위에 두르고 고무 밴드로 고정시키는 작업을 시작했다. 전나무 껍질은 치즈가 형태를 유지하도록 도와주며, 그와 동시에 치즈 표면에 수액과 나무 향미와 함께 일단의 미생물을 스며들게 한다. 치즈가 숙성함에 따라 이 미생물들—주로 푸른곰팡이—은 버섯 같은 향미와 함께 딱딱한 껍질을 만든다. 가끔은 바이러스가 침투하여 곰팡이와 세균을 감염시킨다. 치즈 껍질이 노란색으로 변하고, 향미는 콕 쏘는 맛과 신맛과 양파 비슷한 맛이 난다. 곰팡이는 치즈 속으로도 들어가 젖산균과 함께 작용한다. 각 지점에서 미생물의 혼합 정도에 따라 향미는 밀리미터 단위로 변한다.

위니미어는 특유의 분홍색과 주황색 광택이 발달하는데, 이것은 그 상표의 정체성을 알리는 데 중요하며, 많은 치즈 제품이 널린 진열대에서 눈길을 끈다. 더턴은 이 색깔들이 생물학적으로 무슨 일을 하는지 이해하려고 노력했다. 더턴이 사용한 기본적인 기술은 단순했다. 페트리접시에서 이 치즈 물질들을 배양하여 합친 뒤에 그 행동을 관찰했다. 페트리접시 뚜껑을 열자, 치즈는 하나도 없고, 톡 쏘는 곰팡이 냄새가 물씬 풍겼다. 더턴은 우리를 차가운 방으로 안내했다. 시험용 치즈들을 보관하는 방이었는데, 커드 덩어리들이 작은 플라스틱 용기들에 담긴 채 격자 모양으로 배열돼 있었다. 플라스틱 용기 속에는 곰팡이와 세균이 각기 다른 조합으로 섞인 채 들어 있었다. 그중 하나에는 밝은 초록색 푸른곰팡이가 노란색 아르트로박테르 $^{Arthrobac-}$ ^{ter}—흙 속에서 흔히 발견되는 세균 속屬—군집 옆에 자라고 있었다. 더턴은 그 용기를 뒤집었다. 또다른 미지의 곰팡이 옆에 있는 아르트로박테르로부터 밝은 분홍색 반점이 피어나고 있었다.

"우리는 저 색소가 무엇인지 알아내고 싶어요. [아르트로박테르는] 왜 저것을 만들까요? 저 색소는 하는 일이 있을까요? 자기 옆에서 곰팡이가 자라는 것을 원치 않아 곰팡이를 괴롭히고 해를 끼치기 위해 저 색소를 만들까요? 아니면, 그저 일종의 일반적인 보호 반응에 불과할까요?"

어떤 미생물 종은 살아남기 위해 다른 종들과 호혜적 관계를 발전시키는가 하면, 어떤 종은 단순히 경쟁만 한다. 두 종류의 상호작용은 독특한 색과 향미를 낳는다. 이 관계들을 이해하면 치즈를 만드는 사람들은 미생물 간의 상호작용을 미세 조정함으로써 맛의 범위와 미묘한 차이를 확대할 수 있다. 하지만 거기에는 많은 장애물이 있다. 알려진 미생물조차도 환경 속에 존재하는 미지의 많은 요소와 상호작용한다—확인되기 전에 피키아 곰팡이가 그랬던 것처럼. 그것은 소가 먹는 풀에 있는 어떤 것이거나 숙성하는 용기 속에 들어온 공기 중의 세균이 될 수도 있다. 이 때문에 치즈를 생산할 때마다 무작위성이 어느 정도 첨가된다. 재스퍼 힐은 그곳에서 자란 곰팡이와 세균의 출처를 확인함으로써 더턴이 모모푸쿠에 제공한 기술을 사용할 계획을 세웠다. 미국의 치즈 제조업체는 대부분 유럽의 제조업체로부터 그 배양균을 가져온다. 만약 자기 지역의 미생물군계를 알면, 독특한 버몬트 주의 테루아르에 대해 특허를 신청하는 게 가능할 것이다.

그러한 테루아르를 만들려면, 미생물이 딱 알맞은 방식으로 번식하도록 숙성 과정을 세심하게 관리해야 한다. 이 과정을 감독하는 조 브리클리Zoe Brickley는 우리를 재스퍼 힐의 저장고 안으로 안내했다. 낮은 산등성이를 파내 일곱 개의 동굴을 만들었는데, 각각의 동굴은 중심축에서 서로 다른 각도로 지면으로 돌출해 있었다. 냉각과 습도가 자연적으로 조절되는 이 동굴들은 재스퍼 힐의 치즈 장인들이 몇 주일 혹은 몇 개월 동안 환경의 미세 조정을 통해 향미가 나타나는 과정을 지휘할 수 있게 해준다. 동굴 내부의 온도는 약 섭씨 9도에서 12도 사이, 습도는 98퍼센트로 유지된다.

폭 46센티미터, 높이 15센티미터의 천에 싼 체다 치즈 바퀴들이 높이 솟은 선반들에 쌓여 있었다. 막 나온 치즈 바퀴들은 삼베 끈에 대고 누른다. 그런 다음 원 모양의 천으로 위와 아래를 싸고 라드로 문지른다. 이것은 치즈가 마르는 것을 막아주며, 곰팡이가 자랄 장소도 제공하는데, 몇 달이 지나는 동안 곰팡이는 증식하면서 치즈를 솜털로 뒤덮는다(나중에 곰팡이는 진공청소기로 떨어내고, 그 자리를 잘 문질러 깨끗이 한다). 집먼지진드기라는 작은 벌레가 라드 속에 구멍을 뚫고 들어가 살면서 삼베를 공기 중에 노출시키는데, 이것은 치즈 표면의 습도를 균형 있게 유지하는 데 도움을 준다. 숙성 과정은 대략 1년이 걸린다. 선반에 쌓인 치즈들은 새로 막 갖다놓은 것도 있고, 13개월이 지난 것도 있다.

공기는 끈끈하고 짙다. 암모니아 냄새와 진드기에서 나는 꽃향기도 약간 감돈다. 향미는 점진적으로 성장하고 변해가며, 각각의 치즈 바퀴는 제 나름의 고독한 경로를 걸어간다. 브리클리는 한 치즈 바퀴를 끌어내리더니, 치즈에 구멍을 뚫는 작은 도구를 꺼내 치즈 아래쪽에 밀어넣어 샘플 한 조각을 채취했다. 대량 생산하는 전형적인 체다 치즈는 싸한 쓴맛과 황 냄새가 약간 있지만, 그와 달리 이 치즈는 단맛이 났고 국물에서 나는 감칠맛도 약간 있었다. 하지만 질감이 푸석푸석했는데, 이것은 나쁜 징조였다. 브리클리는 "모래 같군요. 잘못된 속성이 있어요. 과연 좋아질 수 있을지 모르겠군요"라고 말했다. 이 바퀴 내부에서는 세균 발효가 제멋대로 일어나 산이 많이 만들어지고, 부드러운 질감을 만드는 데 꼭 필요한 칼슘과 그 밖의 미네랄이 줄어들었다. 다음 바퀴는 불과 1주일 더 어린 것이었지만, 먼젓번 바퀴와 완전히 달랐다. 문명의 흥망성쇠와 마찬가지로, 각 바퀴의 미생물 군집도 각자 나름의 방식으로 흥망성쇠를 겪는다. 이 치즈는 부드러웠고, 파인애플 향미도 약간 났다. 하지만 뭔가가 빠져 있었다. 브리클리는 "고기가 충분치 않아요. 나는 이 치즈는 흰색 된장국처럼 고기가 더 많아질 거라고 생각해요. 나는 향미로 볼 때, 고기 맛은 흰색 된장국이 가장 가볍고, 그다음에는 닭고기 수프, 돼지고기 수프, 붉은 고기 수프의 순이라고 생각해요"라고 말했다.

재스퍼 힐은 앤디 켈러Andy Kehler와 마테오 켈러Mateo Kehler 형제가 세웠다. 두 사람은 지속 가능한 농업 분야에서 경력을 쌓았지만, 진미의 미시 규모 생태학에 관심을 갖게 되었다. 한쪽 끝에서는 곰팡이와 세균이 싸우고, 다른 쪽 끝에서는 뇌의 즐거움 네트워크가 반응한다. 두 사람은 이 둘이 똑같이 변덕스럽다는 사실을 안다. 앤디 켈러가 우리에게 "어젯밤에 여섯 살 먹은 아들과 대화를 나눴습니다. 아들은 먹는 것에 아주 까다로워졌거든요"라고 말했다. "아들이 말하더군요. '아빠, 내가 최고의 맛에 대한 책을 쓸까 해.' 케이퍼 두어 개를 겨자와 함께 먹고 나서 한 말이었지요. 우리가 어젯밤에 먹은 것은 분명히 포크촙이나 감자나 기막힌 버섯이 아니었어요. 그것은 바로 케이퍼였어요."

진미는 다루기 힘든 개념이다. 그것은 요리사들이 만들어내길 갈망하고, 누구나 경험하길 원하는 이상이다. 그것은 음식 재료와 요리 기술, 프레젠테이션, 함께 식사하는 동료들이 모두 결합하여 개개 요소들을 뛰어넘는 향미를 만들어낼 때 일어나는 일로 대략 정의할 수 있다. 진미는 단순히 맛이 좋은 것이 아니다. 향신료는 맛이 좋지만, 진미가 난다고 말하지는 않는다. 식품 회사들이 발견한 것처럼 진미에는 어느 정도의 복잡성과 대비가 필요하다. 뇌의 쾌락 중추를 깨우되, 약간 균형에서 벗어나도록 감각을 도발적으로 자극하는 맛과 향기와 질감의 변화가 있어야 한다.

요리과학의 새로운 물결은 진미를 설계해 만들어내는 것을 목표로 한다. 재스퍼 힐의 직원들은 치즈의 맛을 테스트하고 자세한 체크리스트로 평가한다. 잘 훈련된 이들의 미각은 대개 의견이 일치한다(의견이 크게 엇갈리는 때는 아주 대단한 치즈에 버금가는 치즈를 평가하는 경우이다). 그 이유를 알아보기 위해 그들은 데이터를 살펴보았다. 재스퍼 힐은 모든 평가 기록을 모아 그래프로 그리고, 오퍼테크의 필라델피아 실험실에서 흰쥐들에게서 얻은 것과 아주 비슷한 데이터베이스를 만들었다. 그 평가들을 종합해 진미 인자Deliciousness Factor, 줄여서 DF라는 수치로 전환했다. DF는 1부터 10 사이의 등급으로 이루어져 있는데, 10은 특정 치즈에서 나타날 수 있는 최고 등급에 해당하며, 아주 드물게 나타난다. 7은 비교적 좋은 치즈이며, 6이나 5는 문제가 좀 있다. 이 데이터는 더 잘게 쪼개 문제 지역을 분석할 수 있다. "거미 그래프spider graph"는 시간이 지남에 따라 질감, 단맛, 짠맛, 껍질 발달, 숙성 경로 등의 점수를 보여준다. 각각의 점은 한 축을 중심으로 못처럼 바깥쪽으로 뻗어 있다. 그래프가 크고 둥글수록 치즈의 질이 더 좋다. 만약 뭔가 잘못된 게 있으면, 수치들의 변동이 심하고, 그래프의

들쭉날쭉함도 더 심하다. 최악의 경우에는 블랙홀처럼 중심을 향해 붕괴한다.

진미처럼 고상한 속성을 정확하게 계량화할 수 있다는 개념은 약간 터무니없어 보인다. 하지만 디지털 시대에 접어든 세상은 숨어 있는 행동 패턴을 포함해 방대한 양의 데이터를 축적하기 시작했다. 발달하는 치즈의 향미를 그래프로 나타내자, 숙성 과정의 결함이나 어떤 미생물의 붕괴나 습도가 아주 높은 시기가 드러났다. 만약 레시피—혹은 요리 전체—를 같은 방식으로 분해하여 디지털의 마법으로 그 내부 동역학을 노출할 수 있다면 어떤 일이 벌어질까?

훌륭한 레시피는 재료 성분들 사이의 관계에 달려 있다. 즉, 함께 섞어 조리를 할 때 그것들이 화학적으로 어떻게 상호작용하고 변하느냐에, 그리고 그 조합이 감각에 어떤 자극을 주느냐에 달려 있다. 하지만 미생물의 대사 작용들이 서로 합쳐져 작용하는 경우와 마찬가지로 레시피도 과학적 블랙홀이다. 확립된 일반 원리가 일부 있긴 하다. 조리된 음식에서 많은 향미를 만들어내는 마이야르 반응이 그런 경우이다. 하지만 시행착오와 휘젓는 스푼에서 맛을 보는 것을 통해 개발된 개개 레시피의 화학적 동역학은 잘 알려지지 않은 상태로 남아 있다. 분자요리학 운동을 창시한 니콜라스 쿠르티는 "나는 우리가 금성의 대기 온도를 측정할 수 있고 또 측정하고 있지만, 수플레 내부에서 어떤 일이 일어나는지 알지 못하는 것은 우리 문명의 슬픈 단면을 보여주는 것이라고 생각합니다"❻라고 말한 적이 있다.

　인디애나 대학교의 물리학자이자 컴퓨터과학자인 안용열은 대사 과정의 컴퓨터 모형과 소셜 네트워크 트위터의 동역학을 연구하다가 요리로 관심을 돌렸다. 이들 분야는 서로 아무 관련이 없어 보이지만, 각각은 수백만 개의 움직이는 조각들로 이루어진 복잡계이다. 그 행동은 그 뒤에 숨어 있는 공통의 원리들을 따를 때가 많은데, 그 원리들은 분석하고 이해할 수 있다.

　혐오감과 마찬가지로 진미도 문화와 전통에 따라 장소마다 큰 차이가 있다. 어떤 음식은 잘 이동하지 않는다. 치즈는 탄생지인 터키에서 서쪽으로 전파되었지만, 아시아에서는 인기를 끈 적이 없으며, 서양인의 미각은 제비집 수프 같은 아시아의 별미를 신통치 않게 여기는 경향이 있다. 하지만 이런 사례들은 규칙이라기보다는 예외에 가깝다. 여행자는 대개 어디서건 맛있는 것을 발견할 수 있는데, 이 사실은 많은 성분 조합은 지리와 역사를 초월한다는 것을 말해준다. 천체물리학자가 시간과 공간의 구조를 지배하는 기본적인 힘을 연구하려고 하는 것처럼, 안용열은 요리의 우주 전체에 걸쳐 숨어 있는 공통성과 차이를 찾으려고 노력했다.

　안용열은 전 세계에서 기존의 재료 성분으로 만들 수 있는 레시피의 수가 수천조 가지에 이른다는 계산 결과를 얻었다. 하지만 인터넷에서 최대 레시피 웹사이트나 데이터베이스를 뒤져도 그 수는 불과 수백만 가지밖에 되지 않았다. 광대한 향미 영역은 대부분 제대로 탐사되지 않은 채 남아 있지만, 어쩌면 가상 현실을 통해 그 영역을 열 수 있을지도 몰랐다.

안용열은 세계 각지의 요리책과 레시피를 샅샅이 조사해 기본 재료 381가지와 향미 화합물 1021가지의 데이터베이스를 만들었다. 이것은 그다지 많은 수는 아니지만, 네트워크에서 중요한 것은 개개 접속점의 수가 아니라, 그것들을 잇는 연결이다. 두 명만 존재하는 전화망에서는 연결이 단 하나만 존재한다. 하지만 사람 수가 네 명이 되면 연결은 여섯 개가 존재하고, 열 명이 되면 마흔다섯 개가 존재한다. 재료들 사이의 관계를 확립하기 위해 안용열은 재료들의 공통적인 화학적 성질을 살펴보았다. 어떤 재료들은 서로 아주 가까운 관계에 있었고, 어떤 것은 먼 친척에 해당했다. 이것을 바탕으로 재료들 간의 친족 관계를 계량화할 수 있었다. 그리고 3차원 가상 공간에서 그 연결들을 나타냈다.

전 세계의 향미 선호를 나타낸 이 거대한 지도는 은하들의 배열처럼 보였다. 개개 재료는 그 중요도에 따라 크기에 차이가 났다. 서로 관련이 있는 재료들은 서로 가까이 붙어 있었고, 관련이 없는 것들은 서로 멀리 떨어져 있었다.

그 지리는 표면 아래에 숨어 있는 진미의 차이를 드러냈는데, 그 차이는 역사를 통해 생겨난 것이다. 서유럽과 북아메리카의 음식은 단조로운 경향이 있었으며, 많은 음식은 달걀, 버터, 바닐라 같은 재료와 밀접한 관련이 있었다. 동아시아와 남유럽의 요리는 마늘, 간장, 쌀을 포함해 서로 아주 대조적이고 화학적으로 다양한 재료를 많이 사용했다. 동아시아와 라틴아메리카와 남유럽의 요리들만 서로 겹쳤다. 이 세 곳은 모두 마늘을 많이 사용했으며, 양파와 토마토, 카엔페퍼를 서로 다르게 조합해 사용했다. 이 지역들과 서유럽과 북아메리카 사이에는 공통 요소가 전혀 없었다.❼

푸드페어링Foodpairing이라는 벨기에 회사는 이 지도 아이디어를 바탕으로 설립되었다. 창립자인 베르나르 라우스Bernard Lahousse는 영국의 더 팻 덕The Fat Duck의 셰프이자 소유주인 헤스턴 블루멘설Heston Blumenthal에게서 영감을 받았다고 말한다. 1990년대에 블루멘설은 물리학자, 화학자, 조향사調香師 들과 함께 회의를 열어 자신의 메뉴를 위해 조언을 해달라고 부탁했다. 어느 날, 그는 제네바의 향수와 향신료 제조 회사인 피르메니히 연구실을 방문했다. 그곳의 한 과학자가 꽃 냄새, 특히 재스민 냄새에서도 간에 있는 것과 같은 화학 물질들이 나온다고 말했다. 재스민 향기 농도가 짙어질수록 그 냄새에 섞인 고기의 속성이 더 선명하게 나타났는데, 곤충이 재스민에 끌리는 이유는 이 때문일지 모른다. 자신의 레스토랑으로 돌아온 블루멘설은 재스민 소스로 푸아그라 요리를 만들었다.❽ 나중에는 충동적으로 초콜릿을 캐비아와 결합했다. 그 효과는 아주 아름다웠다. 연구실에 확인했더니, 두 가지

요리 모두에 단백질이 부분적으로 분해하여 생겨나 풍부하고 복잡한 향미를 만드는 화합물인 아민이 높은 농도로 들어 있었다.

제약공학을 전공한 라우스는 2000년대 초에 요리의 생화학에 관심을 가졌다. 그는 "나는 요리사들에게 다가가 '전 과학자인데요, 저를 한번 이용해보세요'라고 자신을 소개했지요"라고 말했다. 그는 레시피를 개선하기 위해 여러 요리사와 함께 일했는데, 그들이 많은 제약을 받으면서 일한나는 사실에 크게 놀랐다. "페란 아드리아는 6개월 동안 엘부이의 문을 닫고 수천 가지 조합을 시험한 뒤에 그중 하나를 고를 수 있어요. 하지만 대부분의 요리사는 그럴 엄두를 낼 수 없죠." (유명한 초일류 셰프가 아닌 그들은 레스토랑이 잘 굴러가도록 하기 위해 아주 열심히 일해야 했다.)

라우스는 많은 것 중에서도 과일과 야채, 초콜릿, 피타 칩, 굴, 소고기, 커피, 식초, 와인의 구성 성분을 분해했다. 그리고 데이터베이스를 만들고, 식품들 사이에서 공통된 방향성 화합물을 확인할 수 있는 알고리듬을 작성했다. 알고리듬은 안용열의 지도와 비슷한 지도들을 내놓았다. 잘 어울릴 가능성이 있는 것들을 잇는 연결들이 중앙 허브에서 튀어나왔다. 서로 밀접한 관련이 있는 것들은 서로 가까이, 그리고 가장 잘 어울릴 잠재성이 있는 것과 가까운 곳에 위치했다. 이러한 짝짓기 중 일부는 충분히 예상할 수 있는 것이었지만, 어떤 것들은 그렇지 않았다. 굴은 키위와 패션프루트와 잘 어울리고, 오이는 다크초콜릿과, 밀크초콜릿은 간장과 잘 어울린다. 푸드페어링은 레스토랑과 식품 회사를 위해 전문화된 분석을 제공함으로써 돈을 벌지만, 라우스는 자신의 웹사이트에 향미 수형도樹形圖●를 1000개 이상 게시하여 요리사나 바텐더, 가정 요리사가 거기서 영감을 얻을 수 있도록 누구나 공개적으로 이용할 수 있게 했다. 그는 거기에 맛과 질감, 색을 포함시키는 작업을 계속하면서 복잡성의 수준을 더 높였다.

2011년에 IBM의 왓슨Watson이라는 컴퓨터 시스템이 〈제퍼디!Jeopardy!〉 퀴즈 쇼에서 인간 챔피언을 꺾은 뒤, 그 발명가들은 왓슨의 인지 능력을 다른 분야들에 적용하기 시작했는데, 그중 하나가 요리였다. 왓슨은 최초의 가상 요리사가 되었다. 그 시스템은 유망한 재료 조합을 가진 레시피의 데이터 집합을 찾아내고, 그 실제적인 맛에 대한 과학적 정보의 저장고에 접속해 그 정보를 활용하도록 프로그래밍되었다. 왓슨의 재주에는 한계가 있다. 요리사와 달리 왓슨은 어떤 요리가 잘못되었을 때 그것을 즉각 알아채고 바로잡을 수가 없다. 이 문제를 해결하기 위해 IBM의 엔지니어들은 뉴욕의 요리교육연구소의 셰프들과 협력했는데, 이들은 스위스-타이 아스파라거스 키슈quiche●●나 오스트리아 초콜릿 부리토, 벨기에 베이컨 푸딩 등에 생기를 불어넣었다. 이들은 힘을 합쳐 요리와 그 뒤에 있는 알고리듬을 정교하게 개선해나

● 과정들이나 사람들 사이의 관계를 보여주는 나뭇가지 모양의 그림.
●● 달걀, 우유에 고기, 야채, 치즈 등을 섞어 만든 프랑스식 파이.

갔다. 공학과 추상적 사고가 경험과 직관과 영감과 합쳐져 새로운 향미를 만들어낸 것이다. 인간과 기계가 창조적인 유대를 구축했다.❾

 최선의 식품 조합을 위한 결합 조직 역할을 하는 것은 대개 다양한 맛과 냄새 사이에서 시너지 효과를 내고, 약한 향미를 강하게 만드는 감칠맛이다. 감칠맛은 치즈에서 톡 쏘는 쓴맛과 신맛을 조화시키고, 미각을 강하게 돋우는 닭고기 수프의 느낌을 책임진다. 식품 회사들이 감칠맛—혹은 그 화학적 성분인 글루탐산나트륨—을 다목적용 조미료 및 소금 대체재로 이용하는 데 적극적으로 나선 이유는 이러한 다재다능한 능력 때문이다. 하지만 감칠맛은 진미 문제를 완전히 해결하기 위해 가꾸고 공들여 만들어나가야 할 맛으로서는 대체로 아시아 요리의 영역에 머물러 있었다. 이런 상황은 영원히 지속될 수 없었다. 감칠맛의 향미는 파악하기가 어렵지만, 과학은 그 힘을 밝혀냈다. 감칠맛은 기본적인 맛으로서는 생물학적으로 단맛과 비슷하여 뇌의 쾌락 중추로 곧장 연결되는 통로를 제공한다. 지난 10년 동안 서양 요리에는 감칠맛이 많이 스며들어와 이제 향미 지도에 변화를 일으키기 시작했다.

 감칠맛은 1907년까지만 해도 기본적인 맛으로 확인되지 않았다. 그 당시 도쿄제국대학의 화학자 이케다 기쿠나에는 자신이 늘 먹던 다시마 국물—말린 다시마와 가쓰오부시로 만든 국물—의 향미들을 전체적으로 조율하는 수수께끼의 맛이 있는 게 분명하다고 확신했다. 그래서 다시마 11킬로그램을 구입해 그 수수께끼의 맛을 내는 물질을 분리하는 연구에 착수했다.❿ 초록색을 띤 종이 같은 다시마를 자르고, 끓이고, 증류하면서 결국 침전된 글루탐산염을 얻는 데 성공했다. 이케다는 일본의 한 학술지에 이 발견에 대한 논문을 발표했으나, 서양에서는 이 논문에 별 관심을 보이지 않았다. 감칠맛 수용기가 발견된 것은 그로부터 약 90년이 지나서였다. 2005년에 애덤 플라이시먼^{Adam Fleischman}은 로스앤젤레스를 기반으로 한 인기 있는 햄버거 체인점 인앤아웃버거에서 햄버거를 먹고 있었다. 그걸 먹는 순간, '감칠맛'이란 단어가 머릿속에 떠올랐다. 그 단어는 나른하게 그리고 이국적인 느낌을 풍기면서 혀에서 저절로 굴러나왔다. 그것은 자신이 먹고 있던 순전히 미국적인 음식과 직접적 관련이 있는 것으로는 보이지 않았다. 하지만 그것은 직접적 관련이 있었다. 햄버거는 감칠맛이 풍부하다.

플라이시먼은 로스앤젤레스에 있는 두 와인 바 보틀록과 비노테크의 부분 소유주로서 여행을 하면서 요식업계에서 그 단어를 들었고, 헤스턴 블루멘설과 감칠맛을 자신들의 요리에 통합시키려고 노력한 그 밖의 요리사들이 쓴 요리책에서도 그 단어를 보았다. 그는 "나는 햄버거와 피자를 그토록 먹고 싶어하도록 만드는 요소를 분리하려고 노력했지요. 햄버거와 피자를 다른 음식 아홉 가지와 함께 사람들 앞에 내놓으면, 약 80퍼센트는 햄버거와 피자로 손이 갑니다"라고 말했다. 감칠맛은 보편적이면서도 제대로 평가받지 못한 요소였다. 플라이시먼은 감칠맛의 효과를 농축시키기 위해 더 많은 것을 첨가해보기로 결정했다.

그는 샌타모니카에 있는 일본 슈퍼마켓 미쓰와 마켓플레이스를 찾아가 간장, 된장, 생선용 소스, 곤부다시 등 감칠맛이 많이 포함된 식재료를 가득 구입했다. 그리고 자신의 주방으로 돌아와 그것들을 간 소고기와 돼지고기를 각각 다른 조합으로 섞은 것과 함께 곤죽처럼 만들면서 몇 시간을 보냈다. 거기다가 감칠맛이 풍부한 또 하나의 식품인 파르메산 치즈 같은 것도 첨가했다. 그날 저녁 늦게 그는 "우마미버거"를 만들었다고 말한다.

플라이시먼은 와인 바의 지분을 현금으로 바꾸어 인출한 뒤 그 돈으로 레스토랑을 열었다. 타이밍이 아주 좋았다. 그때 마침 감칠맛이 큰 인기를 끌기 시작했기 때문이다. 대부분의 사람들은 그 이후에도 모모푸쿠 실험실에서 자라는 미생물 군집에 대해서는 전혀 들어보지 못했지만, 그 미생물이 만들어낸 감칠맛이 강한 향미는 음식 문화로 흘러들어갔다. 하지만 플라이시먼은 대중 사이에서 인기가 점점 퍼져가면서 막 솟아오르던 새로운 향미 물결의 선봉에 나섰다. 그는 "오늘날 음식을 대하는 대중은 10년 전보다 훨씬 수준이 높은데, 왜냐하면 그들은 바로 이 쇼를 보았기 때문이지요. 그들은 조리 과정에 뭐가 들어가는지 알고, 호기심을 느끼지요. 그들은 그것을 어떻게 하는지 알고 싶어해요"라고 말했다. 감칠맛은 하나의 개념이자 하나의 브랜드가 되어가고 있었다. '코카콜라'처럼 '감칠맛'은 뇌의 인지 기능들이 맛과 선택에 대해 행사하는 힘을 활용한다. 그 단어는 뭔가 신비롭고 풍부하고 묘한 매력이 있다고 시사한다. 법적으로 기본적인 맛들은 일반 용어이고, 미국 특허청은 그것의 사용에 대해 배타적 권리를 얻으려는 시도를 의심스러운 시선으로 바라본다. 하지만 플라이시먼은 '우마미버거'와 '우마미카페'에 대한 권리를 확보하는 데 성공했고, 지금까지 대체로 그 이름을 자기만 아는 비밀로 유지했다.

좋은 맛과 신선함은 강력한 조합이라는 것이 증명되었다. 지난 5년 사이에 플라이시먼은 로스앤젤레스, 샌프란시스코 지역, 뉴욕 시, 마이애미비치에 레스토랑을 20군데나 열었다. 그는 그 수를 150개까지 늘릴 계획이다. "우리는 전 세계로 확장하길 원해요. 맥도널드처럼 모든 거리 모퉁이마다 하나씩은 아니지만, 어쩌면 도시마다 세 곳은 생길 거예요." 우마미버거 양념과 소스, 티셔츠도 있고, 거기서 파생한 스스로 직접 만드는 피자 체인도 있다.

표준적인 우마미버거에 그 특징적인 맛을 내는 원천은 여덟 가지가 알려져 있다. 소고기, 파르메산 치즈, 토마토, 표고버섯, 설탕에 졸인 양파, 우마미 소스 한 가지, 우마미 양념 가루, 케첩. 그렇다고 해서 우마미버거를 우마미 폭탄으로 만들려고 한 것은 아니다. 풍부한 느낌이 미각을 감싸지만, 걸쭉한 지방 맛은 전혀 느껴지지 않는다. 그보다 훨씬 부드러운 느낌이어서 다른 향미들이 작용할 여지를 남긴다. 플라이시먼은 "만약 전부 다 감칠맛만 집어넣는다면, 그 음식은 맛이 별로일 것입니다. 사람들은 곤부나 안초비를 그냥 그대로 먹지 않지만, 미트 소스처럼 다른 요리에 섞인 안초비를 좋아하지요. 우마미가 과학이라면, 다른 것들과 한 덩어리가 되어 함께 작용할 수 있도록 그 균형을 맞추는 방법을 찾아내는 게 예술이지요"라고 말했다.

하지만 우마미버거는 진미의 기본 원리와 대부분의 21세기 음식과 모순되는 것처럼 보인다. 우마미는 대조가 아니라 조화, 자극이 아니라 편안함을 추구한다. 우마미버거는 그러한 속성을 두 배, 세 배, 네 배로 증폭시킨다. 플라이시먼은 다른 햄버거 체인들과는 달리 우마미버거는 햄버거 자체가 목적이 아니라고 말했다. 그것은 식사를 하는 사람을 우마미 여행으로 데려가는 튼튼하고 친숙한 선박이다.

요리사와 식도락가와 식품 회사는 사람들의 관심을 끌고 유혹하려고 많은 노력을 기울이지만, 그 과정에서 개별적인 향미의 음미가 실종되었다. 선택할 수 있는 게 너무 많고, 대조적인 것도 너무 많으며, 얼얼한 맛과 단맛과 좋은 맛도 너무 많다. 리오르 레브 세카르즈Lior Lev Secarz는 뉴욕 시에 있는 자신의 가게 라 부아트La Boîte에서 혼합 향신료와 섬세한 향미를 지닌 쿠키를 만든다. 그는 미국에서 친구와 고객 들의 일상적인 향미 경험에 곤혹스러움을 느꼈다. 일본을 정기적으로 방문하던 옛 상사는 그에게 도쿄에 도착하면 감각을 폭격하던 미국 음식의 흔적을 떨쳐내고 초밥 같은 가볍고 미묘한 요리를 제대로 맛볼 수 있을 만큼 자신의 미각을 충분히 깨끗이 하는 데 보통 사흘이 걸린다고 말했다. 세카르즈는 이렇게 말했다. "우리는 탄산음료를 마시고, 독주를 마시고, 매운 양념이 된 음식과 매우 신 음식을 먹어요. 커피도 많이 마시지요. 우리 혀와 미각은 망가졌어요. 만약 이곳 미국에서 내가 레몬그라스와 가다랑어 회를 섬세한 국물과 함께 내놓는다면, 당신은 필시 '타바스코나 A1 소스 없어요?'라고 말할 거예요. 왜냐하면, 당신은 어떤 음식도 제대로 맛을 볼 수 없기 때문이지요. 하지만 만약 당신이 일본에 산다면, 지금까지 경험한 것 중 가장 맛있는 음식이라고 생각할 거예요."

이스라엘에서 자라고 프랑스에서 요리사 교육을 받은 뒤에 향신료에 관심을 돌린 세카르즈는 기계와 분자 반응이 날로 부상하고 있는 요리업계에서는 괴짜로 분류된다. 그는 막자사발과 막자, 사발, 계량컵, 자신의 감각과 직관을 사용해 수천 년 동안 사용돼온 향신료로 새로운 향미를 만들어낸다. "우리는 요리 산업에서 자신의 개성을 주장하기가 매우 어려운 지점을 향해 다가가고 있어요. 거의 모든 것이 다 이루어졌기 때문에, 뭔가 새로운 것을 발명하거나 불꽃놀이를 해야 할 필요가 없다는 사실을 점점 더 절감하지요. 만약 최상의 재료들을 사용해 훌륭하고 정직하고 맛있는 음식을 내놓을 수 있다면, 여기서 재주를 뽐내는 것에 만족해야죠."

맨해튼의 헬스 키친 부근에 위치한 그의 가게는 후추와 고수 냄새가 물씬 풍겨 실크로드에 위치한 중세 시대의 수크souk● 같은 냄새가 난다. 손님들은 향기에 이끌려 가게로 들어온다. 대부분의 사람들은 향신료를 시험 삼아 맛보려고 하지 않는다. 냄새를 한 번 맡는 것만으로 충분하다.

가게는 오전에는 문을 닫고, 세카르즈는 혼자 일한다. 일부 시간은 인터넷에서 필요한 재료의 가격과 시장을 찾는 데 보낸다. 그가 만드는 혼합물은 세계 각지의 향미 가닥들을 함께 꼬아 만든다. "향신료는 생산물입니다. 향신료는 어디선가 자라고, 누군가 그것을 기르느라 많은 시간을 쏟아붓기 때문에 우리가 그것을 손에 넣을 수 있지요. 그리고 때에 따라 작황이 좋은 해도 있고 나쁜 해도 있어요." 자연 재해나 격변 또는 경제적 이유로 향신료가 고갈될 때가 종종 있다. 시리아 내전 때문에 최고 품질의 쿠민 공급이 끊겨 세카르즈는 할 수 없이 다른 곳에서 그것을 구해야 했다. 고수는 캐나다에서 구입하는데, 인도산 고수가 더 좋지만 대부분 인도 내에서 소비되기 때문에 구하기가 힘들기 때문이다.

향신료 혼합은 어떤 아이디어에서 시작된다. 때로는 특별한 필요

●아랍 세계의 시장.

에서 나온다. 때로는 세카르즈 자신이 발견한 새로운 재료를 바탕으로 새로운 혼합을 만들려고 시도한다. 그는 가능한 재료 명단을 작성한다(혼합물은 보통 9~23가지의 향신료를 포함하며, 평균은 13가지이다). 각각의 재료를 측정하고, 그 향기와 맛 요소를 서로 어떻게 결합할지, 그리고 그 색들을 어떻게 섞을지 계획을 세운다. 어떤 것은 굽거나 볶거나 갈아서 가루로 만든다. 미세한 가루는 그 향미를 즉각 맛보아 알 수 있지만, 거친 가루는 그 향미를 차례로 분출시키기 위해 씹는 게 필요할 수도 있다. 초벌에 해당하는 첫번째 혼합물은 "냄새를 맡고, 만져보고, 조리를 하고, 굽고, 음료로 만들고, 볶고, 그슬리고, 그릴에 굽고, 튀기고, 기름에 섞어보는" 등 일련의 테스트를 거친다.

레몬과 아니스로 향미를 낸 브리즈Breeze라는 혼합 향신료는 지극히 평범한 생선인 틸라피아를 활기가 넘치는 재료로 만든다. 세카르즈의 쿠키도 이와 비슷하게 섬세한 향미가 있다. 슈거페이스Sugar Face 비스킷 컬렉션은 옅은 색의 나무 상자에 알루미늄 깡통이 들어 있다. 다리아Daria는 둥근 모양의 오렌지, 카레, 다크초콜릿 쿠키이다. 데저트로즈Desert Rose는 참깨, 염분이 있는 버터, 장미꽃 봉오리, 카다멈으로 만드는데, 오아시스 같은 맛이 난다. 세카르즈는 향신료를 오래 만진 경험을 통해 소중한 비밀을 몇 가지 알게 되었다. 그는 "입속에 후추 한 알을 넣은 뒤 그것을 깨뜨려 먹고 나서 커피를 마시면, 커피에 스플렌다Splenda● 두 개 또는 큰 수저로 설탕 한 숟가락을 넣은 것과 같아요"라고 말했다.

여러 가지 요리 관련 체계 중에서 바^{bar} 뒤에서 가장 격렬하게 다투는 것은 기술과 전통이다. 칵테일 기술의 발전으로 많은 바는 사실상 가동 중인 향미 화학 실험실로 변했다. 로어맨해튼에 있는 부커 앤드 닥스^{Booker and Dax} 바의 주인 데이브 아널드^{Dave Arnold}는 분자요리학 이후에 상식처럼 자리잡은 것, 즉 순간 냉동 음료와 액화 질소에 보관한 과일을 피하려고 한다. 비록 건물 밖에 질소 탱크가 바를 지키는 일종의 보초병처럼 서 있긴 하지만, 아널드는 질소 자체를 목적으로 보는 것이 아니라 그냥 하나의 도구로 본다. "우리가 그러길 원하기 때문에 음료는 그냥 보통 음료처럼 생긴 모습으로 나옵니다. 왜냐하면, 여기서 요점은 여러분이 칵테일을 경험하는 방식이 아니라, 바 뒤에서 그것을 만드는 방법을 바꾸려고 노력하는 데 있기 때문입니다. 그래서 여기에는 얼어붙은 작은 공들이 없고, 수북이 쌓인 거품더미도, 그 밖의 다른 것들도 없습니다. 왜냐하면, 나는 그런 것들의 인기가 영원하리라고 믿지 않기 때문이지요. 나는 보통 사람들은 자신들이 평소에 마시던 방식을 바꾸길 원치 않는다고 봅니다. 그들은 그저 매우 친숙한 형태이면서 약간 예상치 못하던 것을 원할 뿐입니다."

아널드는 요리사이자 주류 제조 전문가이자 박식가이다. (모모푸쿠

● 합성 감미료인 수크랄로스^{sucralose}의 제품명.

제국의 일부인 부커 앤드 닥스는 그의 두 아들 이름을 딴 것이다.) 질병에서 요리 부문에서는 정식 훈련 과정을 밟은 적이 전혀 없다. 예일 대학교에서 철학 학사 학위를, 컬럼비아 대학교에서 미술 석사 학위를 받았지만, 예리한 지성과 다방면에 걸친 관심 때문에 식품업계로 진출했다. 뉴욕에 있는 국제요리센터에서 초대 기술국장을 맡았는데, 원심분리기, 진공 증발기, 열 순환 장치에 대한 그의 큰 관심을 활용하기 위해 만든 자리였다. 아널드는 식품음료박물관의 설립자이기도 한데, 이 박물관은 요리 분야의 스미스소니언협회를 만드는 것을 목표로 추진되고 있다. 2013년에 아널드는 구식 퍼핑 건 puffing gun 으로 최초의 소박한 전시회를 열었다. 퍼핑 건은 20세기 전반에 곡물 뻥튀기를 만드는 데 쓰이던 거대한 장치이다. 아널드는 인터넷 라디오 쇼 〈쿠킹 이슈즈 Cooking Issues〉에서 진행자도 맡고 있다.

어느 날 저녁, 부커 앤드 닥스의 메뉴에 메스칼 mescal ●●, 샤르트뢰즈 chartreuse ●●●, 쿠앵트로 cointreau ●●●●, 라임으로 만든 마르가리타가 포함되었다. 전형적인 단맛과 짠맛과 신맛의 효과가 더 풍부하면서 가벼워진 것처럼 보였다. 원심분리기를 사용해 진과 그레이프프루트 주스 혼합물을 만들었는데, 원심분리기는 과일에서 투명하고 가벼운 즙만

●● 용설란으로 만든 증류주.
●●● 브랜디와 약초를 섞어 만든 노란색 술.
●●●● 오렌지 풍미가 감도는 무색의 리큐어.

추출했다. 슈어베트Sure Bet라는 술에는 럼 혼합주, 까막까치밥나무 열매로 만든 리큐어 크렘 드 뮈르Crème de mure, 노릇노릇하게 구운 아몬드 시럽, 레몬, 달걀 흰자위 등이 포함돼 있었다. 하지만 주 재료는 라벤더였다. 메뉴에는 "라벤더를 좋아하는 사람은 이 술을 사랑하게 될 겁니다"라고 소개돼 있었다.

아널드는 바텐더들과 함께 슈어베트가 너무 심한 게 아닌지를 놓고 오랫동안 토론을 벌였다고 말했다. 슈어베트는 다이키리 잔에 담겨 나왔는데, 우유처럼 뿌옇고 핑크빛이 감도는 라벤더 색을 띠었고, 위에는 가벼운 거품이 일고, 냄새가 강한 목욕용 비누 같은 향을 내뿜었다. 그것은 술과 비누의 잡종처럼 보였고, 손님이 예상한 것을 뛰어넘으려고 뻔뻔하게 도전한 것 같았다. 아널드는 "토론을 하면서 나는 이 술은 균형이 잘 잡혀 있고, 잘 만들어졌으며, 맛도 좋다고 말했지요. 손님들이 모든 것을 다 좋아할 필요는 없어요"라고 말했다. "어머니 욕조를 핥는 듯한" 느낌을 받을 가능성이 있는 손님은 주문하기 전에 재료 명단을 확인하는 게 좋다.

처음에는 라벤더 향기가 약간 압도하지만, 그 향미는 최초로 훅 풍겨나오는 냄새에 비하면 약한 편이다. 한 모금 마시면 마치 커튼을 열어젖힌 것처럼 추가로 복잡성이 드러나는데, 아몬드가 레몬의 시큼한 맛과 조화를 이룬다. 혐오감을 촉발할 수 있는 것으로 시작되었지만, 갈수록 강렬하고 기억에 남을 만한 것으로 변해간다. 아널드는 왜 사람들이 예상치 못한 것과 기묘한 것을 맛있다고 느끼는지 곰곰이 생각했다. "어떤 문화의 요리 양식에서 최고봉에 해당하는 것들은 기묘하고 발효되고 그리고/혹은 쓰거나 복잡하거나 상충되는 향미들에 기초하고 있어요. 왜 그럴까요? 저는 그 이유를 모르지만, 그것은 거의 보편적으로 성립합니다. 탄산화는 발효가 잘못되고 있다는 징후로 간주되지만, 그래도 우리는 그것에 매력을 느낍니다. 썩어가는 음식을 좋아하는 사람은 아무도 없다고 이야기하지요. 하지만 제게 지금 당장 무엇을 먹고 싶으냐고 묻는다면, 지저분한 빨랫감보다 더 역겨운 냄새가 나는 치즈라고 대답할 것입니다."

그런데 아직도 많은 식품은 심심한 맛이 나도록 설계되어 만들어지고 있는데, 특히 과일과 야채 중에 그런 것이 많다. 슈퍼마켓에서 파는 일반적인 토마토는 슈퍼마켓의 상품 코너에서 눈에 잘 띄도록 품종 개량된 것이다. 선명한 빨간색을 띠고 있어 보기에 좋으며, 만져 보면 통통하고 단단한 느낌을 준다. 상자에 포장하여 멀리 운송하기에도 편리하며, 그래도 그 억센 프로필을 그대로 유지한다. 하지만 맛이 썩 좋지는 않다. 토마토의 복잡한 향미 중 많은 것은 시장과 농부의 필요를 위해 품종 개량 과정에서 제거되었다.

플로리다 대학교의 원예학 교수인 해리 클리Harry Klee는 "모든 것의 중심에 자리잡고 있는 가장 큰 문제는 농부들이 상자 속에 집어넣는 무게에 따라 돈을 지불받는다는 데 있습니다. 향미라는 측면에서는 농부와 소비자 사이에 아무런 연결 관계가 없습니다. 따라서 맛있는 토마토를 만들어야 할 인센티브를 아무도 느끼지 않는 시스템이 만들어진 것이죠"라고 말했다. 클리는 지난 세기의 토마토 역사를 파헤치려 노력하고 있는데, 과학적 방법을 사용해 잃어버린 더 단순한 시대의 더 세속적인 향미를 재현하려고 한다.

　클리는 과거의 향미를 담고 있는 에얼룸 토마토heirloom tomato● 품종을 찾기 위해 농산물 직판장과 인터넷을 샅샅이 뒤졌다. 하지만 에얼룸 토마토만으로는 맛있고 인기 있는 토마토를 만들기에 충분치 않다. 재배하고 운송하고 판매하기에도 쉬워야 한다. 클리는 종류와 맛의 다양성을 고려해 맛있고 재배하는 데 비용이 많이 들지 않는 몇몇 종류의 포트폴리오를 만들기로 마음먹었다. 그리고 동료들과 함께 에얼룸 토마토 품종을 200가지 이상 수집한 뒤, 그 DNA를 추출하여 그 유전체의 염기 서열을 분석했다. 자원자들로 이루어진 패널에 각 품종을 맛보게 하고, 그 맛의 속성을 특정 유전자와 연결지었다. 또, 에얼룸 토마토의 향미를 대량 생산된 토마토의 향미와 비교하여 어떤 향미가 빠졌으며, 그것을 어떻게 다시 살릴 수 있는지 결정했다. 클리는 "파운드당 1.5달러에 살 수 있는 맛 좋은 대량 생산 에얼룸 토마토를 만들기까지는 아직도 갈 길이 멉니다"라고 말했다. 하지만 만약

●인공적인 품종 개량을 거치지 않고 자연적으로 여러 세대를 거치면서 개량된 토마토.

성공한다면, 그 사례는 향미과학이 미래를 향해 미친 듯이 맹목적으로 질주하는 것 외에 다른 것에도 유용함을 입증할 것이다.

와인은 대량 생산 토마토와 같은 문제에 직면한 적이 한 번도 없었다. 수백 년 동안 전통과 법과 규제가 손을 잡고 와인의 일관성을 보장했다. 원산지 통제 명칭 제도는 지리적 조건이 곧 운명이라는 테루아르 개념을 바탕으로 한다. 프랑스에서 소비뇽 블랑은 반드시 보르도에서 생산되어야 하고, 샴페인은 상파뉴에서 생산되어야 한다. 하지만 이 제도를 만든 사람들은 향미를 가늠하기 힘든 방식으로 변화시키는 또 하나의 힘인 기후 변화에 대해서는 전혀 생각하지 않았다.

지난 50년 동안 프랑스에서 와인을 생산하는 지방의 평균 기온은 섭씨 2.5도가 올랐다. 이것은 이미 테루아르에 변화를 가져왔다. 대부분의 와인은 이전과 맛이 다르다. 열은 숙성을 앞당기고, 포도에는 당분이 더 많아져, 그 결과로 와인은 알코올 함량이 더 높아지고 향미도 더 강해진다. 이것은 단기적으로는 좋은 효과를 가져왔다. 하지만 한 평가에 따르면, 2050년경에는 날씨가 너무 더워서 보르도에서 소비뇽 블랑 포도를 재배하지 못할 것이라고 한다.❶ 전체 와인 산업은 지금까지 특색 있는 와인을 빚어낸 땅을 버리고 좀더 북쪽으로 이동할 것이다. 아주 다른 테루아르를 지닌 새로운 재배 지역들이 생겨날 것이다. 캐나다 온타리오 주의 새로운 와인용 포도 재배 지역에서는 겨울에 포도나무들을 땅속에 파묻는다. 그리고 만약 생장기에 서리가 내리면, 불을 피우고 거대한 선풍기로 포도나무에 연기를 씌운다. 포도원 주인들은 지구 온난화가 더 진행될 때까지 마냥 기다리고만 있을 수 없기 때문이다.❷

모든 요리는 어떤 기술적 묘기로도 저지할 수 없는 전 지구적 힘 때문에 일어나는 비슷한 변화를 겪고 있다. 2011년, 코펜하겐의 북유럽식품연구소에서 식품의 미래에 대한 심포지엄이 열렸는데, 살아 있는 개미, 벌 애벌레로 만든 마요네즈, 메뚜기와 벌집나방 애벌레를 재료로 발효시킨 생선용 소스를 시식용으로 내놓았다. 일부 사람들은 입에도 대려 하지 않았다. 하지만 많은 사람들은 곤충으로 만든 식품을 먹어보고 맛있다고 평가했다. 덴마크의 유명한 셰프 르네 레드세피 René Redzepi가 세운 이 연구소는 요리 예술을 생태학적 가치와 결합한다. 벌레 요리는 장래가 유망한 영역이다. 곤충은 대체로 지금까지 제대로 활용되지 않은 식량 자원이다. 곤충에는 단백질과 비타민을 비롯해 그 밖의 영양분이 많이 들어 있다. 곤충은 자연에서 잡을 수도 있고 사육할 수도 있으며, 곤충을 이용하는 것은 소나 돼지, 닭을 키우는 것보다 환경에 미치는 영향이 작다. 지구 온난화로 인해 가뭄과 그 밖의 생태학적 재난이 일어나기 쉬운 세계에서 언젠가는 곤충을 먹는 일이 꼭 필요해질지도 모른다.

비결은 곤충을 맛있게 만드는 데 있다. 일반적으로 역겨운 것으로 간주되던 재료를 가지고 어떻게 맛있는 음식을 만들 수 있을까? 세상에는 곤충을 먹는 사회가 많이 있지만, 유럽과 아메리카 요리에는 그런 전통이 없다. 북유럽식품연구소의 연구개발실장 벤 리드^{Ben Reade}와 연구자 조시 에번스^{Josh Evans}는 오스트레일리아로 여행해 배에 일종의 꿀을 담고 있는 개미를 시식했고, 우간다에서는 토마토, 양파, 고추를 곁들인 귀뚜라미 튀김을 점심으로 먹었다. 그들은 가장 훌륭한 벌레 레시피들을 수집해 코펜하겐으로 돌아와 이 문제를 해결하기 위해 불러모은 요리사, 과학자, 인류학자 팀과 함께 실험을 하고 조언을 구했다.

이제 향미는 모든 과학의 교차 지점에 자리잡고 있다. 향미는 주방 내부보다는 밖에서 작용하는 힘들에 더 많은 영향을 받고 있다. 하지만 요리사와 장인은 유리한 점이 한 가지 있다. 향미의 중심에 자리잡고 있는 수수께끼는 여태까지 완전히 풀린 적이 없다. 과학은 향미가 어떻게 인간의 광범위한 경험—즐거움, 기쁨, 혐오감, 통증, 기억—을 포괄할 수 있는지, 그리고 끊임없이 이것들을 조합해 새로운 음식과 새로운 음료로 뭔가 새로운 것을 만들어낼 수 있는지 아직 제대로 설명하지 못했다. 향미가 지닌 변화무쌍한 속성은 기후 변화와 함께 닥쳐올 식품의 대변화—그리고 생명공학으로 설계한 미래의 식품—에 우리가 적응하는 데 도움을 줄 것이다. 하지만 신경과학자들이 신호를 발사하는 신경세포와 호르몬 신호의 지도를 만들 수는 있어도, 이러한 노력들은 조야한 스케치에 불과하다. fMRI 스캔이 향미와 느낌과 기분과 연관이 있다고 알려주는 깜박이는 상들은, 과학자들이 이제 겨우 들여다보기 시작한 마음과 행동의 계들을 지탱하는 임시적인 비계飛階에 지나지 않는다.

책을 만들기 위한 기획은 사소한 아이디어에서 시작해 결승점을 향해 달려가는 도중에 주변에서 추진력과 지원과 도움을 많이 얻는다. 몇 달 동안 보고하고 연구하고 글을 쓰는 내내 한결같은 지원을 아끼지 않은 내 아내 트리시 클레이와 내 아이들 매슈와 해나에게 고마움을 표시하고 싶다. 이 글을 쓰는 동안 세상을 떠난 어머니 테레사 매퀘이드에게도 감사드린다. 어머니는 평생 동안 사랑과 격려를 아끼지 않으셨고, 나는 지금도 계속 그 사랑과 격려에 의지해 살아간다. 내 에이전트 크리스 달의 비판적인 눈은 미약한 아이디어가 완전한 책 출간 기획으로 발전하도록 도와주었다. 컨스턴스 존스와 노먼 오더는 이야기를 어떻게 전개해야 할지 구상하는 데 소중한 조언을 제공했다. 이 책을 믿고 열정적으로 지원해준—그리고 끝마칠 수 있도록 채찍질해준—콜린 해리슨에게 감사드린다. 리제 마이어는 투박하고 어지러운 초고를 읽을 만한 이야기로 탈바꿈하는 재주를 보여주었다. 윌 스테일레와 벤저민 홈스를 비롯해 이 책이 빛을 보도록 도움을 준 스크리브너 출판사의 다른 분들에게도 감사드린다. 과학자와 요리사를 비롯해 많은 사람들은 인내심을 갖고 복잡한 연구와 견해를 내게 설명해주었다. 그분들의 이름을 열거하면 다음과 같다. 데이브 아널드, 켄트 베리지, 조 브리클리, 에드 커리, 데니스 드레이나, 레이철 더턴, 댄 펠더, 윌리엄 레너드, 카일 파머, 질 프루츠, 대니엘 리드, 닉 리바, 리오르 레브 세카르즈, 고든 셰퍼드. 뉴욕으로 여러 차례 연구차 여행을 떠났을 때, 테드 쟁어와 비키 이스터스는 내게 침대를 제공하고 활기 넘치는 친구가 되어주었다. 부커 앤드 닥스를 방문하게 해준 마이클 캐힐에게도 감사드린다. 에릭 루빈은 중요한 시점마다 담배와 술을 제공했다. 늦은 시간까지 글을 쓴 많은 밤, 케이블 방송에 〈팀 아메리카: 세계 경찰Team America: World Police〉이 계속 재방송되면서 내게 좋은 휴식을 제공했다. 그래서 감사의 글에서 마지막 인사는 이 영화를 제작한 트레이 파커와 맷 스톤에게 보낸다.

1장 혀 지도

1. S. S. Stevens, "Edwin Garrigues Boring: 1886 – 1968: Biographical Memoir," National Academy of Sciences (1973).

2. Harvard University Department of Psychology website, http://www.isites.harvard.edu/icb/icb.do?keyword=k3007&panel=icb.pagecontent44003%3Ar%241%3Fname%3Dhistoricprofs.html&pageid=icb.page19708&pageContentId=icb.pagecontent44003&view=view.do&viewParam_name=boring.html#a_icb_pagecontent44003.

3. Edwin G. Boring, *Sensation and Perception in the History of Experimental Psychology* (New York: Appleton–Century–Crofts, Inc., 1942), 452.

4 Linda M. Bartoshuk, "The biological basis of food perception and acceptance," *Food Quality and Preference*, no. 4 (1993): 21 – 32.

5. Virginia B. Collings, "Human taste response as a function of locus of stimulation on the tongue and soft palate," *Perception and Psychophysics* 16, no. 1 (1973): 169 – 74.

6. Jayaram Chandrashekar, Mark A. Hoon, Nicholas J. P. Ryba, and Charles S. Zuker, "The receptors and cells for mammalian taste," *Nature* 444, no. 7117 (2006): 288 – 94, doi:10.1038/nature05401.

7. Robert Simonson, "House of Glass: How Georg Riedel has changed the way we have a drink," *Imbibe*(January/February 2009), https://imbibemagazine.com/Characters–Georg–Riedel.

8. Plato, *Timaeus*, trans. Benjamin Jowett, MIT Internet Classics Archive, http://classics.mit.edu/Plato/timaeus.html.

9. Carolyn Korsmeyer, *Making Sense of Taste: Food and Philosophy* (Ithaca, NY: Cornell University Press, 1999), 26; Korsmeyer, "Delightful, Delicious, Disgusting," *Journal of Aesthetics and Art Criticism* 60, no. 3 (2009): 217 – 25; Korsmeyer, "Disputing taste," TPM (2nd quarter 2009): 70 – 76. 코스마이어의 연구는 이 주제에 대해 훌륭한 탐구를 제공한다.

10. Miguel de Cervantes, *Don Quixote*, trans. Edith Grossman (New York: HarperCollins, Kindle Edition, 2009), Kindle location 11884.

11. *Stanford Encyclopedia of Philosophy*, s.v. Alcmaeon, http://plato.stanford.edu/entries/alcmaeon/; Democritus: Stanley Finger, *Origins of Neuroscience: A History of Explorations into Brain Function* (Oxford, UK: Oxford University Press, 2001), 165.

12. Birgit Heyn, *Ayurveda: The Indian Art of Natural Medicine and Life Extension* (Rochester, VT: Healing Arts Press, 1990), 91 – 93.

13. Finger, *Origins of Neuroscience*, 166.

14. Nobel Prize website, http://www.nobelprize.org/nobel_prizes/medicine/laureates/2004/.

15 Nicholas Ryba, interview.

16. Mark A. Hoon, Elliot Adler, Jurgen Lindemeier, James F. Battey, Nicholas J. P. Ryba, and Charles S. Zuker, "Putative mammalian taste receptors: a class of taste–specific GPCRs with distinct topographic selectivity," *Cell* 96 (1999): 541 – 51.

17. Mbemba Jabbi, Marte Swart, and Christian Keysers, "Empathy for positive and negative emotions in the gustatory cortex," *NeuroImage* 34, no. 4 (2007): 1744 – 53, doi:10.1016/j.neuroimage.2006.10.032; Mbemba Jabbi, Jojanneke Bastiaansen, Christian Keysers, "A common anterior insula representation of disgust observation, experience, and imagination shows divergent functional connectivity pathways," *PloS One* 3, no. 8 (2008): e2939, doi:10.1371/journal.pone.0002939.

18. Julie A. Mennella, Coren P. Jagnow, and Gary K. Beauchamp, "Prenatal and postnatal flavor learning by human infants," *Pediatrics* 107, no. 6 (2001): e88, doi:10.1542/peds.107.6.e88.

19. Alison Gopnik, Andrew N. Meltzoff, and Patricia K. Kuhl, *The Scientist in the Crib: What Early Learning Tells Us About the Mind* (New York: HarperCollins, 2000), 186.

2장 맛의 탄생

1. Mark A. S. McMenamin, "Origin and Early Evolution of Predators: The Ecotone Model and Early Evidence for Macropredation," in *Predator-Prey Interactions in the Fossil Record*, eds. Patricia H. Kelley, Michal Kowalewski, and Thor A. Hansen (New York: Kluwer Academic/Plenum Publishers, 2003), 379 – 98.

2. University of California Museum of Paleontology website, http://www.ucmp.berkeley.edu/cambrian/camblife.html.

3. Robert M. Dores, "Hagfish, genome duplications, and RFamide neuropeptide evolution," *Endocrinology* 152, no. 11 (2011): 4010 – 13, doi:10.1210/en.2011–1694.

4. John Morgan Allman, *Evolving Brains* (New York: Scientific American Library, 2000), 76. 올먼의 책은 생명의 역사 전체를 통해 뇌가 어떻게 진화했는지 아주 훌륭하게 탐구한 결과를 제시한다. Helmut Wicht and R. Glenn Northcutt, "Telencephalic connections in the Pacific Hagfish(Eptatretus stouti), with special reference to the thalamopallial system," *The Journal of Comparative Neurology* 260 (1998): 245 – 60; R. Glenn Northcutt, "Understanding vertebrate brain evolution," *Integrative and Comparative Biology* 42, no. 4 (2002): 743 – 56, doi:10.1093/icb/42.4.743.

5. Seth D. Burgessa, Samuel Bowringa, and Shu–zhong Shen, "High–precision timeline for Earth's most severe extinction," *Proceedings of the National Academy of Sciences* 111, no. 9 (2014): 3316 – 21, doi: 10.1073/pnas.1317692111.

6. High–Resolution X–ray Computed Tomography Facility at the University of Texas at Austin website, http://www.ctlab.geo.utexas.edu/.

7. Timothy B. Rowe, Thomas E. Macrini, and Zhe–Xi Luo, "Fossil evidence on origin of the mammalian brain," *Science* 332, no. 6032 (2011): 955 – 57, doi:10.1126/science.1203117.

8. Yoav Gilad, Victor Wiebe, Molly Przeworski, Doron Lancet, Svante Pääbo, "Loss of olfactory receptor genes coincides with the acquisition of full trichromatic vision in primates," *PLoS Biology* 2, no. 1 (2004): E5, doi:10.1371/journal.pbio.0020005.

9. B. C. Regan, C. Julliot, B. Simmen, F. Viénot, P. Charles–Dominique, and J. D. Mollon, "Frugivory and colour vision in *Alouatta seniculus*, a trichromatic platyrrhine monkey," *Vision Research* 38 (1998): 3321 – 27; B. C. Regan, C. Julliot, B. Simmen, F. Viénot, P. Charles–Dominique, and J. D. Mollon, "Fruits, foliage and the evolution of primate colour vision," *Philosophical Transactions of the Royal Society B:Biological Sciences* 356, no. 1407 (2001): 229 – 83, doi:10.1098/rstb.2000.0773.

10. N. J. Dominy, J. C. Svenning, and W. H. Li, "Historical contingency in the evolution of primate color vision," *Journal of Human Evolution* 44, no. 1 (2003): 25 – 45, doi:10.1016/S0047–2484(02)00167–7.

11. Allman, *Evolving Brains*, 176.

12. Ibid., 128.

13. Seth D. Dobson and Chet C. Sherwood, "Correlated evolution of brain regions involved in producing and processing facial expressions in anthropoid primates," *Biology Letters* 7, no. 1 (2011): 86 – 88, doi:10.1098/rsbl.2010.0427.

14. Naama Goren–Inbar, Nira Alperson, Mordechai E. Kislev, Orit Simchoni, Yoel Melamed, Adi Ben–Nun, and Ella Werker, "Evidence of hominin control of fire at Gesher Benot Ya'aqov, Israel," *Science* 304, no. 5671 (2004): 725 – 27, doi:10.1126/science.1095443.

15. Nira Alperson–Afil, Gonen Sharon, Mordechai Kislev, Yoel Melamed, Irit Zohar, Shosh Ashkenazi,

Rivka Rabinovich, Rebecca Biton, Ella Werker, Gideon Hartman, Craig Feibel, and Naama Goren–Inbar, "Spatial organization of hominin activities at Gesher Benot Ya'aqov, Israel," *Science* 326 (2009): 1677 – 79, doi:10.1126/science.1180695.

16. Celia W. Dugger and John Noble Wilford, "New Hominid Species Discovered in South Africa," *New York Times*, April 8, 2010, http://www.nytimes.com/2010/04/09/science/09fossil.html.

17. Amanda G. Henry, Peter S. Ungar, Benjamin H. Passey, Matt Sponheimer, Lloyd Rossouw, Marion Bamford, Paul Sandberg, Darryl J. de Ruiter, and Lee Berger, "The diet of *Australopithecus sediba*," *Nature* 487 (2012): 90 – 93, doi:10.1038/nature11185.

18. Hansell H. Stedman, Benjamin W. Kozyak, Anthony Nelson, Danielle M. Thesier, Leonard T. Su, David W. Low, Charles R. Bridges, Joseph B. Shrager, Nancy Minugh–Purvis, and Marilyn A. Mitchell, "Myosin gene mutation correlates with anatomical changes in the human lineage," *Nature* 428, no. 6981 (2004): 415 – 18, doi:10.1038/nature02358.

19. William R. Leonard, J. Josh Snodgrass, and Marcia L. Robertson, "Effects of brain evolution on human nutrition and metabolism," *Annual Review of Nutrition* 27 (April 2007): 311 – 27, doi:10.1146/annurev.nutr.27.061406.093659.

20. Peter S. Ungar, Frederick E. Grine, and Mark F. Teaford, "Diet in early Homo: A review of the evidence and a new model of adaptive versatility," *Annual Review of Anthropology* 35, no. 1 (2006): 209 – 28, doi:10.1146/annurev.anthro.35.081705.123153.

21. Jill Pruetz, "Brief communication: Reaction to fire by savanna chimpanzees (Pan troglodytes verus) at Fongoli, Senegal; Conceptualization of 'fire behavior' and the case for a chimpanzee model," *American Journal of Physical Anthropology* 141, no. 4 (2010): 646 – 50, doi: 10.1002/ajpa.21245. Pruetz, interview.

22. E. Sue Savage–Rumbaugh and Roger Lewin, *Kanzi: The Ape at the Brink of the Human Mind* (New York: John Wiley, 1994), 142.

23. Karina Fonseca–Azevedo and Suzana Herculano–Houzel, "Metabolic constraint imposes tradeoff between body size and number of brain neurons in human evolution," *Proceedings of the National Academy of Sciences* 109, no. 45(2012): 18571 – 76, doi:10.1073/pnas.1206390109.

24. Richard Wrangham, *Catching Fire: How Cooking Made Us Human* (New York: Basic Books, Kindle Edition, 2009), Kindle location 888.

25. Daniel E. Lieberman, *The Evolution of the Human Head* (Cambridge, MA: The Belknap Press of Harvard University Press, 2011), 399 – 409. 이 주제를 훌륭하게 논의한 글은 Gordon M. Shepherd, *Neurogastronomy: How the Brain Creates Flavor and Why It Matters* (New York: Columbia University Press, 2012), chapter 26도 참고하라.

26. Allman, *Evolving Brains*, 173; R. I. M. Dunbar and Suzanne Shultz, "Evolution in the social brain," *Science* 317 (2007): 1344 – 47, doi:10.1126/science .1145463.

27. Richard Potts, interview; Richard Potts, "Evolution and environmental change in early human prehistory," *Annual Review of Anthropology* 41 (June 2012): 151 – 68, doi:10.1146/annurev-anthro-092611–145754; Richard Potts, "Hominin evolution in settings of strong environmental variability," *Quaternary Science Reviews* 73 (2013): 1 – 13, doi: 10.1016/j.quascirev.2013.04.003; Richard Potts, "Environmental hypotheses of hominin evolution," *Yearbook of Physical Anthropology* 41(1998): 93 – 136.

28. M. Royhan Gani and Nahid D. S. Gani, "Tectonic hypotheses of human evolution," *Geotimes* (January, 2008), http://www.geotimes.org/jan08/article.html?id=feature_evolution.html.

3장 쓴맛 유전자

1. David Lauter, "Bush Says It's Broccoli, and He Says . . . With It," *Los Angeles Times*, March 23, 1990, http://articles.latimes.com/1990–03–23/news/mn–705_1_barbara–bush.

2. "Bush forced to face green nemesis in Mexico," Reuters, February 16, 2001, http://www.iol.co.za/news/world/bush–forced–to–face–green–nemesis–in–mexico–1.61185?ot=inmsa.ArticlePrintPage-Layout.ot.

3. Hanah A. Chapman and Adam K. Anderson, "Understanding disgust," *Annals of the New York Academy of Sciences* 1251 (2012): 62 – 76, doi:10.1111/j.1749–6632.2011.06369.x.

4. Thomas Hofmann, "Identification of the key bitter compounds in our daily diet is a prerequisite for the understanding of the hTAS2R gene polymorphisms affecting food choice," *Annals of the New York Academy of Sciences* 1170 (July 2009): 116 – 25, doi:10.1111/j.1749–6632.2009.03914.x.

5. Arthur L. Fox, "The relationship between chemical constitution and taste," *Proceedings of the National Academy of Sciences* 18 (1932): 115 – 20.

6. J. D. Ratcliff, "It's All a Matter of Taste," *The Herald of Health* (May 1963): 16 – 17, 25.

7. Mendel University in Brno website, http://www.mendelu.cz/en/o_univerzite/historie/j_g_mendel.

8. Fox, "The relationship between chemical constitution and taste," 115.

9. Linda M. Bartoshuk, Katharine Fast, and Derek J. Snyder, "Genetic Differences in Human Oral Perception," in *Genetic Variation in Taste Sensitivity*, eds. John Prescott and Beverly Tepper (New York: Marcel Dekker, 2004), 1.

10. Nathaniel Comfort, "'Polyhybrid heterogeneous bastards': promoting medical genetics in 1930s America," *Journal of the History of Medicine and Allied Sciences* 61, no. 4 (2006): 415 – 55.

11. Norma Ford and Arnold D. Mason, "Taste reactions of the Dionne quintuplets," *The Journal of Heredity* 32, no. 10 (1941): 365 – 68.

12. Dennis Gaffney, "The Story of the Dionne Quintuplets," *Antiques Roadshow*, March 23, 2009, http://www.pbs.org/wgbh/roadshow/fts/wichita_200803A12.html.

13. C. W. W. Ostwald, *An Introduction to Theoretical and Applied Colloid Chemistry: The World of Neglected Dimensions* (New York: John Wiley, 1917).

14. Francisco López–Muñoz and Cecilio Alamo, "Historical evolution of the neurotransmission concept," *Journal of Neural Transmission* 116 (2009): 515 – 33.

15. 수용기는 생물에게 입이나 뇌가 생기기 훨씬 전, 적어도 15억 년 전에 기본적인 문제에 대한 천재적인 해결책으로 처음 나타난 특별한 단백질이다. 기본적인 문제란, 미생물이 주변에서 무슨 일이 일어나는지 파악할 필요가 있다는 문제였는데, 그래야 영양 물질이나 빛을 감지하고 독소를 피할 수 있기 때문이다. 그러다가 약 10억 년 뒤에 다세포 생물이 나타나자, 수용기는 더 진화하게 되었다. 신체는 밖으로는 끊임없는 세계의 변화에 대처해야 했지만, 내부적으로는 소화와 호흡을 비롯해 여러 가지 신체 기능을 담당하는 계들이 신체 내부와 서로 사이, 그리고 뇌와 커뮤니케이션을 해야 했다. 각각의 새로운 임무는 미천한 수용기를 새로운 방향으로 진화하게 했는데, 그 결과로 수천 가지 일을 처리하는 화학적 구조들이 생겨났다.

16. Chandrashekar, Hoon, Ryba, and Zuker, "The receptors and cells for mammalian taste," 288; Monell Chemical Senses Center website, Monell Taste Primer, http://www.monell.org/news/fact_sheets/monell_taste_primer.

17. Jayaram Chandrashekar, Ken L. Mueller, Mark A. Hoon, Elliot Adler, Luxin Feng, Wei Guo, Charles S. Zuker, and Nicholas J. P. Ryba, "T2Rs function as bitter taste receptors," *Cell* 100 (2000): 703 – 11.

18. Dennis Drayna, Hilary Coon, Un–Kyung Kim, Tami Elsner, Kevin Cromer, Brith Otterud, Lisa Baird,

Andy P. Peiffer, and Mark Leppert, "Genetic analysis of a complex trait in the Utah Genetic Reference Project: A major locus for PTC taste ability on chromosome 7q and a secondary locus on chromosome 16p," *Human Genetics* 112 (2003): 567 – 72.

19. Stephen Wooding, "Phenylthiocarbamide: A 75–year adventure in genetics and natural selection," *Genetics* 172 (2006): 2015 – 23.

20. Stephen Wooding, Bernd Bufe, Christina Grassi, Michael T. Howard, Anne C. Stone, Maribel Vazquez, Diane M. Dunn, Wolfgang Meyerhof, Robert B. Weiss, and Michael J. Bamshad, "Independent evolution of bitter–taste sensitivity in humans and chimpanzees," *Nature* 440 (2006): 930 – 34, doi:10.1038/nature04655.

21. Carles Lalueza–Fox, Elena Gigli, Marco de la Rasilla, Javier Fortea, and Antonio Rosas, "Bitter taste perception in Neanderthals through the analysis of the TAS2R38 gene," *Biology Letters* 5, no. 6 (2009): 809 – 11, doi:10.1098/rsbl.2009.0532.

22. Qiaomei Fu, Alissa Mittnik, Philip L. F. Johnson, Kirsten Bos, Martina Lari, Ruth Bollongino, Chengkai Sun, Liane Giemsch, Ralf Schmitz, Joachim Burger, Anna Maria Ronchitelli, Fabio Martini, Renata G. Cremonesi, Jiri Svoboda, Peter Bauer, David Caramelli, Sergi Castellano, David Reich, Svante Paabo, and Johannes Krause, "A revised timescale for human evolution based on ancient mitochondrial genomes," *Current Biology* 23, no. 7 (2013): 553 – 59, doi:10.1016/j.cub.2013.02.044; Aylwyn Scally and Richard Durbin, "Revising the human mutation rate: Implications for understanding human evolution," *Nature Reviews: Genetics* 13, no. 10 (2012): 745 – 53, doi:10.1038/nrg3295.

23. Richard Wrangham, "Cooking as a biological trait," *Comparative Biochemistry and Physiology—Part A: Molecular & Integrative Physiology* 136, no. 1 (2003): 35 – 46, doi:10.1016/S1095–6433(03)00020–5.

24. Lev A. Zhivotovsky, Noah A. Rosenberg, and Marcus W. Feldman, "Features of evolution and expansion of modern humans, inferred from genomewide microsatellite markers," *American Journal of Human Genetics* 72 (2003): 1171 – 86.

25. Marta Melé, Asif Javed, Marc Pybus, Pierre Zalloua, Marc Haber, David Comas, Mihai G. Netea, Oleg Balanovsky, Elena Balanovska, Li Jin, Yajun Yang, R. M. Pitchappan, G. Arunkumar, Laxmi Parida, Francesc Calafell, Jaume Bertranpetit, and The Genographic Consortium, "Recombination gives a new insight in the effective population size and the history of the Old World human populations," *Molecular Biology and Evolution* 29 (2011): 25 – 40.

26. Sun–Wei Guo and Danielle R. Reed, "The genetics of phenylthiocarbamide perception," *Annals of Human Biology* 28, no. 2 (2012): 111 – 42.

27. Nicole Soranzo, Bernd Bufe, Pardis C. Sabeti, James F. Wilson, Michael E. Weale, Richard Marguerie, Wolfgang Meyerhof, and David B. Goldstein, "Positive selection on a high–sensitivity allele of the human bitter–taste receptor TAS2R16," *Current Biology* 15, no. 14 (2005): 1257 – 65, doi:10.1016/j.cub.2005.06.042. 더 최근의 연구는 Hui Li, Andrew J. Pakstis, Judith R. Kidd, Kenneth K. Kidd, "Selection on the human bitter taste gene, TAS2R16, in Eurasian populations," *Human Biology* 83, no. 3 (2011): 363 – 77, doi:10.3378/027.083.0303를 참고하라.

28. Bartoshuk, "The biological basis of food perception and acceptance," 28 – 29.

29. Robert J. Lee, Guoxiang Xiong, Jennifer M. Kofonow, Bei Chen, Anna Lysenko, Peihua Jiang, Valsamma Abraham, Laurel Doghramji, Nithin D. Adappa, James N. Palmer, David W. Kennedy, Gary K. Beauchamp, Paschalis–Thomas Doulias, Harry Ischiropoulos, James L. Kreindler, Danielle R. Reed, and Noam A. Cohen, "T2R38 taste receptor polymorphisms underlie susceptibility to upper respiratory infection," *The Journal of Clinical Investigations* 122, no. 11 (2012): 4145 – 59, doi:10.1172/JCI64240DS1.

30. Timothy Johns and Susan L. Keen, "Taste evaluation of potato glycoalkaloids by the Aymara: A case study in human chemical ecology," *Human Ecology* 14, no. 4 (1986): 437 – 52.

4장 향미 문화

1. Phil Baker, *The Book of Absinthe: A Cultural History* (New York: Grove Press, Kindle Edition, 2007), Kindle location 187 – 90; Jesse Hicks, "The Devil in a Little Green Bottle: A History of Absinthe," *Chemical Heritage Magazine* (Fall 2010), http://www.chemheritage.org/discover/media/magazine/articles/28-3-devil-in-a-little-green-bottle.aspx?page=1.

2. Dirk W. Lachenmeier, David Nathan-Maister, Theodore A. Breaux, Eva-Maria Sohnius, Kerstin Schoeberl, and Thomas Kuballa, "Chemical composition of vintage preban absinthe with special reference to thujone, fenchone, pinocamphone, methanol, copper, and antimony concentrations," *Journal of Agricultural and Food Chemistry* 56, no. 9 (2008): 3073 – 81, doi:10.1021/jf703568f.

3. Harold McGee, *On Food and Cooking: The Science and Lore of the Kitchen* (New York: Scribner, 2004), 759.

4. Patrick McGovern, *Uncorking the Past: The Quest for Wine, Beer and Other Alcoholic Beverages* (Berkeley: University of California Press, Kindle Edition, 2009), Kindle location 300.

5. P. Veiga-Crespo, M. Poza, M. Prieto-Alcedo, and T. G. Villa, "Ancient genes of Saccharomyces cerevisiae," *Microbiology* 150, pt. 7 (2004): 2221 – 27, doi:10.1099/mic.0.27000-0.

6. Irene Stefaninia, Leonardo Dapporto, Jean-Luc Legras, Antonio Calabretta, Monica Di Paola, Carlotta De Filippo, Roberto Viola, Paolo Capretti, Mario Polsinelli, Stefano Turillazzi, and Duccio Cavalieri, "Role of social wasps in Saccharomyces cerevisiae ecology and evolution," *Proceedings of the National Academy of Sciences* 109, no. 33 (2012): 13398 – 403, doi:10.1073/pnas.1208362109/-/DCSupplemental. http://www.pnas.org/cgi/doi/10.1073/pnas.1208362109.

7. Dustin Stephens and Robert Dudley, "The Drunken Monkey Hypothesis," *Natural History* (December 2004 – January 2005): 40 – 44.

8. Robert Dudley, "Ethanol, fruit ripening, and the historical origins of human alcoholism in primate frugivory," *Integrative and Comparative Biology* 44, no. 4 (2004): 315 – 23, doi:10.1093/icb/44.4.315.

9. McGovern, *Uncorking the Past*, Kindle location 449 – 85. 나는 영장류의 음주와 최초의 알코올 음료에 관한 맥거번의 흥미진진한 이야기에서 많은 도움을 받았다.

10. Laura Anne Tedesco, "Jiahu (ca. 7000 – 5700 BC)" in *Heilbrunn Timeline of Art History* (New York: The Metropolitan Museum of Art, 2000), http://www.metmuseum.org/toah/hd/jiah/hd_jiah.htm.

11. Patrick E. McGovern, Juzhong Zhang, Jigen Tang, Zhiqing Zhang, Gretchen R. Hall, Robert A. Moreau, Alberto Nunez, Eric D. Butrym, Michael P. Richards, Chen-shan Wang, Guangsheng Cheng, Zhijun Zhao, and Changsui Wang, "Fermented beverages of pre- and proto-historic China," *Proceedings of the National Academy of Sciences* 101, no. 51 (2004): 17593 – 98, doi:10.1073/pnas.0407921102.

12. Ruth Bollongino, Joachim Burger, Adam Powell, Marjan Mashkour, Jean-Denis Vigne, and Mark G. Thomas, "Modern taurine cattle descended from small number of Near-Eastern founders," *Molecular Biology and Evolution* 29, no. 9 (2012): 2101 – 4, doi:10.1093/molbev/mss092.

13. Yuval Itan, Adam Powell, Mark A. Beaumont, Joachim Burger, Mark G. Thomas, "The origins of lactase persistence in Europe," *PLoS Computational Biology* 5, no. 8(2009): e1000491, doi:10.1371/journal.pcbi.1000491.

14. Richard P. Evershed, Sebastian Payne, Andrew G. Sherratt, Mark S. Copley, Jennifer Coolidge, Duska Urem-Kotsu, Kostas Kotsakis, Mehmet Özdoğan, Aslý E. Özdoğan, Olivier Nieuwenhuyse, Peter M. M. G. Akkermans, Douglass Bailey, Radian-Romus Andeescu, Stuart Campbell, Shahina Farid, Ian Hodder, Nurcan Yalman, Mihriban Özbaşaran, Erhan Bı.akcı, Yossef Garfinkel, Thomas Levy, and Margie M. Burton, "Earliest date for milk use in the Near East and southeastern Europe linked to cattle herding," *Nature* 455, no. 7212(2008): 528 – 31, doi:10.1038/nature07180.

15 Melanie Salque, Peter I. Bogucki, Joanna Pyzel, Iwona Sobkowiak–Tabaka, Ryszard Grygiel, Marzena Szmyt, and Richard P. Evershed, "Earliest Evidence for Cheese Making in the Sixth Millennium," *Nature* 493 (2013): 522 – 25, doi:10.1038/nature11698.

16. P. L. H. McSweeney, ed., *Cheese Problems Solved* (Cambridge, UK: Woodhead Publishing Ltd., 2007), 50.

17. Paul S. Kinstedt, *Cheese and Culture: A History of Cheese and Its Place in Western Civilization* (White River Junction, VT: Chelsea Green, 2012). 나는 이와 관련된 내용은 치즈의 진화에 대해 완전하게 기술한 이 책에 의존했다.

18. John G. Gibbons, Leonidas Salichos, Jason C. Slot, David C. Rinker, Kriston L. McGary, Jonas G. King, Maren A. Klich, David L. Tabb, W. Hayes McDonald, and Antonis Rokas, "The evolutionary imprint of domestication on genome variation and function of the filamentous fungus Aspergillus oryzae," *Current Biology* 22 (2012): 1403 – 9, doi:10.1016/j.cub.2012.05.033.

19. Jean Anthelme Brillat–Savarin, *The Physiology of Taste: Or Meditations on Transcendental Gastronomy*, trans. M. F. K. Fisher (New York: Vintage electronic edition, 2009), Kindle location 1838.

20. Gerrit Smit, Bart A. Smit, and Wim J. M. Engels, "Flavour formation by lactic acid bacteria and biochemical flavour profiling of cheese products," *FEMS Microbiology Reviews* 29, no. 3 (2005): 591 – 610, doi:10.1016/j.femsre.2005.04.002.

21. Kirsten Shepherd–Barr and Gordon M. Shepherd, "Madeleines and neuromodernism: Reassessing mechanisms of autobiographical memory in Proust," *Auto/Biography Studies* 13 (1998): 39 – 59.

22. Xiaoke Chen, Mariano Gabitto, Yueqing Peng, Nicholas J. P. Ryba, Charles S. Zuker, "A gustotopic map of taste qualities in the mammalian brain," *Science* 333(2011): 1262 – 65.

23. A. D. (Bud) Craig, "How do you feel—now? The anterior insula and human awareness," *Nature Reviews: Neuroscience* 10, no. 1 (2009): 59 – 70, doi:10.1038/nrn2555.

24. Morten L. Kringelbach, "The human orbitofrontal cortex: Linking reward to hedonic experience," *Nature Reviews: Neuroscience* 6 (2005): 691 – 702, doi:10.1038/nrn1748.

25. Clara McCabe and Edmund T. Rolls, "Umami: A delicious flavor formed by convergence of taste and olfactory pathways in the human brain," *European Journal of Neuroscience* 25, no. 6 (2007): 1855 – 64, doi:10.1111/j.1460–9568.2007.05445.x.

26. Christian H. Lemon, Susan M. Brasser, and David V. Smith, "Alcohol activates a sucrose–responsive gustatory neural pathway," *Journal of Neurophysiology* 92, no. 1 (2004): 536 – 44, doi:10.1152/jn.00097.2004.

27. Alex Bachmanov, Monell Chemical Senses Center, interview.

28. Amy Coombs, "Scientia Vitis: Decanting the Chemistry of Wine Flavor," *Chemical Heritage Magazine* (Winter 2008 – 09), http://www.chemheritage.org/discover/media/magazine/articles/26–4–scientia–vitis.aspx.

29. Richard J. Stevenson and Robert A. Boakes, "Sweet and Sour Smells: Learned Synesthesia Between the Senses of Taste and Smell," in *The Handbook of Multisensory Processes,* eds. Gemma A. Calvert, Charles Spence, and Barry E. Stein (Cambridge, MA: MIT Press, 2004), 69 – 83.

30. Julia Simner, "Beyond perception: Synaesthesia as a psycholinguistic phenomenon," *Trends in Cognitive Sciences* 11, no. 1 (2007): 23 – 29, doi:10.1016/j.tics.2006.10.010.

31. Jamie Ward and Julia Simner, "Lexical–gustatory synaesthesia: Linguistic and conceptual factors," *Cognition* 89, no. 3 (2003): 237 – 61, doi:10.1016/S0010–0277(03)00122–7.

32. Julien D'Huy, "Polyphemus (Aa. Th. 1137): A phylogenetic reconstruction of a prehistoric tale," *Nouvelle Mythologie Comparée* 1 (2013): 1 – 21.

33. Homer, *The Odyssey*, trans. Robert Fagles (New York: Penguin Classics, electronic edition, 2002), Kindle location 5674.

5장 유혹

1. Ayako Koizumi, Asami Tsuchiya, Ken-ichiro Nakajima, Keisuke Ito, Tohru Terada, Akiko Shimizu-Ibuka, Lo.c Briand, Tomiko Asakura, Takumi Misaka, and Keiko Abe, "Human sweet taste receptor mediates acid-induced sweetness of miraculin," *Proceedings of the National Academy of Sciences* 108, no. 40 (2011): 16819−24, doi:10.1073/pnas.1016644108.

2. Patty Neighmond, "Chemo Can Make Food Taste Like Metal: Here's Help," *Morning Edition*, NPR, April 7, 2014, http://www.npr.org/2014/04/07/295800503/chemo-can-make-food-taste-like-metal-heres-help; Marlene K. Wilken and Bernadette A. Satiroff, "Pilot study of 'Miracle Fruit' to improve food palatability for patients receiving chemotherapy," *Clinical Journal of Oncology Nursing* 16, no. 5 (2012): E173−E177, doi:10.1188/12.CJON.E173−E177.

3. Credit Suisse Research Institute, "Sugar Consumption at a Crossroads" (2013), 4.

4. Centers for Disease Control and Prevention, "Number (in Millions) of Civilian, Noninstitutionalized Persons with Diagnosed Diabetes, United States, 1980−2011," http://www.cdc.gov/diabetes/statistics/prev/national/figpersons.htm.

5. Asvaghosha, "The Buddhacarita (Life of Buddha)," in *Buddhist Mahāyāna Texts*, trans. E. B. Cowell, F. Max Muller, and J. Takakusu (New York: Dover Publications, 1969), 166; Sanjida O'Connell, *Sugar: The Grass That Changed the World* (London: Virgin Books, 2004), 9.

6. Tim Richardson, *Sweets: A History of Candy* (New York: Bloomsbury, 2002), Kindle location 1101−4.

7. Richardson, *Sweets*, Kindle location 1125.

8. John Kieschnick, *The Impact of Buddhism on Chinese Material Culture* (Princeton, NJ: Princeton University Press, 2003), 249−54.

9. Rachel Laudan, *Cuisine and Empire: Cooking in World History* (Berkeley: University of California Press, 2013), Kindle location 3085−87.

10. *The Oxford English Dictionary* (Oxford, UK: Oxford University Press, Compact Edition, 1980), 3343−44.

11. Sidney Mintz, *Sweetness and Power: The Place of Sugar in Modern History* (New York: Penguin Books, 1985), 99, 82.

12. *OED*, 2120.

13. J. H. Galloway, *The Sugar Cane Industry: An Historical Geography from its Origins to 1914* (Cambridge, UK: Cambridge University Press, 1989), 63.

14. Mintz, *Sweetness and Power*, 33−34.

15. Matthew Parker, *The Sugar Barons: Family, Corruption, Empire, and War in the West Indies* (New York: Walker, 2011), Kindle location 1546−48.

16. Ivan Day, "The Art of Confectionery," in *Pleasures of the Table: Ritual and Display in the European Dining Room 1600–1900: An Exhibition at Fairfax House*, eds. Peter Brown and Ivan Day (New York: New York Civic Trust, 2007).

17. Tristram Stuart, *The Bloodless Revolution: A Cultural History of Vegetarianism from 1600 to Modern Times* (New York: W. W. Norton and Company, 2007), 243−44.

18. Mintz, *Sweetness and Power*, 67, 143.

19. Daniel Carey, "Sugar, colonialism and the critique of slavery: Thomas Tryon in Barbados," *Studies on*

Voltaire and the Eighteenth Century 9 (2004): 303–21.

20. Richard O. Marshall and Earl R. Kooi, "Enzymatic conversion of D-glucose to D-fructose," *Science* 125, no. 9 (1957): 648–49; James N. BeMiller, "One hundred years of commercial food carbohydrates in the United States," *Journal of Agricultural and Food Chemistry* 57 (2009): 8125–29, doi:10.1021/jf8039236.

21. John H. Koschwanez, Kevin R. Foster, and Andrew W. Murray, "Sucrose utilization in budding yeast as a model for the origin of undifferentiated multicellularity," *PLoS Biology* 9, no. 8 (2011): e1001122, doi:10.1371/journal.pbio.1001122.

22. William James, "To Miss Frances R. Morse. Nanheim, July 10, 1901," in *Letters of William James*, ed. Henry James (Boston: Atlantic Monthly Press, 1920).

23. James Olds, "Pleasure Centers in the Brain," *Scientific American* 195, no. 4 (October 1956): 105–17, doi:10.1038/scientificamerican1056–1105.

24. James Olds and Peter Milner, "Positive reinforcement produced by electrical stimulation of septal area and other regions of rat brain," *Journal of Comparative and Physiological Psychology* 47, no. 6 (1954): 419–27.

25. Morton L. Kringelbach and Kent C. Berridge, "The functional neuroanatomy of pleasure and happiness," *Discovery Medicine* 9, no. 49 (2010): 579–87.

26. Dallas Treit and Kent C. Berridge, "A comparison of benzodiazepine, serotonin, and dopamine agents in the taste-reactivity paradigm," *Pharmacology Biochemistry and Behavior* 37, no. 21 (1990): 451–56.

27. Roy A. Wise, "The dopamine synapse and the notion of 'pleasure centers' in the brain," *Trends in Neurosciences* 3 (1980): 91–95.

28. Alan A. Baumeister, "Tulane electrical brain stimulation program: A historical case study in medical ethics," *Journal of the History of the Neurosciences* 9, no. 3 (2000):262–78.

29. Charles E. Moan and Robert G. Heath, "Septal stimulation for the initiation of heterosexual behavior in a homosexual male," *Journal of Behavioral Therapy and Experimental Psychiatry* 3 (1972): 23–30.

30. Kent C. Berridge, "Pleasures of the brain," *Brain and Cognition* 52, no. 1 (2003): 106–28, doi:10.1016/S0278–2626(03)00014–9.

31. Kent C. Berridge, Isabel L. Venier, and Terry E. Robinson, "Taste reactivity analysis of 6-hydroxydopamine-induced aphagia: Implications for arousal and anhedonia hypotheses of dopamine function," *Behavioral Neuroscience* 103, no. 1 (1989): 36–45. 도파민이 즐거움을 유발하는지 검증하기 위해 베리지는 설치류의 미소 연구로 되돌아가 쥐의 내면의 삶에 대해 기묘한 논의를 시작했다. 로이 와이즈는 도파민 없이는 쥐가 즐거움을 느낄 수 없으며, 쥐의 미소는 만족감을 전혀 의식적으로 느끼지 못하고 뇌와 근육이 자극에 대해 반응하도록 프로그래밍된 대로 움직이는 반사 작용이라고 믿었다. 그의 생각에는 일리가 있었다. 쓴맛과 마찬가지로 단맛도 자동적인 반응을 일으킨다. 갓난아기는 입술에 설탕이 닿으면 웃으며, 뇌 대부분을 제거한 동물도 마찬가지 반응을 보인다. 하지만 베리지는 쥐의 미소는 보이는 그대로라고 가정했다. 즉, 진정한 만족감의 표현으로 보았으며, 다만 도파민 외에 다른 어떤 것이 그 원인이라고 생각했다. 베리지는 기발한 실험을 고안했다. 어떤 것을 먹다가 탈이 생긴 경험이 있는 사람은 그 음식을 계속 싫어하게 된다. 이것은 학습 행동이다. 만약 쥐의 미소를 찡그림으로 변하게 함으로써 쥐에게서도 이와 똑같은 현상을 이끌어낼 수 있다면, 그것은 쥐의 표현이 멍한 반사 작용 — 조건 형성을 거부하는 — 이 아니라, 진짜 표현임을 입증할 것이라고 생각했다. 그래서 베리지는 쥐에게 도파민 차단제와 욕지기를 유발하는 약을 투여한 뒤에 설탕물을 주었다. 그러자 나중에 쥐들은 모두 설탕물을 주어도 불쾌한 표정으로 입을 벌린 채 쳐다보았다. 이제 쥐들은 설탕물을 싫어하게 된 것이다.

32. Susana Peciña and Kent C. Berridge, "Opioid site in nucleus accumbens shell mediates eating and

hedonic 'liking' for food: Map based on microinjection Fos plumes," *Brain Research* 863, nos. 1–2 (2000): 71–86.

33. Wolfram Schultz, Peter Dayan, and P. Read Montague, "A neural substrate of prediction and reward," *Science* 275, no. 5306: 1593–99, doi:10.1126/science.275.5306.1593; Wolfram Schultz, "The reward signal of midbrain dopamine neurons," *News in Physiological Science* 14 (1999): 67–71.

34. Morten L. Kringelbach and Kent C. Berridge, "The Neurobiology of Pleasure and Happiness," in *Oxford Handbook of Neuroethics*, eds. Judy Illes and Barbara J. Sahakian (Oxford, UK: Oxford University Press, 2011), 15–32.

35. Ivan E. de Araujo, Albino J. Oliveira–Maia, Tatyana D. Sotnikova, Raul R. Gainetdinov, Marc G. Caron, Miguel A. L. Nicolelis, and Sidney A. Simon, "Food reward in the absence of taste receptor signaling," *Neuron* 57, no. 6 (2008): 930–41, doi:10.1016/j.neuron.2008.01.032.

36. Walter Gratzer, "Light on Sweetness: the Discovery of Aspartame," in *Eurekas and Euphorias: The Oxford Book of Scientific Anecdotes* (Oxford, UK: Oxford University Press, 2004), 32.

37. Jotham Suez, Tal Korem, David Zeevi, Gili Zilberman–Schapira, Christoph A. Thaiss, Ori Maza, David Israeli, Niv Zmora, Shlomit Gilad, Adina Weinberger, Yael Kuperman, Alon Harmelin, Ilana Kolodkin–Gal, Hagit Shapiro, Zamir Halpern, Eran Segal, and Eran Elinav, "Artificial sweeteners induce glucose intolerance by altering the gut microbiota," *Nature* 514 (October 2014): 181–86, doi:10.1038/nature13793.

38. Caroline Hellfritsch, Anne Brockhoff, Frauke St.hler, Wolfgang Meyerhof, and Thomas Hofmann, "Human psychometric and taste receptor responses to steviol glycosides," *Journal of Agricultural and Food Chemistry* 60, no. 27 (2012): 6782–93.

6장 열정과 혐오감

1. Charles Darwin, *The Voyage of the Beagle* (New York: P. F. Collier and Son, 1909), 86, http://www1.umassd.edu/specialprograms/caboverde/darwin.html.

2. Ann Chapman, *European Encounters with the Yahgan People of Cape Horn, Before and After Darwin* (New York: Cambridge University Press, 2010), 180.

3. Paul Ekman and Wallace Friesen, "Constants across cultures in the face and emotion," *Journal of Personality and Social Psychology* 17, no. 2 (1971): 124–29.

4. Seth D. Dobson and Chet C. Sherwood, "Correlated evolution of brain regions involved in producing and processing facial expressions in anthropoid primates," *Biology Letters* 7, no. 1 (2010): 86–88, doi:10.1098/rsbl.2010.0427.

5. 언어와 제스처, 얼굴 표정의 진화에 관한 논의는 Maurizio Gentilucci and Michael C. Corballis, "The Hominid that Talked," in *What Makes Us Human*, ed. Charles Pasternak (Oxford, UK: Oneworld Publications, 2007), 49–70를 참고하라.

6. Daniel M. T. Fessler, Serena J. Eng, and C. David Navarrete, "Elevated disgust sensitivity in the first trimester of pregnancy: Evidence supporting the compensatory prophylaxis hypothesis," *Evolution and Human Behavior* 26, no. 4 (2005): 344–51, doi:10.1016/j.evolhumbehav.2004.12.001.

7. Valerie Curtis, Robert Aunger, and Tamer Rabie, "Evidence that disgust evolved to protect from risk of disease," supplement, *Proceedings of the Royal Society B: Biological Sciences* 271 (2004): S131–33, doi:10.1098/rsbl.2003.0144; Valerie Curtis, "Why disgust matters," *Philosophical Transactions of the Royal Society B: Biological Sciences* 366, no. 1583 (2011): 3478–90, doi:10.1098/rstb.2011.0165; Valerie Curtis, "Dirt, disgust and disease: A natural history of hygiene," *Journal of Epidemiology and Community Health* 61, no. 8 (2007): 660–64, doi:10.1136/jech.2007.062380; Valerie Curtis, Mícheál de Barra,

and Robert Aunger, "Disgust as an adaptive system for disease avoidance behaviour," *Philosophical Transactions of the Royal Society B: Biological Sciences* 366, no. 1563 (2011): 389–401, doi:10.1098/rstb.2010.0117.

8. Ralph Adolphs, Daniel Tranel, Michael Koenigs, and Antonio R. Damasio, "Preferring one taste over another without recognizing either," *Nature Neuroscience* 8, no. 7 (2005): 860–61, doi:10.1038/nn1489.

9. Ralph Adolphs, "Dissociable neural systems for recognizing emotions," *Brain and Cognition* 52, no. 1 (2003): 61–69, doi:10.1016/S0278-2626(03)00009-5.

10. Bruno Wicker, Christian Keysers, Jane Plailly, Jean−Pierre Royet, Vittorio Gallese, and Giacomo Rizzolatti, "Both of us disgusted in my insula: The common neural basis of seeing and feeling disgust," *Neuron* 40, no. 3 (2003): 655–64, http://www.ncbi.nlm.nih.gov/pubmed/14642287.

11. 예컨대 Mbemba Jabbe, Marte Swart, and Christian Keysers, "Empathy for positive and negative emotions in the gustatory cortex," *NeuroImage* 34, no. 4 (2008): 1744–53, doi:10.1016/j.neuroimage.2006.10.032를 보라.

12. 이에 대한 논의들은 다음을 참조하라. A. D. (Bud) Craig, "*How do you feel—now?*" 59–70; Isabella Mutschler, C line Reinbold, Johanna Wanker, Erich Seifritz, and Tonio Ball, "Structural basis of empathy and the domain general region in the anterior insular cortex," *Frontiers in Human Neuroscience* 7: 177, doi:10.3389/fnhum.2013.00177; James Woodward and John Allman, "Moral intuition: Its neural substrates and normative significance," *Journal of Physiology–Paris* 101, nos. 4–6 (2007): 179–202.

13. H. A. Chapman, D. A. Kim, J. M. Susskind, and A. K. Anderson, "In bad taste: evidence for the oral origins of moral disgust," *Science* 323, no. 5918 (2009): 1222–26, doi:10.1126/science.1165565.

14. Paul Rozin, April Fallon, and MaryLynn Augustoni−Ziskind, "The child's conception of food: The development of contamination sensitivity to 'disgusting' substances," *Developmental Psychology* 21, no. 6: 1075–79, doi:10.1037//0012−1649.21.6.1075.

15. Nick Hazelwood, *Savage: The Life and Times of Jemmy Button* (New York: St. Martin's Press, 2000), 338.

16. Lucien Malson, *Wolf Children and the Problem of Human Nature* (New York: Monthly Review Press, 1972). 이타르가 쓴 '아베롱 주의 야생 소년' 텍스트도 이 책에 포함돼 있다.

17. Laudan, *Cuisine and Empire*, location 295.

18. William H. Brock, *Justus von Liebig: The Chemical Gatekeeper* (Cambridge, UK: Cambridge University Press, 1997), 216–29.

7장 매운맛을 찾아서

1. McGee, *On Food and Cooking*, 394–95.

2. Bernd Nilius and Giovanni Appendino, "Tasty and healthy TR(i)Ps: The human quest for culinary pungency," *EMBO Reports* 12, no. 11 (2011): 1094–101, doi:10.1038/embor.2011.200.

3. David C. Haak, Leslie A. McGinnis, Douglas J. Levey, and Joshua J. Tewksbury, "Why are not all chilies hot? A trade−off limits pungency," *Proceedings of the Royal Society B: Biological Sciences* 279 (2011): 2012–17, doi:10.1098/rspb.2011.2091; Joshua J. Tewksbury, Karen M. Reagan, Noelle J. Machnicki, Tomas A. Carlo, David C. Haak, Alejandra Lorena Calderon Penaloza, and Douglas J. Levey, "Evolutionary ecology of pungency in wild chilies," *Proceedings of the National Academy of Sciences* 105, no. 33 (2008): 11808–11, doi:10.1073/pnas.0802691105.

4. Linda Perry and Kent V. Flannery, "Pre−Columbian use of chili peppers in the valley of Oaxaca, Mexico," *Proceedings of the National Academy of Sciences* 104, no. 29 (2007): 11905–9.

5. Linda Perry, Ruth Dickau, Sonia Zarrillo, Irene Holst, Deborah Pearsall, Dolores R. Piperno, Richard G. Cooke, Kurt Rademaker, Anthony J. Ranere, J. Scott Raymond, Daniel H. Sandweiss, Franz Scaramelli, and James A. Zeidler, "Starch fossils and the domestication and dispersal of chili peppers (*Capsicum* spp. L.) in the Americas," *Science* 315, no. 5814 (2007): 986 – 88, doi:10.1126/science.1136914.

6. Christopher Columbus, *The Log of Christopher Columbus*, trans. Robert H. Fuson (Camden, ME: International Marine Publishing, 1987).

7. Jean Andrews, *Peppers: The Domesticated Capsicums* (Austin: University of Texas Press, 1984), 5.

8. Michael Krondl, *The Taste of Conquest: The Rise and Fall of the Three Great Cities of Spice* (New York: Ballantine Books, 2007), 170.

9. Ibid., 172.

10. UN Food and Agriculture Organization data.

11. USDA Economic Research Service data.

12. Paul Bosland, interview.

13. T. S. Lee, "Physiological gustatory sweating in a warm climate," *Journal of Physiology* 124 (1954): 528 – 42.

14. Arpad Szallasi and Peter M. Blumberg, "Vanilloid (capsaicin) receptors and mechanisms," *Pharmacological Reviews* 51, no. 2 (1999): 159 – 212; Mary M. Anderson, *Hidden Power: The Palace Eunuchs of Imperial China* (Buffalo, NY: Prometheus, 1990), 15 – 18 and 307 – 11.

15. Sigmund Freud, *Cocaine Papers*, ed. Robert Byck (New York: Plume, 1975), 123.

16. Narender R. Gavvaa, James J. S. Treanor, Andras Garami, Liang Fang, Sekhar Surapaneni, Anna Akrami, Francisco Alvarez, Annette Bake, Mary Darling, Anu Gore, Graham R. Jang, James P. Kesslak, Liyun Ni, Mark H. Norman, Gabrielle Palluconi, Mark J. Rose, Margaret Salfi, Edward Tan, Andrej A. Romanovsky, Christopher Banfield, and Gudarz Davar, "Pharmacological blockade of the vanilloid receptor TRPV1 elicits marked hyperthermia in humans," *Pain* 136, nos. 1 – 2 (2008): 202 – 10, doi:10.1016/j.pain.2008.01.024.

17. Arpad Szallasi, "The vanilloid (capsaicin) receptor: Receptor types and species specificity," *General Pharmacology* 25(1994): 223 – 43.

18. Sudha Ramachandran, "Indian Defense Spices Things Up," *Asia Times Online*, July 8, 2009, http://www.atimes.com/atimes/South_Asia/KG08Df01.html.

19. Celine E. Riera, Mark O. Huising, Patricia Follett, Mathias Leblanc, Jonathan Halloran, Roger Van Andel, Carlos Daniel de Magalhaes Filho, Carsten Merkwirth, and Andrew Dillin, "TRPV1 pain receptors regulate longevity and metabolism by neuropeptide signaling," *Cell* 157, no. 5 (2014): 1023 – 36, doi:10.1016/j.cell.2014.03.051.

20. Peter Holzer, "The pharmacological challenge to tame the transient receptor potential vanilloid–1 (TRPV1) nocisensor," *British Journal of Pharmacology* 155, no. 8 (2008): 1145 – 62, doi:10.1038/bjp.2008.351; Peter Holzer interview, March 2012.

21. Keith Singletary, "Red Pepper: Overview of potential health benefits," *Nutrition Today* 46, no. 1 (2011): 33 – 47.

22. R. Eccles, L. Du–Plessis, Y. Dommels, and J. E. Wilkinson, "Cold pleasure: Why we like ice drinks, ice–lollies and ice cream," *Appetite* 71 (2013): 357 – 60, doi:10.1016/j.appet.2013.09.011.

23. Paul Rozin and Deborah Schiller, "The nature and acquisition of a preference for chili pepper by humans," *Motivation and Emotion* 4, no. 1 (1980): 77 – 101.

24. Ibid., 97.

25. Siri Leknes and Irene Tracey, "A common neurobiology for pain and pleasure," *Nature Reviews: Neuroscience* 9, no. 4 (2008): 314–20, doi:10.1038/nrn2333.

26. Siri Leknes, Michael Lee, Chantal Berna, Jesper Andersson, and Irene Tracey, "Relief as a reward: Hedonic and neural responses to safety from pain," *PloS One* 6, no. 4 (2011): e17870, doi:10.1371/journal.pone.0017870.

8장 대폭격

1. "Tayto's Place in World History," *The Independent*, May 6, 2006, http://www.independent.ie/unsorted/features/taytos-place-in-world-history-26383239.html.

2. Herr's company website, http://www.herrs.com; Frito-Lay history on Funding Universe website, http://www.funding universe.com/company-histories/frito-lay-company-history/.

3. Laudan, *Cuisine and Empire*, location 958.

4. Dariush Mozaffarian, Tao Hao, Eric B. Rimm, Walter C. Willett, and Frank B. Hu, "Changes in diet and lifestyle and long-term weight gain in women and men," *The New England Journal of Medicine* 364, no. 25 (2011): 2392–404, doi:10.1056/NEJMoa1014296.

5. Ellen Messer, "Potatoes (White)," chapter II, B.3 in *Cambridge World History of Food,* eds. Kenneth F. Kiple and Kriemhild Cone Ornelas, http://www.cambridge.org/us/books/kiple/potatoes.htm.

6. Dirk Burhans, *Crunch!: A History of the Great American Potato Chip* (Madison, WI: Terrace Books, 2008), Kindle location 322.

7. Kent C. Berridge, "The debate over dopamine's role in reward: The case for incentive salience," *Psychopharmacology* 191, no. 3 (2007): 391–431, doi:10.1007/s00213-006-0578-x.

8. Clare E. Turner, Winston D. Byblow, Cathy M. Stinear, and Nicholas R. Gant, "Carbohydrate in the mouth enhances activation of brain circuitry involved in motor performance and sensory perception," *Appetite* 80 (2014): 212–19, doi:10.1016/j.appet.2014.05.020.

9. Marta Yanina Pepino, Latisha Love-Gregory, Samuel Klein, and Nada A. Abumrad, "The fatty acid translocase gene, CD36, and lingual lipase influence oral sensitivity to fat in obese subjects," *Journal of Lipid Research* 53, no. 3 (2012): 561–66, doi:10.1194/jlr.M021873.

10. Amy J. Tindell, Kyle S. Smith, Susana Peciña, Kent C. Berridge, and J. Wayne Aldridge, "Ventral pallidum firing codes hedonic reward: When a bad taste turns good," *Journal of Neurophysiology* 96, no. 5 (2006): 2399–409, doi:10.1152/jn.00576.2006.

11. Yuki Oka, Matthew Butnaru, Lars von Buchholtz, Nicholas J. P. Ryba, and Charles S. Zuker, "High salt recruits aversive taste pathways," *Nature* 494 (2013): 472–75, doi:10.1038/nature11905.

12. Michael J. Morris, Elisa S. Na, and Alan Kim Johnson, "Salt craving: The psychobiology of pathogenic sodium intake," *Physiology & Behavior* 94, no. 5 (2008): 709–21, doi:10.1016/j.physbeh.2008.04.008.

13. Jacques Le Magnen, *Hunger* (Cambridge, UK: Cambridge University Press, 1985), 42.

14. Eliza Barclay, "Food As Punishment: Giving US Inmates 'The Loaf' Persists," *Morning Edition*, NPR, January 2, 2014, http://www.npr.org/blogs/the salt/2014/01/02/256605441/punishing-inmates-with-the-loaf-persists-in-the-u-s.

15. Barbara J. Rolls, Edmund T. Rolls, Edward A. Rowe, and Kevin Sweeney, "Sensory specific satiety in man," *Physiology & Behavior* 27 (1980): 137–42.

16. Robert E. Peavey, *Praying for Slack: A Marine Corps Tank Commander in Vietnam* (Minneapolis: Zenith Imprint Press, 2004), 189.

17. Kathrin Ohla, Ulrike Toepel, Johannes le Coutre, and Julie Hudry, "Visual-gustatory interaction: Orbi-

tofrontal and insular cortices mediate the effect of high–calorie visual food cues on taste pleasant-ness," *PloS One* 7, no. 3 (2012): e32434, doi:10.1371/journal.pone.0032434.

18. Vanessa Harrar and Charles Spence, "The taste of cutlery: How the taste of food is affected by the weight, size, shape, and colour of the cutlery used to eat it," *Flavour* 2, no. 21 (2013), doi:10.1186/2044–7248–2–21.

19. Charles Spence, Vanessa Harrar, and Betina Piqueras–Fiszman, "Assessing the impact of the table-ware and other contextual variables on multisensory flavour perception," *Flavour* 1, no. 7 (2012), doi:10.1186/2044–7248–1–7.

20. Hilke Plassmann, John Doherty, Baba Shiv, and Antonio Rangel, "Marketing actions can modulate neural representations of experienced pleasantness," *Proceedings of the National Academy of Sci-ences* 105, no. 3 (2008): 1050 – 54.

21. Gil Morrot, Frederic Brochet, and Denis Dubourdieu, "The color of odors," *Brain and Language* 79, no. 2 (2001): 309 – 20, doi:10.1006/brln.2001.2493.

22. Samuel M. McClure, Jian Li, Damon Tomlin, Kim S. Cypert, Latane M. Montague, and P. Read Mon-tague, "Neural correlates of behavioral preference for culturally familiar drinks," *Neuron* 44, no. 2 (2004): 379 – 87, doi:10.1016/j.neuron.2004.09.019.

23. Sheena S. Iyengar and Mark R. Lepper, "When choice is demotivating: Can one desire too much of a good thing?" *Journal of Personality and Social Psychology* 79, no. 6 (2000): 995 – 1006.

24. Hilke Plassmann, John O. Doherty, and Antonio Rangel, "Orbitofrontal cortex encodes willingness to pay in everyday economic transactions," *The Journal of Neuroscience* 27, no. 37 (2007): 9984 – 88, doi:10.1523/JNEUROSCI.2131–07.2007.

25. Hamilton Nolan, "Americans Will Be Drugged to Believe Their Soda Is Sweeter," *Gawker*, December 3, 2013, http://gawker.com/americans–will–be–drugged–to–believe–their–soda–is–swee–1475526047.

26. Nicola Jones, "A taste of things to come? Researchers are sure that they can put lab–grown meat on the menu—if they can just get cultured muscle cells to bulk up," *Nature* 468 (2010): 752 – 53.

27. Davide Castelvecchi, "Researchers Put Synthetic Meat to the Palate Test," *Nature News Blog*, August 15, 2013, http://blogs.nature.com/news/2013/08/researchers–put–synthetic–meat–to–the–palate-test.html.

28. Rob Rhinehart, "How I Stopped Eating Food," *Mostly Harmless* (blog), February, 13 2013, http://rob-rhinehart.com/?p=298.

29. Nimesha Ranasinghe website, http://nimesha.info/projects.html; Nimesha Ranasinghe, Ryohei Na-katsu, Nii Hideaki, and Ponnampalam Gopalakrishnakone, "Tonguemounted interface for digitally actuating the sense of taste," *Proceedings of the 16th IEEE International Symposium on Wearable Computers* (June 2012): 80 – 87, doi:10.1109/ISWC.2012.16, ISSN: 1550–4816; Nimesha Ranasinghe, Ka-sun Karunanayaka, Adrian David Cheok, O. N. N. Fernando, Hideaki Nii, Ponnampalam Gopalakrish-nakone, "Digital Taste and Smell Communication," *Proceedings of International Conference on Body Area Networks, BodyNets* 2011 (November 2011): 78 – 84; Nimesha Ranasinghe, A. D. Cheok, O. N. N. Fernando, H. Nii, and G. Ponnampalam, "Electronic taste stimulation," *Proceedings of the 13th Interna-tional Conference on Ubiquitous Computing* (2011): 561 – 62, doi:10.1145/2030112.2030213.

9장 진미 DNA

1. McGee, *On Food and Cooking*, 237.

2. René Dubos, *Louis Pasteur: Free Lance of Science* (Boston: Little, Brown and Company, 1950), 41, 116 – 34.

3. Hervé This, "Modelling dishes and exploring culinary 'precisions': The two issues of molecular gastronomy," supplement, *British Journal of Nutrition* 93, no. 1 (2007): S139 – S146, doi:10.1079/BJN20041352.

4. "Cooking Statement," The Fat Duck website, http://www.thefatduck.co.uk/Heston–Blumenthal/Cooking–Statement/.

5. Daniel Felder, Daniel Burns, and David Chang, "Defining microbial terroir: The use of native fungi for the study of traditional fermentative processes," *International Journal of Gastronomy and Food Science* 1, no. 1 (2011): 64 – 69, doi:10.1016/j.ijgfs.2011.11.003.

6. Leo Hickman, "Doctor Food," *The Guardian*, April 19, 2005, http://www.theguardian.com/news/2005/apr/20/food.science.

7. Yong–Yeol Ahn, Sebastian E. Ahnert, James P. Bagrow, and Albert–Laszlo Barabasi, "Flavor network and the principles of food pairing," *Scientific Reports* 196, no. 1 (2011): 1 – 7, doi:10.1038/srep00196.

8. Hickman, "Doctor Food."

9. Chris Nay, "When Machines Get Creative: The Virtual Chef," *Building a Smarter Planet* (blog), December 12, 2013, http://asmarterplanet.com/blog/2013/12/virtualchef.html. "Cognitive Cookbook," IBM website, http://www.ibm.com/smarterplanet/us/en/cognitivecooking/food.html.

10. Kenzo Kurihara, "Glutamate: From discovery as a food flavor to role as a basic taste (umami)," *American Journal of Clinical Nutrition* 90, no. 3 (2009): 719S – 722S, doi: 10.3945/ajcn.2009.27462D.

11. Gregory V. Jones, "Climate change: Observations, projections and general implications for viticulture and wine production," Whitman College Economics Department Working Paper, 2007.

12. John McQuaid, "What Rising Temperatures May Mean for World's Wine Industry," *Yale Environment 360*, December 19, 2011, http://e360.yale.edu/feature/what_global_warming_may_mean_for_worlds_wine_industry/2478/.

Allman, John Morgan. *Evolving Brains*. New York: Scientific American Library, 2000.

Andrews, Jean. *Peppers: The Domesticated Capsicums*. Austin: University of Texas Press, 1984.

Baker, Phil. *The Book of Absinthe: A Cultural History*. New York: Grove Press, 2007.

Boring, Edwin G. *Sensation and Perception in the History of Experimental Psychology*. New York: Appleton–Century–Crofts, Inc., 1942.

Brillat–Savarin, Jean Anthelme. *The Physiology of Taste: Or Meditations on Transcendental Gastronomy*. Translated by M. F. K. Fisher. New York: Vintage electronic edition, 2009.

Brock, William H. *Justus von Liebig: The Chemical Gatekeeper*. Cambridge, UK: Cambridge University Press, 1997.

Burhans, Dirk. *Crunch!: A History of the Great American Potato Chip*. Madison, WI: Terrace Books, 2008.

Carterette, Edward C. and Morton P. Friedman, eds. *Handbook of Perception, Volume VIA: Tasting and Smelling*. New York: Academic Press, 1978.

Cavalli–Sforza, L. Luca, Paolo Menozzi, and Alberto Piazza. *The History and Geography of Human Genes*. Princeton: Princeton University Press, 1994.

Cervantes, Miguel de. *Don Quixote*. Translated by Edith Grossman. New York: HarperCollins, 2009.

Chapman, Ann. *European Encounters with the Yahgan People of Cape Horn, Before and After Darwin*. New York: Cambridge University Press, 2010.

Columbus, Christopher. *The Log of Christopher Columbus*. Translated by Robert H. Fuson. Camden, ME: International Marine Publishing, 1987.

Cowell, E. B., F. Max Muller, and J. Takakusu, translators. Buddhist *Mahaāyaāna Texts*. New York: Dover Publications, 1969.

Darwin, Charles. *The Expression of Emotions in Man and Animals*. New York: D. Appleton and Co., 1899. Accessed via Project Gutenberg. http://www.gutenberg.org/files/1227/1227–h/1227–h.htm.

———. *The Voyage of the Beagle*. New York: P. F. Collier and Son, 1909. Accessed via Internet Wiretap. http://www1.umassd.edu/specialprograms/caboverde/darwin.html.

Dubos, René. *Louis Pasteur: Free Lance of Science*. Boston: Little, Brown and Company, 1950. Accessed via University of California Digital Library. https://archive.org/details/louispasteurfree009068mbp.

Ekman, Paul, ed. *Darwin and Facial Expression: A Century of Research in Review*. Los Altos, CA: Malor Books, 2006.

Finger, Stanley. *Origins of Neuroscience: A History of Explorations into Brain Function*. Oxford, UK: Oxford University Press, 2001.

Freud, Sigmund. *Cocaine Papers*. Robert Byck, editor. New York: Plume, 1975.

Galloway, J. H. *The Sugar Cane Industry: An Historical Geography from its Origins to 1914*. Cambridge, UK: Cambridge University Press, 1989.

Gopnik, Alison, Andrew N. Meltzoff, and Patricia K. Kuhl. *The Scientist in the Crib: What Early Learning Tells Us About the Mind*. New York: HarperCollins, 2000.

Gratzer, Walter. *Eurekas and Euphorias: The Oxford Book of Scientific Anecdotes*. Oxford, UK: Oxford University Press, 2004.

Hazelwood, Nick. *Savage: The Life and Times of Jemmy Button*. New York: St. Martin's Press, 2000.

Herz, Rachel. *That's Disgusting: Unraveling the Mysteries of Repulsion*. New York: W. W. Norton, 2012.

Heyn, Birgit. *Ayurveda: The Indian Art of Natural Medicine and Life Extension*. Rochester, VT: Healing Arts

Press, 1990.

Homer. *The Odyssey*. Translated by Robert Fagles. New York: Penguin Classics, 2002.

Hounshell, David A. and John Kenly Smith, Jr. *Science and Corporate Strategy: DuPont R&D 1902–1980*. In *Studies in Economic History and Policy: The United States in the Twentieth Century*. Cambridge, UK: Cambridge University Press, 1988.

Illes, Judy, and Barbara J. Sahakian, eds. *Oxford Handbook of Neuroethics*. Oxford, UK: Oxford University Press, 2011.

James, Henry, ed. *Letters of William James*. Boston: Atlantic Monthly Press, 1920.

Kelley, Patricia H., Michal Kowalewski, and Thor A. Hansen, eds. *Predator—Prey Interactions in the Fossil Record*. New York: Kluwer Academic/Plenum Publishers, 2003.

Keysers, Christian. *The Empathic Brain: How the Discovery of Mirror Neurons Changes Our Understanding of Human Nature*. Groningen, Netherlands: Social Brain Press, 2011.

Kieschnick, John. *The Impact of Buddhism on Chinese Material Culture*. Princeton, NJ: Princeton University Press, 2003.

Kinstedt, Paul S. *Cheese and Culture: A History of Cheese and Its Place in Western Civilization*. White River Junction, VT: Chelsea Green, 2012.

Korsmeyer, Carolyn. *Making Sense of Taste: Food and Philosophy*. Ithaca, NY: Cornell University Press, 1999.

Kringelbach, Morton L. *The Pleasure Center: Trust Your Animal Instincts*. Oxford, UK: Oxford University Press, 2009.

Krondl, Michael. *The Taste of Conquest: The Rise and Fall of the Three Great Cities of Spice*. New York: Ballantine Books, 2007.

Laudan, Rachel. *Cuisine and Empire: Cooking in World History*. Berkeley: University of California Press, 2013.

Le Magnen, Jacques. *Problems in the Behavioural Sciences*. Bk. 3, *Hunger*. Cambridge, UK: Cambridge University Press, 1985.

Lieberman, Daniel E. *The Evolution of the Human Head*. Cambridge, MA: The Belknap Press of Harvard University Press, 2011.

Malmberg, Annika B. and Keith R. Bley, eds. *Turning Up the Heat on Pain: TRPV1 Receptors in Pain and Inflammation*. Boston: Birkhauser Verlag, 2005.

Malson, Lucien. *Wolf Children and the Problem of Human Nature*. New York: Monthly Review Press, 1972.

McGee, Harold. *On Food and Cooking: The Science and Lore of the Kitchen*. New York: Scribner, 2004.

McGovern, Patrick. *Uncorking the Past: The Quest for Wine, Beer and Other Alcoholic Beverages*. Berkeley: University of California Press, 2009.

McSweeney, P. L. H., ed. *Cheese Problems Solved*. Cambridge, UK: Woodhead Publishing Ltd., 2007.

Mintz, Sidney. *Sweetness and Power: The Place of Sugar in Modern History*. New York: Penguin Books, 1985.

Moss, Michael. *Salt Sugar Fat: How the Food Giants Hooked Us*. New York: Random House, 2013.

Newton, Michael. *Savage Girls and Wild Boys: A History of Feral Children*. New York: Picador, 2002.

O'Connell, Sanjida. *Sugar: The Grass That Changed the World*. London: Virgin Books, 2004.

Ostwald, C. W. W. *An Introduction to Theoretical and Applied Colloid Chemistry: The World of Neglected*

Dimensions. New York: John Wiley & Sons, 1917. Accessed via University of California Digital Library. https://archive.org/details/theoapplicolloid00ostwrich. The Oxford English Dictionary, compact edition. Oxford, UK: Oxford University Press, 1980.

Parker, Matthew. *The Sugar Barons: Family, Corruption, Empire, and War in the West Indies*. New York: Walker, 2011.

Pasternak, Charles, ed. *What Makes Us Human*. Oxford, UK: Oneworld Publications, 2007.

Peavey, Robert E. *Praying for Slack: A Marine Corps Tank Commander in Vietnam*. Minneapolis: Zenith Imprint Press, 2004.

Plato. *Timaeus*. Translated by Benjamin Jowett. Accessed via MIT Internet Classics Archive. http://classics.mit.edu/Plato/timaeus.html.

Prescott, John and Beverly Tepper, eds. *Genetic Variation in Taste Sensitivity*. New York: Marcel Dekker, 2004.

Reston Jr., James. *Warriors of God: Richard the Lionheart and Saladin in the Third Crusade*. New York: Anchor Books, 2007.

Richardson, Tim. *Sweets: A History of Candy*. New York: Bloomsbury, 2002.

Savage–Rumbaugh, E. Sue, and Roger Lewin. *Kanzi: The Ape at the Brink of the Human Mind*. New York: John Wiley & Sons, 1994.

Shepherd, Gordon M. *Neurogastronomy: How the Brain Creates Flavor and Why It Matters*. New York: Columbia University Press, 2012.

Siegel, Ronald K. *Intoxication: The Universal Drive for Mind-Altering Substances*. New York: Park Street Press, 2011.

Stuart, Tristram. *The Bloodless Revolution: A Cultural History of Vegetarianism from 1600 to Modern Times*. New York: W. W. Norton, 2006.

This, Hervé. *Molecular Gastronomy: Exploring the Science of Flavor*. Translated by Malcolm DeBevoise. New York: Columbia University Press, 2006.

Wrangham, Richard. *Catching Fire: How Cooking Made Us Human*. New York: Basic Books, 2009.

옮긴이 **이충호**

서울대학교 사범대학 화학과를 졸업하고, 교양 과학과 인문학 분야의 번역가로 활동하고 있다. 2001년 『신은 왜 우리 곁을 떠나지 않았는가』로 제20회 한국과학기술도서(대한출판문화협회) 번역상을 수상했다. 옮긴 책으로는 『진화심리학』『루시퍼 이펙트』『59초』『세계의 모든 신화』『사라진 스푼』『도도의 노래』『건축을 위한 철학』『스티븐 호킹』『우주를 느끼는 시간』『파워풀 워킹메모리』 등 300여 권이 있다.

미각의 비밀

초판 인쇄 2017년 1월 26일
초판 발행 2017년 2월 6일

지은이 존 매퀘이드 | 옮긴이 이충호 | 펴낸이 염현숙
기획·책임편집 강명효 | 편집 배주영
디자인 강혜림 | 저작권 한문숙 김지영
마케팅 이연실 김도윤 양서연 | 홍보 김희숙 김상만 이천희
제작 강신은 김동욱 임현식 | 제작처 영신사

펴낸곳 (주)문학동네
출판등록 1993년 10월 22일 제406-2003-000045호
주소 10881 경기도 파주시 회동길 210
전자우편 editor@munhak.com | 대표전화 031)955-8888 | 팩스 031)955-8855
문의전화 031)955-1933(마케팅) 031)955-2680(편집)
문학동네카페 http://cafe.naver.com/mhdn | 트위터 @munhakdongne

ISBN 978-89-546-4432-7 03900

www.munhak.com